CONSTITUCIONALIZAÇÃO DA INVESTIGAÇÃO POLICIAL

Luiz Marcelo da Fontoura Xavier

CONSTITUCIONALIZAÇÃO DA INVESTIGAÇÃO POLICIAL

Freitas Bastos Editora

Copyright © 2020 by Luiz Marcelo da Fontoura Xavier

Todos os direitos reservados e protegidos pela Lei 9.610, de 19.2.1998.

É proibida a reprodução total ou parcial, por quaisquer meios, bem como a produção de apostilas, sem autorização prévia, por escrito, da Editora.

Direitos exclusivos da edição e distribuição em língua portuguesa:

Maria Augusta Delgado Livraria, Distribuidora e Editora

Editor: *Isaac D. Abulafia*
Capa e Diagramação: *Jair Domingos de Sousa*

DADOS INTERNACIONAIS PARA CATALOGAÇÃO NA PUBLICAÇÃO (CIP)

X3c

Xavier, Luiz Marcelo da Fontoura
Constitucionalização da investigação policial / Luiz Marcelo da Fontoura Xavier. - Rio de Janeiro, RJ : Freitas Bastos, 2020.
384 p. ; 16x23 cm.
ISBN: 978-65-5675-006-4
1. Direito. 2. Direito Penal. I. Título.

2020-1117   CDD 345   CDU 343

Freitas Bastos Editora

Tel. (21) 2276-4500
freitasbastos@freitasbastos.com
vendas@freitasbastos.com
www. freitasbastos.com

No cotidiano da Polícia, concretizam-se as decisões valorativas da Constituição.

(Peter Albretch).

APRESENTAÇÃO

A presente obra traz um olhar crítico sobre o tratamento dispensado por parcela da doutrina e também por parte de operadores do direito e legisladores em relação às funções da Polícia Judiciária e do Delegado de Polícia como Presidente da Investigação Criminal, fazendo uma análise crítica do conceito simplista que considera o inquérito policial mero procedimento administrativo, sigiloso e escrito, destinado a colher indícios de autoria e materialidade para que o Ministério Público possa propor a ação penal, olvidando a sua verdadeira importância para a persecução penal.

Por outro lado, será abordada a atuação das instituições policiais brasileiras, as quais precisam ser analisadas por um prisma constitucional e garantista, vez que, mesmo após a promulgação da Constituição de 1988, chamada de libertária, cidadã, com primazia dos direitos e garantias fundamentais e da dignidade da pessoa humana, que veiculou o Estado Democrático de

Direito (EDD), as práticas policiais investigativas ainda possuem ranços de um Estado arbitrário, com concentração de poder.

Diante da necessidade de melhor compreender em que medida o modelo de Polícia preconizado pelo Estado Democrático de Direito adotado na Constituição Brasileira de 1988 impactou a dogmática processual penal e a prática no que tange à fase policial, desenvolvemos algumas ideias e reflexões durante a pesquisa da dissertação apresentada ao Mestrado em Direito Constitucional da Universidade Federal Fluminense, no ano de 2019.

Esta obra foi orientada pela Teoria Hermenêutica Constitucional por meio de um estudo com base na Criminologia Crítica. Essa orientação crítica se justifica pela pretensão de demonstrar os problemas da dogmática tradicional sobre o tema, propondo sua superação de modo a transformar a realidade subjacente ao problema da pesquisa. Em que pese entendermos ser necessária a reforma processual no que tange à fase policial para que haja uma devida adequação constitucional, acreditamos que é possível a adoção de novas práticas investigativas e o rompimento com o paradigma inquisitivo, adequando-se à nova Ordem Constitucional Democrática e ao EDD trazido formalmente na Constituição de 1988. Há que se romper com a mentalidade inquisitiva que tem afetado as interpretações, não sendo feita uma devida interpretação constitucional das normas e sim uma análise autorreferente das normas relacionadas ao inquérito policial dissociado da Carta Política de 1988, optando por adequar a Constituição ao inquérito policial ao invés de realizarem uma releitura constitucional do mesmo.

O presente trabalho revela que uma hermenêutica constitucional adequada e democrática permite o implemento de novas práticas respaldadas legalmente. A Lei 12.830/13 que trata das investigações criminais conduzidas pelo Delegado de Polícia, interpretada à luz da Constituição vigente, pode ser considerada como instrumento inicial concretizador de um ideal democrático na investigação. Apesar de insatisfatória a Lei 12.830/13 deve ser valorizada e interpretada como um avanço, no sentido que se alinha a um delineamento mínimo de uma devida investigação criminal, um princípio do Delegado de Polícia natural, trazendo o conceito expresso do ato de indiciamento, que interpretado constitucionalmente e utilizado como marco inicial de um contraditório mitigado possível na investigação, desde já contribui para dar mais democraticidade para a investigação policial, adequando-a a sua função principal em um EDD, que é a de ser um filtro garantista de possíveis acusações temerárias e não um instrumento punitivo de um Estado em que se privilegiam as razões de Estado em detrimento dos direitos fundamentais.

Mais recentemente ingressou no ordenamento jurídico brasileiro o denominado Pacote Anticrime, consubstanciado pela Lei 13.964, de dezembro de 2019.

Nesse sentido, é oportuno analisarmos também em que medida a nova lei impactou na fase preliminar da persecução penal, notadamente, em relação à criação do Juiz de Garantias e da inserção em lei federal da já conhecida audiência de custódia.

LISTA DE
ABREVIATURAS E SIGLAS

ACR: Apelação Criminal

ARE: Recurso Extraordinário com Agravo

CF: Constituição Federal

CJF: Conselho de Justiça Federal

CPP: Código de Processo Penal

CRFB: Constituição da República Federativa do Brasil

DGP-SP: Delegacia Geral de Polícia de São Paulo

DJ: Diário de Justiça

DJe: Diário de Justiça Eletrônico

HC: Habeas Corpus

IBAJ: Instituto Brasileiro de Aperfeiçoamento Jurídico

IDS: Ideologia de Defesa Social

INFOPEN: Informações Penitenciárias

MD: Ministério da Defesa

MG: Minas Gerais

OAB: Ordem dos Advogados do Brasil

Op. GLO: Operações de Garantia da Lei e da Ordem

PMDB: Partido do Movimento Democrático Brasileira

RE: Recurso Extraordinário

RE-AgR: Recurso Extraordinário com Agravo Regimental

RG/MG: Repercussão Geral / Minas Gerais

RN: Rio Grande do Norte

SP: São Paulo

STF: Supremo Tribunal Federal

STJ: Supremo Tribunal de Justiça

TJ-RS: Tribunal de Justiça do Rio Grande do Sul

TRF: Tribunal Regional Federal

UPP: Unidades de Polícia Pacificadora

SUMÁRIO

Capítulo I
REFLEXÕES SOBRE AS ATIVIDADES DO DELEGADO DE POLÍCIA E A IMPORTÂNCIA DA LEI 12.830/2013........................ 1

Capítulo II
PARADIGMA INQUISITIVO DA INVESTIGAÇÃO POLICIAL NO ESTADO AUTORITÁRIO... 21

2.1 Breves notas sobre as inspirações autoritárias do Código de Processo Penal brasileiro 21

2.2 Características da investigação policial inquisitiva e o sistema de busca da verdade real 33

2.3 O protagonismo das razões de estado em detrimento dos direitos fundamentais individuais... 47

2.4 Reflexões sobre o protagonismo do estado e reflexos nos tempos atuais: seletividade, criminalidade e excesso de prisões provisórias ... 72

XIII

Capítulo III
O PARADIGMA ACUSATÓRIO (DEMOCRÁTICO) DA INVESTIGAÇÃO POLICIAL NO ESTADO DE DIREITO 95

3.1 Percepções sobre a investigação criminal em um estado democrático de direito 95

3.2 A transição do regime político autoritário para o democrático e o início da consolidação do paradigma acusatório da investigação exigido na Constituição Brasileira de 1988 119

3.3 Características da investigação acusatória (democrática) no estado de direito 138

3.4 O protagonismo dos direitos fundamentais em detrimento das razões de estado 161

Capítulo IV
A FUNÇÃO MATERIALMENTE CONSTITUCIONAL DO DELEGADO DE POLÍCIA E A LEI 12.830/13 185

4.1 A necessária constitucionalização e releitura da investigação policial 185

4.2 Princípios constitucionais imanentes da devida investigação criminal e a Lei 12.830/13 229

    4.2.1 Princípio da devida investigação criminal (implícito constitucional e corolário do devido processo legal) 242

    4.2.2 Princípio da inamovibilidade relativa do Delegado de Polícia e do Delegado natural..253

    4.2.3 Princípio da duração razoável da Investigação Criminal 267

4.3 O indiciamento como marco para o início do "contraditório possível ou mitigado" na investigação policial 282

4.4 A função de contenção e o delegado de polícia inserido como dispositivo democrático no aparelho policial do estado 303

4.5 Questões práticas referentes a atuação do delegado de polícia 330

   4.5.1 Pode o Delegado de Polícia aplicar o princípio da insignificância? 330

   4.5.2 Pode o Delegado de Polícia fazer juízo valorativo sobre causas excludentes da ilicitude? 334

   4.5.3 O advogado tem acesso irrestrito ao inquérito policial na Delegacia de Polícia? 339

REFERÊNCIAS 347

Capítulo I

REFLEXÕES SOBRE AS ATIVIDADES DO DELEGADO DE POLÍCIA E A IMPORTÂNCIA DA LEI 12.830/2013

A temática proposta nesta obra é fruto das inquietudes profissionais do autor que nas diversas funções que exerceu em sua carreira nas delegacias distritais, em bairros nobres e em cidades pobres, especializadas, passando desde o combate às drogas até proteção ambiental, tanto como Delegado Adjunto, quanto como Delegado Titular e na Corregedoria de Polícia na prevenção e repressão aos desvios de conduta, pode refletir sobre as nuances que envolvem o Direito Processual Penal brasileiro notadamente, na fase investigatória policial.

Desde nossa formação na Academia de Polícia, deparamo-nos com fatores incômodos e que traziam reflexões constantes, como a notória insegurança com que trabalha um Delegado de Polícia ao fazer alguma interpretação jurídica, chegando a ouvir que esse profissional trabalha "no limiar entre o abuso de autoridade e a prevaricação", pois se prender errado comete crime de abuso e se soltar errado comete crime de prevaricação. Frase esta considerada como insustentável, uma vez que toda dogmática penal concorda que para a caracterização de ambos os crimes se exige o que os estudiosos chamam de "especial fim de agir", [1] ou seja, a conduta tem que ser realizada pelo agente com uma finalidade especial, no caso do abuso de autoridade um fim de espezinhamento e no caso da prevaricação um agir motivado por interesse ou sentimento pessoal.

Acrescentem-se a essa inquietude as novidades trazidas pela nova lei de abuso de autoridade, Lei nº 13.869 de 2019, que revogou a antiga Lei 4.898 de 1965 e introduziu novos tipos penais, nos quais se vislumbra, em grande parte, como sujeito ativo a autoridade policial e seus agentes. Logo no início, a novel lei alterou o especial fim de agir para a concretização dos crimes de abuso de autoridade, estabelecendo no seu artigo 1º § 1º *"as condutas descritas nesta Lei constituem crime de abuso de autoridade quando praticadas pelo agente com a finalidade específica de prejudicar outrem ou beneficiar a si mesmo ou a terceiro, ou, ainda, por mero capricho ou satisfação pessoal".*

---

1 COSTA JÚNIOR, Paulo José da; PAGLIARO, Antonio. **Dos crimes contra a Administração Pública.** São Paulo, ed. Malheiros, 1997, p. 140.

Constitucionalização da Investigação Policial 3

No início da carreira como Delegado de Polícia, as inquietações se acentuavam na medida em que nos deparamos com situações de ter que decidir entre prender ou soltar um indivíduo, podendo cercear a liberdade de uma pessoa em pleno Estado Democrático de Direito, com base apenas no que lhe fora apresentado naquele momento. Inevitável o cotejo da realidade fática com as lições acadêmicas de que o Delegado de Polícia não deve fazer certos juízos valorativos e que seu trabalho, em que pese seja buscar a autoria e materialidade de um fato delituoso, tem por finalidade única fornecer provar para o Ministério Público (parte acusatória) promover a ação penal. [2]

Além disso, parte relevante da doutrina há muito nos ensina que na primeira fase da persecução criminal, isto é, na investigação criminal, vigora o princípio do *in dubio pro societate*, ou seja, na dúvida, pró Estado e que, no caso, o interesse presumido seria pelo indiciamento ou pela prisão por situação flagrancial, como se a presunção do Estado de inocência e seu desdobramento lógico do *in dubio pro reo* não incidissem na investigação. Entretanto, vale dizer, isso reflete limitações sérias a direitos constitucionais fundamentais que a Constituição Federal de 1988 jamais fez, mas afirmadas por alguns doutrinadores processualistas. [3]

Adicionem-se afirmações doutrinárias que se socorrem de um Direito Administrativo para fundamen-

---

2 GRECO FILHO, Vicente. **Manual de processo penal.** 8. ed. São Paulo: Saraiva, 2010, p. 267.

3 CAPEZ, Fernando. **Curso de processo penal.** 23. ed. São Paulo: Saraiva, 2016, p. 305.

tar que um ato prisional realizado por agentes públicos é um ato administrativo e, portanto, goza de "presunção de legitimidade". [4] Somando a tudo, ainda uma parcela grande de uma doutrina que, em que pese a importância da investigação criminal feita pela Polícia e eventuais incomensuráveis danos que a mesma pode vir a produzir, afirma até os dias atuais que todos os atos ali produzidos são "meras peças de informação", sendo por alguns afirmado que sequer existiriam nulidades e sim meras irregularidades. [5]

Outro foco de inquietação constante sempre foi a escalada da violência que, na realidade, faz com que grande parte do senso comum e dos clamores públicos vejam a prisão e o encarceramento como uma espécie de "melhor resposta" e o Poder Político bem como operadores do Direito se sujeitem e vejam na prisão, no encarceramento e em práticas de um Direito Penal do Inimigo, a resposta e a solução de todos os males da sociedade. Como bem afirma Foucault, os mecanismos de poder *"invadem tanto a arena do direito que os procedimentos de normalização tornam-se cada vez mais engajados na colonização do direito".* [6] Nesse aspecto o Delegado se encontra na linha de frente, por força das suas atribuições constitucionalmente delineadas.

---

4 DI PIETRO, Maria Sylvia Zanella. **Direito Administrativo.** 23 ed. São Paulo: Editora Atlas, 2010, p. 189.

5 BOSCHI, José Antonio Paganella. A investigação criminal. Legitimidade e meios. *In:* **Direito & Justiça,** v.

6 FOUCAULT, M. Two lectures. *In:* **Power/Knowledge:** selected writings, interviews & other writings – 19721977. New York: Pantheon Books, 1980, p. 107.

Constitucionalização da Investigação Policial

Não obstante a todas essas inquietações, no exercício de sua profissão, o Delegado de Polícia deve sempre se guiar por uma análise técnico jurídica, com sua mente e atuação voltados para o que fora expresso na frase do Ministro Celso de Melo, proferida em seu voto no HC 84548/SP, em que assentou que o Delegado de Polícia "é o primeiro garantidor da legalidade e da justiça".

Estando nessa linha de frente, o Delegado de Polícia sente na pele o quanto pesa o fato da carreira não gozar das mesmas prerrogativas de função de outras carreiras como as do Ministério Público e a Magistratura e a importância de se materializar princípios como do Delegado Natural, inamovibilidade relativa já prevista da Lei 12.830/13, bem como sua independência funcional técnica, dando às autoridades policiais o mínimo de garantias para o exercício do seu mister com maior imparcialidade e segurança. Entretanto, esse problema é trabalhado de forma muito tímida pela doutrina.

Essa discussão começou a despertar o interesse dos legisladores e, em 28 de abril 2010 foi apresentado na Câmara dos Deputados o Projeto de Lei 7.193/2010, que culminou na aprovação da Lei 12.830/13, que dispõe, ainda que de forma muito singela, sobre a investigação criminal conduzida pelo Delegado de Polícia, trazendo algumas garantias importantes reclamadas pela classe, como o reconhecimento de que as funções de polícia judiciária e a apuração de infrações penais exercidas pelo delegado de polícia são de natureza jurídica, essenciais e exclusivas de Estado. A lei também, em nosso sentir, deixou claro que a autoridade policial é o Delegado de Polícia, cabendo a esse presidência dos autos de inquérito policial, com o objetivo de apurar as circunstâncias, materialidade e autoria das infrações penais, afastando a ideia de que o inquérito policial ou termo circunstanciado podem ser presididos por outros operadores ou personagens do direito.

Na justificativa do projeto, o autor da proposta, Deputado Arnaldo Faria de Sá, ressaltou a relevância das atribuições do Delegado de Polícia, que exerce atividade típica de Estado, e destacou a importância do inquérito policial no mundo jurídico, como garantia do direito ao cidadão, a despeito do que leciona parte da doutrina, rememorando trecho expresso na exposição de motivos do próprio Código de Processo Penal, onde se firma que o inquérito policial "é uma garantia contra apressados e errôneos juízos, formados quando ainda persiste a trepidação moral caudado pelo crime ou antes que seja possível uma visão de conjunto dos fatos, nas suas circunstâncias objetivas e subjetivas".

Entendemos que a Lei 12.830/2013 ainda não produziu os efeitos desejados, no sentido de conferir a proteção contra o afastamento da autoridade policial de uma investigação em particular, sem motivo justo ou legal, prática atécnica que ocorre em muitas unidades policiais do país e prejudica sobremaneira a eficiência da persecução criminal na fase preliminar, bem como não se viu materializada a autonomia na investigação conduzida pelo Delegado, que, não raras vezes se depara com interferências de toda ordem no curso da investigação policial.

Constitucionalização da Investigação Policial

Contudo, acreditamos que a comentada Lei serviu como um dispositivo inicial que evidencia a necessidade da constitucionalização da investigação policial que já deveria ter sido feita, vez que deixou claro que o Delegado de Polícia exerce função de natureza jurídica, podendo tranquilamente aplicar princípios constitucionais, processuais penais e penais no momento da apreciação fato concreto, como por exemplo o princípio da insignificância que inúmeras vezes evita o encarceramento desnecessário e desumano de um indivíduo. O mencionado princípio tem impacto direto na tipicidade material do delito, pois é analisado de com acordo com a lesão ou perigo de lesão causado ao bem jurídico tutelado dentre outros fatores. Esperar que a sua análise seja feita somente pelo magistrado ou pelo promotor de justiça é o mesmo que retirar ou pelo menos enfraquecer a ideia de que o Delegado de Polícia é o primeiro garantidor dos direitos fundamentais do cidadão, da legalidade e da Justiça, além se veicular uma ideia, na prática, de que em sede policial a prisão deve ser a regra e não exceção.

Aqui ressaltamos que ainda há discussão sobre a possibilidade do Delegado de Polícia aplicar ou princípio da insignificância ou bagatela na fase inquisitorial. Isto porque, até a entrada em vigor da lei 12.830/2013, prevalecia em parte da doutrina o entendimento que o papel do Delgado de Polícia, enquanto presidente do inquérito policial era apenas verificar as questões formais de um delito. Todavia, entendemos que, de acordo com a referida lei, diante de um caso concreto, o Delegado deverá fazer uma análise completa da prática do crime, verificando tanto a tipicidade formal como também a material, não sendo um simples aplicador da "lei seca", de forma absolutamente literal, como uma espécie de "robô tipificador" da tipicidade formal a quem não é dado qualquer possibilidade de juízos valorativos. Do que adiantaria ser "carreira jurídica" na forma expressa na Lei 12.830/13 e não poder realizar quaisquer juízos jurídicos valorativos buscando a legalidade e a realização da Constituição?

Embora passados mais de 30 (trinta anos) da promulgação da Constituição de 1988, que tem como traço fundamental o valor axiológico da dignidade da pessoa humana e do regime democrático, os impactos de estarmos há quase 3 (três) décadas em um regime democrático, sob a égide do Estado Democrático de Direito, parecem não ter promovido ainda os devidos ajustes e impactos na doutrina processual penal, notadamente no que tange à investigação policial, ao inquérito policial e à Polícia Judiciária, o que abre espaço para a adoção de medidas restritivas de direitos e privativas de liberdade, por vezes, desproporcionais ou descabidas ignorando disposições e valores constitucionais, que, como já fora dito, acabam subjugados a uma prática policial que encontra respaldo em uma doutrina que repete seus dogmas desde 1940 sem reinterpretá-los constitucionalmente.

Isso se dá, em parte, porque embora tenham sido feitas muitas reformas parciais do Código de Processo Penal – dentre elas, algumas na década de 1970 e mais recentemente as Leis 11.689/2008 (que modificou o rito

Constitucionalização da Investigação Policial

procedimental do júri), 11.690/2008 (que alterou o tratamento dado às provas), 11.900/2009 (sobre interrogatório), 12.015/2009 (sobre crimes contra dignidade sexual e ação penal), 12.403/11 (que modificou a fiança em sede policial e introduziu medidas cautelares alternativas a prisão) – não houve uma reforma específica dirigida ao inquérito policial. Mesmo com um Projeto de Lei de um novo Código de Processo Penal tramitando no Congresso desde o ano de 2009, não há previsão temporal para um novo CPP, daí a relevância da pesquisa, uma vez que a mesma se propôs a analisar e verificar, se é possível, através de uma hermenêutica processual constitucional, de uma constitucionalização releitura, a adoção de práticas de investigação policial acusatória, democrática, superando o paradigma inquisitivo autoritário. A resistência a essa mudança tem dentre suas motivações a estratificação social, sendo os mais pobres, em regra, o alvo do poder punitivo estatal. Hassemer e Muñoz bem ressaltam que a contradição paira quando se presume a existência de um Direito Penal igualitário em uma sociedade profundamente desigual.

Não podemos esquecer da suposta dicotomia no sentido de que se o Delegado é garantista e a favor dos Direitos Humanos, seria ele "a favor da vagabundagem" e que se ele os violar é porque é "operacional", como se existisse uma dicotomia entre "ser operacional" e respeitar os direitos constitucionais e humanos. Assim, a partir dessas inquietações surgiu o esboço desta obra, situando o Delegado de Polícia em meio às controvérsias trazidas pelo próprio Direito Penal e Processual Penal com a Constituição Federal de 1988, destacando-se a necessidade de refletir e melhor compreender o assunto como um fato de relevância profissional e social, já que as ações desse profissional refletem no direito e na segurança pública.

Nesse contexto, o Delegado de Polícia precisa assumir uma postura de garantidor dos direitos fundamentais, mesmo em um cenário que o coloca em posição contraditória na dicotomia Garantismo Penal (afeito ao sistema acusatório) vs. Práticas autoritárias dissociadas da Constituição, de mentalidade puramente inquisitiva. Autores como Wacquant [7] e Cunha Martins [8] associam suas ideias ao colocarem o modelo vigente no sentido de uma lógica processual penal instrumentalizada, autoritária no sentido de punir os pobres, justamente os mais atingidos por uma investigação policial com características de matriz puramente inquisitiva.

A atual realidade brasileira demonstra que, de certa forma, vivemos um Estado de Exceção Permanente, conforme preconiza Giorgio Agamben.[9], bem como a célebre frase de Walter Benjamin no sentido de que *"a tradição dos oprimidos nos ensina que o estado de exceção em que vivemos é na verdade regra geral"*.[10] O que se pode perceber é uma lógica de guerras como en-

---

7 WACQUANTI, Loic. **Punir os pobres:** a nova gestão da miséria nos Estados Unidos. Rio de Janeiro: Revan, 2003, p. 24.

8 CUNHA MARTINS, Rui. **A hora dos cadáveres adiados:** corrupção, expectativa e processo penal. São Paulo: Atlas, 2013, p. 96.

9 AGAMBEN, Giorgio. **Estado de Exceção.** São Paulo: Boitempo, 2004, p. 10.

10 BENJAMIN, Walter. Sobre Arte, **Técnica, Linguagem e Política.** São Paulo: Antropos. 1992, p. 697.

Constitucionalização da Investigação Policial

frentamento da criminalidade, seja a "guerra às drogas", seja a "guerra ao crime organizado" ou a "luta contra a corrupção" e forte repressão aos "crimes de rua". Essa lógica tem naturalizado um sentimento de hipertrofia do Estado, e seu poder punitivo é visto como sendo a única solução, em um discurso em que "situações excepcionais exigem medidas excepcionais".

Urge uma releitura das funções das Instituições Policiais no sentido de que as mesmas são instrumentos da sociedade e de preservação de direitos e garantias individuais e não de repressão aos mesmos. Para Cunha Martins,[11] enquanto o direito permitir a interferência de outro sistema, como por exemplo, o econômico, o Processo Penal vai ser instrumentalizado para realização de seus interesses. Portanto, faz-se necessário que o Processo Penal seja realizado buscando neutralizar a interferência de nenhum outro sistema, com o fim principal de preservar os direitos e garantias individuais. É nesse sentido que Lassale [12] diferencia a Constituição Real de uma Constituição Jurídica (Simbólica), definindo esta última como um "pedaço de papel", que perde forças diante do poder dominante no país.

Contrapondo o pensamento de Lassale, Hesse [13] aponta a Constituição Federal como uma força normativa responsável por coordenar as relações entre o Estado

---

11 CUNHA MARTINS, Rui. **A hora dos cadáveres adiados:** corrupção, expectativa e processo penal. São Paulo: Atlas, 2013, p. 96.

12 LASSALE, Ferdinand. **O que é uma Constituição**. Belo Horizonte: Ed. Líder, 2002, p. 48.

13 HESSE, Konrad. **A Força Normativa da Constituição**. Porto Alegre: Sergio Antonio Fabris Editor, 1991, p.

e seus cidadãos, todavia, entendendo que a Constituição mantém uma relação mútua com a realidade, tanto é determinada por ela quanto é determinante a ela.

De acordo com Ferrajoli, [14] a certeza ou verdade jurídica, por mais plausível que seja, deve respeito à máxima de que ninguém será punido se houver a incerteza mesmo que custe deixar algum culpado impune. Todavia mesmo sob a égide de uma Constituição garantista, é comum vermos presos apresentados como verdadeiros "produtos", de cabeça baixa, algemados em "banners" institucionais, como uma espécie de propaganda para o consumo, na realização de um verdadeiro espetáculo público que atende a uma sociedade do espetáculo, [15] por isso entendemos como acertadas e coerentes constitucionalmente as medidas do novo "pacote anticrime" e da nova Lei de abuso de autoridade que trouxeram dispositivos legais com a finalidade de evitar e punir o desnecessário espetáculo.

Salienta-se que essa problemática já vem sendo discutida e resistida por inúmeros Delegados, que se levantam em busca de modificar essa realidade, destacando-se como vozes dessa "resistência" aos resquícios autoritários de uma doutrina que não faz uma releitura constitucional da investigação policial e da função do Delegado de Polícia. Para transformação dessa realidade estão ingressando em Mestrados e Doutorados,

---

14 FERRAJOLI, Luigi (Clb.). **Direito e razão:** teoria do Garantismo penal. São Paulo: Revista dos Tribunais, 2002, p. 38.

15 DEBORD, Guy. **A sociedade do espetáculo.** Rio de Janeiro: Contraponto editora, 1997, p. 13.

Constitucionalização da Investigação Policial

adquirindo conhecimento e publicando obras jurídicas específicas sobre o tema, com o fim de produzir um arcabouço teórico que se coadune com uma investigação policial democrática, constitucional, para, com suporte nesse arcabouço produzido, adotar práticas investigativas harmonizadas com a Constituição Federal.

Nessa toada, foi idealizada a presente obra, que teve como referencial teórico o Garantismo Penal de Luigi Ferrajoli, [16] o qual afirma haver uma negligência intelectual acadêmica em se estudar o Direito Policial. Se esse cenário fático e, por que não dizer dogmático, de Estado de Exceção[17]– após a Constituição de 1988, que, pelo menos normativamente, consolidou o Estado Democrático de Direito e a primazia dos direitos humanos e fundamentais –, suporta a mesma interpretação que há muito vem sendo dada, com ranço autoritário ou se ela, e todo cenário, devem ser tidos como retrógrados, o que importaria em uma necessária releitura das funções da Polícia Judiciária, do conceito e finalidade do seu principal instrumento de trabalho que é o inquérito policial e, em especial, das funções do Delegado de Polícia, como um verdadeiro dispositivo democrático[18] inserido constitucionalmente dentro do aparelho policial. Bem como alguns desdobramentos que isso traria, no que tange aos

---

16 FERRAJOLI, Luigi (Clb.). **Direito e razão:** teoria do Garantismo penal. São Paulo: Revista dos Tribunais, 2002, 38.

17 AGAMBEN, Giorgio. **Estado de Exceção.** São Paulo: Boitempo, 2004, p. 11.

18 AGAMBEN, Giorgio. **O que é um contemporâneo e outros ensaios.** Chapecó- SC: Argos, 2009, p. 31. [20]

direitos constitucionais do investigado na primeira fase da persecução penal, sendo certo que sua função principal seria de contenção do poder punitivo estatal.

Abordaremos adiante quais ferramentas interpretativas podem ser extraídas a partir da edição da Lei Federal nº 12.830/13, que afirma ser o cargo de Delegado de Polícia uma carreira jurídica, trazendo a previsão da inamovibilidade relativa, a impossibilidade de se retirar um Delegado da presidência de uma investigação de forma imotivada, bem como as alterações no Estatuto da ordem dos advogados do Brasil no que tange a participação e atuação da defesa na investigação criminal. Ou seja, se já é possível a aplicação de interpretações constitucionais que permitam o delineamento de uma devida investigação criminal, desenvolvida com respeito aos direitos e garantias fundamentais constitucionais.

Analisaremos, com um olhar crítico, as funções da Polícia Judiciária e do Delegado de Polícia como Presidente da Investigação Criminal, por meio do Inquérito Policial, no sentido de que mesmo após a promulgação da Constituição Federal Brasileira de 1988, chamada de libertária, cidadã, com primazia dos direitos e garantias fundamentais, dignidade da pessoa humana como princípio, bem como o Estado Democrático de Direito, as práticas policiais investigativas possuem ranços de um Estado arbitrário. Reconhecendo haver, ainda, uma concentração de poder, em que o próprio conceito dominante na doutrina e na jurisprudência traz o inquérito policial como um procedimento administrativo,

sigiloso e escrito, destinado a colher indícios de autoria e materialidade para que o Ministério Público possa
oferecer a ação penal. Tal conceito é parcial e despreza
qualquer finalidade ligada a defesa na investigação policial, eis que a finalidade não é a busca da verdade e
sim de um futuro acusado.

Estudiosos como Giacomolli [19] e Agamben [20] fazem
um diagnóstico em suas obras e pesquisas sobre a prática de um Estado de Exceção no "dia a dia", bem como
as divergências de sua realização em relação a vigência
em um Estado Democrático de Direito, acredita-se que
se faz necessário um olhar mais atento sobre o assunto.
Considerando a publicação da Constituição da República Federativa do Brasil de 1988 e a vigência do Estado
Democrático de Direito, afirma-se que o suspeito ou indiciado possui direitos fundamentais, assim, o inquérito
previsto no Código de Processo Penal brasileiro apresenta controvérsias, apesar de demonstrar-se como um instrumento de garantia, possui características inquisitivas,
com interpretações que o tornam essencialmente arbitrário em desfavor dos direitos e garantias individuais.

Explica-se que: como não é processo, não haveria
"acusado" e como não há partes não se efetiva o contraditório e ampla defesa (invocam o artigo da 5, LV, da Constituição Federal que usa a palavra "processo"), sob pena
de se retirar a eficácia das investigações penais e contri-

---

19 GIACOMOLLI, Nereu José. **O devido processo penal:** Abordagem
conforme a Constituição Federal e Pacto San José da Costa Rica. 3
ed. São Paulo: Atlas, 2016, p. 99.

20 AGAMBEN, Giorgio. **Estado de Exceção.** São Paulo: Boitempo,
2004, p. 12.

buir com a impunidade. Fala-se, portanto, em "sistema acusatório" como sendo uma fundamental garantia do cidadão, a separação entre a figura do acusador e do julgador apenas no Processo Penal que é a fase posterior, pois, na prática, mantém o inquérito como inquisitivo. E o que é pior, esse entendimento mostra-se totalmente unidirecional, voltado apenas para a acusação, o que é revelado no seu próprio conceito quando é dito que sua finalidade é "ofertar indícios para o Ministério Público". Dessa forma, fica evidente que a forma como é conceituado o tão badalado "sistema acusatório" traz menção apenas o processo penal, não se enxergando a disparidade de ter todo um aparato Estatal durante a fase pré--processual, voltada não para a realização da justiça e sim para a realização da acusação, pois a justiça somente será feita, ou não, na fase posterior.

Nesse sentido, bem afirma Bello [21] sobre a existência de uma espécie de *"fetiche jurídico constitucional"*, em que se crê que a mera existência de um dispositivo na constituição seria apta para transformar um cenário de realidade, ignorando toda uma cultura existente e seus interesses incutidos que mantém determinadas práticas ao longo de décadas. Não basta a constituição assegurar direitos e garantias fundamentais, deve ocorrer também uma mudança prática no dia a dia dos Delegados de Polícia, uma vez que mera mudança de leis sem mudança dos fatores da realidade e da mentalidade inquisitiva, seria mero "fetiche jurídico", o que,

---

21 BELLO, Enzo. Cidadania, alienação e fetichismo constitucional. *In:* **M.M.'A.B. LIMA; E. BELLO (coords.), Direito e marxismo**. Rio de Janeiro, Lumen Juris, 2010, p. 9.

Constitucionalização da Investigação Policial 17

aliás, é exatamente o que ocorre e impede uma releitura constitucional do inquérito policial. A Constituição, no que tange a primeira fase da persecução penal, não passa de um "fetiche", uma vez que, apesar dos diversos comandos constitucionais referentes aos direitos e garantias fundamentais, quase nada ou muito pouco afetou a investigação. O detalhe é que tal "fetiche" ainda é alimentado por considerável parcela da doutrina processual penal moderna, que, ao invés de promover uma releitura jurídico constitucional da investigação, faz o inverso, através de uma leitura processual inquisitiva da constituição para adaptá-la ao que já existia. Há, inclusive por isso, quem entenda que o correto é o Ministério Público ser o único titular e comandante das investigações, por ser o titular da ação penal, como se uma mera mudança de titularidade fosse trazer grandes melhorias, sem sequer considerar o prejuízo que isso traz à defesa (paridade de armas) pela grande concentração de poder no órgão acusatório, sendo certo que o sistema acusatório tem como uma de suas características principais, justamente a de evitar concentração de poder através da separação de funções.

Embora seja totalmente desejável uma reformulação processual no que tange a investigação criminal, é preciso verificar se a Constituição com força normativa, primazia da dignidade da pessoa humana, além de Tratados e Convenções de Direitos Humanos de que o Brasil é signatário, por si só já exigem uma mudança de rumos apta a lastrear uma outra prática. Da mesma maneira, se o que precisa ser feito é a transformação da realidade no sentido de que a mesma propicie condições materiais de efetivação do que já está disposto na norma. Vale destacar, em termos de Ciência, que quando se quer mudar algo dogmaticamente, cientificamente é preciso, segundo Kuhn[22], verificar que o atual modelo, que se configura como um paradigma, já não fornece soluções modulares que respondam aos problemas e diante da crise percebida, se buscar uma revolução científica. Isto é, uma verdadeira quebra de paradigma, o que traz a ideia de ruptura, considerando as raízes históricas e culturais que envolvem o assunto.

Já Bachelard[23], propõe uma ideia de um acúmulo de conhecimento e "corte epistemológico". O que ousadamente propõe-se neste trabalho é verificar se já há base jurídica que autorize a Polícia investigativa a mudar suas práticas, sem necessidade de ter-se que esperar por uma mudança legislativa, através de um sistema normativo constitucional que já impõe uma releitura das normas e das práticas policiais. Verificar se está havendo uma leitura interpretativa retrógrada por parte dos processualistas penais, que permanecem presos a um sistema de investigação policial autoritário, moldado em tempos de regimes não democráticos. Uma verdadeira e real mudança na interpretação do sistema normativo, não ocorrerá apenas com a categoria fazendo lobby no Congresso (o que é importante no jogo político), mas sim, através da Polícia Judiciária, principalmente os Delegados de Polícia (que já estão investidos

---

22 KUHN, Thomas. S. **A estrutura das relações científicas.** São Paulo. Perspectiva, 1991, p. 13.

23 BACHELARD, Gaston. **Ensaio sobre o conhecimento aproximado.** Rio de Janeiro: Contraponto, 2004, p.

Constitucionalização da Investigação Policial

19

no cargo e, portanto, inseridos diretamente na realidade) reavaliando conceitos por meio de um olhar crítico da sua atuação, e assumindo um compromisso com uma justiça penal eficaz. Observando essa eficácia no sentido de que seja sempre sopesado o conceito de justiça, propondo um novo conceito para seu instrumento de trabalho que é o inquérito policial e sua finalidade, bem como as funções da Polícia Judiciária como órgão que garante e efetiva os direitos.

A realidade torna-se pior quando nos deparamos com um tratamento diferenciado quando o preso é de um estrato social mais elevado e possui condições econômicas para contratar um bom advogado. Costuma se revelar neste contexto um Direito Penal aplicado de forma seletiva[24], como direito repressivo[25] com tratamentos diferenciados de acordo com o estrato social ao qual o cidadão pertence, fato este que pode-se observar nos estudos de Holloway[26], guardando proximidade com a criminologia de base marxista. Dessa forma, verifica-se a necessidade de um olhar crítico sobre o inquérito Policial, considerando a Lei nº 12.830/2013, que trouxe artigos relevantes sobre a investigação criminal conduzida pelo Delegado de Polícia e a função materialmente

---

24 DIMOULIS, Dimitri. **Direito Penal constitucional:** garantismo na perspectiva do pragmatismo jurídico político. Belo Horizonte, Arraes editores, 2016, p. 125.

25 NONET, Philippe; SELZNICK, Philip. **Direito e sociedade:** a transição ao sistema jurídico responsivo. Rio de Janeiro: Revan, 2010, p. 41.

26 HOLLOWAY, Thomas. **Polícia no Rio de Janeiro:** repressão e resistência numa cidade do século XIX. Rio de Janeiro: Editora da FGV, 1997, p. 54.

constitucional do Delegado de Polícia, através de uma interpretação conforme a Constituição Federal.

Precisamos refletir, em que medida o modelo de polícia preconizado pelo Estado democrático de direito adotado na Constituição Brasileira de 1988, sob uma concepção garantista, influenciou ou pode influenciar a dogmática sobre o conceito do inquérito policial e sua finalidade, bem como as funções da polícia judiciária e do Delegado de Polícia na "práxis" policial cotidiana. Quais as consequências ou novas práticas e conceitos podem advir de uma interpretação da Lei 12.830/13 à luz da Constituição da República Federativa do Brasil de 1988, a ponto de podermos reconhecer no Delegado de Polícia o primeiro garantidor dos direitos fundamentais, da legalidade e da Justiça nas prisões em flagrante e nas investigações? É preciso refletir a concepção de uma devida investigação criminal como garantia do indivíduo face ao poder punitivo Estatal. Destacaremos, então, a importância do inquérito policial que na verdade não se resume a um mero "procedimento administrativo", possuindo além de uma função preservadora de possível futura instrução processual criminal, uma marcante função garantista em relação ao investigado.

Capítulo II

PARADIGMA INQUISITIVO DA INVESTIGAÇÃO POLICIAL NO ESTADO AUTORITÁRIO

2.1 BREVES NOTAS SOBRE AS INSPIRAÇÕES AUTORITÁRIAS DO CÓDIGO DE PROCESSO PENAL BRASILEIRO

Refletir sobre o *status quo* das instituições de segurança pública no Brasil, especialmente daquelas associadas às investigações policiais e analisar o inquérito policial, demanda esforços, ainda que breve, em rever historicamente alguns cenários e personagens que marcaram ideias e a concepção das regras formais que até os dias de hoje permeiam o direito policial. Considerando tratar-se de um procedimento administrativo que antecede a instrução processual penal, configurando-se como uma fase investigatória preliminar para levantamento de elementos de informação referentes a materialidade e autoria delituosas, verifica-se como necessário, compreender o todo, tecendo breves notas sobre as inspirações do Código de Processo Penal. Gizlene Neder, com muita propriedade, adverte aos profissionais e intérpretes do Direito no sentido de que *"o estudo das leis, feito pelo jurisconsulto, deveria, então, começar a partir da história. Seria ela que permitiria que o jurisconsulto entendesse em que tempo e circunstância foram feitas as leis"*. [27] É justamente dessa reflexão histórica que parte este estudo.

Entende-se que, no marco de um Estado Democrático de Direito, toda intervenção penal deve sempre ocorrer enquanto medida de exceção. Desse postulado básico, é possível perceber que a drasticidade com a qual o Direito Penal atua exige dele uma exatidão acerca da conduta sancionada (princípio da taxatividade). Isso porque, ele representa o mais poderoso instrumento de controle posto à disponibilidade do poder constituído, por meio do qual o Estado, detentor da prerrogativa do uso da força, molda a sociedade através das estruturas dogmaticamente fundadas no princípio a legalidade penal, dizendo quais comportamentos são intoleráveis por considerá-los ofensivos de forma relevante a bens jurídicos.

---

27 NEDER, Gizlene. **Iluminismo Jurídico-Penal Luso-Brasileiro:** Obediência e submissão. 2. ed. Rio de Janeiro: Revan , 2017. p. 121.

Constitucionalização da Investigação Policial 23

Entretanto, a tutela penal é um caminho de mão dupla, ao estabelecer coercitivamente as condutas passíveis de punição, o Direito Penal paralelamente se constitui em prerrogativa cidadã contra os desmandos do Poder estabelecido, sendo esta a principal função extraída da sua visão enquanto sistema cujas regras são previamente estruturadas. O que se percebe no Direito Processual Penal brasileiro é a presença de uma mentalidade inquisitória em toda sua história. Sobre nossa codificação processual penal, Paraguassú[28] nos lembra de *que "seguia as linhas do código italiano. Tratava-se de um código moderno, mas o modelo que o inspirou e o regime sob o qual foi promulgado, ou seja, Estado Novo, uma versão do nazifascismo, fez dele um modelo de política criminal considerado autoritário".* A menção feita pela autora refere-se ao Código de Processo Penal Italiano, o chamado Código Rocco.

De acordo com Dalia e Ferrajoli,[29] o Código Rocco foi publicado no ano de 1930 na Itália durante a ditadura fascista de Benito Mussolini, possuindo características predominantemente inquisitivas. O referido código trazia um sistema misto, que ocorria em duas fases: na primeira tinha-se o chamado "Juizado de Instrução", com a inquisitoriedade predominante, sendo nesta fase apresentados elementos de prova que seriam utilizados para julgamento; somente na segunda fase

---

28 PARAGUASSU, Mônica Correia da Silva. **Presunção de inocência:** Uma questão de princípio da vingança e da justiça. Niterói: Ed. da UFF, 2011, p. 88.

29 DALIA, Andrea Antonio; FERRAJOLI, Marzia. **Manuale di Diritto Processuale Penale.** Padova: CEDAM, 2000, p. 71.

poderiam ser vistos princípios como contraditório, publicidade e presunção de inocência. As provas apresentadas durante a primeira fase não podiam ser contraditadas, o que fazia com que muitas vezes chegassem na fase processual já viciadas em decorrência da forma como haviam sido recebidas.

Daí se extrai a semelhança com o sistema processual adotado no Ordenamento Jurídico brasileiro, principalmente pelo viés autoritário. Sobre o assunto, Giacomolli[30] concorda que predomina na *law in action* a ideologia do Código Rocco, mesmo com o passar dos anos e os avanços jurídicos em questões constitucionais e em ratificação de diplomas internacionais pelo país. Seguindo a mesma linha de pensamento de Paraguassu em relação a uma ideologia nazifascista percebida no código, Giacomolli ressalta que:

> [...] a ideologia totalitária pretendia construir um homem novo, segundo os paradigmas do partido, do Estado, do líder, ou seja, um ser solidário, obediente, disciplinado, sem possibilidade de discutir. O reflexo disso é a concepção de que o processo penal construirá esse homem novo, e com o encarceramento, sempre livre do pecado do crime.

---

30 GIACOMOLLI, Nereu José. Algumas marcas inquisitoriais do Código de Processo Penal brasileiro e a resistência às reformas. *In:* **Revista Brasileira de Direito Processual Penal**, v. 1, n. 1, 2015, p. 144.

> A lavagem das impurezas do crime e a purificação do mal ocorreriam no interior do cárcere. Essa ideologia fascista estruturou o CPP italiano da década de 30, refletiu no Brasil e na organização do sistema processual brasileiro. Isso se pode observar na estrutura do CPP, nas modificações posteriores, na doutrina, na jurisprudência e na atuação dos sujeitos oficiais. Essa engrenagem político-ideológica traçou profundos sulcos no processo penal, produzindo um modelo inquisitorial, cujas marcas são visíveis, profundas e ainda persistem nas práticas judiciárias. [31]

Desse modo, as influências autoritárias do Código de Processo Penal brasileiro podem ser percebidas como decorrentes do próprio Governo da época de sua publicação. Getúlio Vargas instaurou o Estado Novo seguindo a trilha dos regimes ditatoriais, como o salazarista (Portugal) e os regimes totalitários fascistas (Itália e Alemanha). Chama-se atenção para o uso das propagandas políticas no processo de dominação e administração dos conflitos entre as classes sociais como fator de considerável importância, pois divulgava seus princípios doutrinários, ampliando seu alcance junto às massas, podendo

---

31 GIACOMOLLI, Nereu José. **O devido processo penal:** Abordagem conforme a Constituição Federal e Pacto San José da Costa Rica. 3 ed. São Paulo: Atlas, 2016, p. 89-90.

ser considerado como artifício de manipulação das massas, o que foi comum à estrutura política de diversos Estados totalitários, que estabeleceram projetos políticos voltados para os interesses de determinados grupos, que os disfarçavam através de projetos de cunho social, que requeriam união entre as classes sociais para sua realização. Com isso, no Estado Novo, o Brasil foi palco de um Governo ditador que foi tido como populista, recebendo, inclusive, intitulação de "Pai dos Pobres".

Ressalta-se que a ascensão de Getúlio Vargas à presidência do Brasil e a queda das oligarquias do poder trouxe uma ampla reforma administrativa e política culminada com a nova Constituição Federal de 1934, que estabeleceu uma fase de profunda centralização e, consequente, participação estatal nas políticas públicas, que em pretexto das características de um governo ditatorial, se materializaram em medidas essencialmente populistas. A referida Constituição foi a de menor duração na história brasileira, pois no ano de 1935, o então Presidente da República, Getúlio Vargas, suspendia as garantias existentes na mesma através do estado de sítio.[32]

A Constituição Federal de 1937 foi marcada por ditadura, perseguições a opositores e intervenção do Estado na economia, foram abolidos os partidos políticos e a liberdade de imprensa. Neste período, todos os direitos humanos já conquistados foram suspensos, inclusive o direito de ir e vir. Como Vargas teria seu

---

32 PANDOLFI, Dulce Chaves (org.). **Repensando o Estado Novo**. Rio de Janeiro: Ed. Fundação Getúlio Vargas, 1999, p. 23.

Constitucionalização da Investigação Policial

mandato terminado no ano de 1938, deu um golpe de Estado tornando-se ditador, dando como justificativa o fato de a população brasileira necessitar de proteção frente à ameaça comunista, ameaça esta que pode ser exemplificada pelo plano Cohen, que era um falso plano comunista criado por seguidores de Getúlio. [33] Suas características autoritárias e inspirações totalitárias refletiram diretamente no Código de Processo Penal. Também refletindo sobre o assunto, David Queiroz bem lembra que:

> Afigura-se inegável que o Código de Processo Penal Brasileiro, conhecido na década de 40, possua perfil essencialmente inquisitorial, já que gestado em um regime autoritário da história do Brasil, chamado Estado Novo, e com inspirações no Codice Rocco italiano, entre outras características autoritárias, presumia culpa dos acusados, tinha a prisão como regra e ainda considerava a defesa supérflua, tendo "mentalidade antidemocrática e eminentemente policialesca" na persecução penal como um todo, transformando-a em uma máquina punitiva. [34]

33 CARNEIRO, Maria Luiza Tucci. O Estado Novo, o Dops e a ideologia da segurança nacional. *In:* **Repensando o Estado Novo.** Rio de Janeiro: FGV, 1999, p. 329.

34 QUEIROZ, David. A impermeabilidade do processo penal. Florianópolis: Empório do Direito, 2017, p. 78. 39 FRAGOSO, Christiano Falk. Autoritarismo e sistema penal. Rio de Janeiro: Lumen Iuris, 2015, p. 385 - 386.

Percebe-se, assim, um consenso entre os autores em relacionar as características inquisitoriais do Código de Processo Penal ao próprio Governo de Getúlio Vargas. Vale destacar nesse ponto, o que se entende por autoritarismo tomando-se como base a lição de Christiano Fragoso que o posiciona como um abuso do poder da autoridade, traçando, ainda, um fenômeno psicológico no autoritarismo, em suas palavras:

> O autoritarismo, no contexto do abuso da constituição ou exercício do poder da autoridade, se caracteriza pelo fato de que a autoridade é ilegítima ou ilegalmente constituída ou exercida. Como regime político, o autoritarismo se caracteriza por se opor ao pleno funcionamento das instituições democráticas (Parlamento, imprensa, oposições políticas) e dos direitos e garantias individuais. [...] Em suma, o autoritarismo psicológico, seja a partir de explicações psicanalíticas, cognitivas ou de aprendizado social, é criado e fortemente estimulado pelo sentimento de medo, e se caracteriza, por: concepções maniqueístas de mundo, a partir de um valor de identidade, de grupos de dentro para fora, maior necessidade de ordem e segurança, prontidão de submissão e

> obediência a autoridade, apego a tradição e normas convencionais, propensão a intolerância, tendência a seletividade e a raciocinar por preconceitos e estereótipos.

Também, trazendo essa dimensão psíquica do autoritarismo, Prado[35] menciona a dimensão psicanalítica como ferramenta de acesso ao fenômeno de suas permanências autoritárias, permitindo tornar visível aquilo que não foi dito pelo sujeito, indo além, portanto, do que propaga, um saber inconsciente. Esse entendimento aponta para uma visão de distanciamento entre "a formulação geral e abstrata da lei e a aplicação singular e concreta da justiça". Trazendo à baila questões como a parcialidade e a subjetividade do fenômeno criminoso e a ausência de neutralidade na persecução penal.

Nas lições dos autores, percebe-se que tal acepção do autoritarismo está, até os dias de hoje, impregnada no Código de Processo Penal Brasileiro vigente, inspirado em um sistema italiano fascista e "importado" no contexto autoritário da "Era Vargas" e do "Estado Nacional" de Francisco Campos. Salienta-se que a política estadonovista defendia a ideia de um Estado forte, centralizador capaz de promover a tão necessária reorganização social, que levaria a sociedade brasileira da época, a superar o atraso do país e promover o desenvolvimento nacional, oferecendo atrativos que interes-

---

35 PRADO, Geraldo. Apresentação. In: CASARA, Rubens R.R. **Mitologia Processual Penal.** São Paulo: Saraiva, 2015, p. 20.

savam tanto à elite quanto às camadas mais populares, assim teria o controle das massas em torno do Estado. Buscava-se transmitir a ideia do Estado como defensor dos interesses da nação.

Nesse sentido, o que se evidencia é um Código de Processo Penal vigente que traz consigo fortes características da década de 1940, quando o país vivenciava um Governo influenciado pelos regimes totalitários, que dominavam grande parte da Europa na época, com inspiração maior no modelo fascista italiano, pregando o Estado forte, o nacionalismo exacerbado e que depositou menos valor nos direitos individuais em detrimento dos preconizados valores da nação. Importante, portanto, frisarmos que o Código de Processo Penal Brasileiro de 1941, com matriz no Código Italiano produzido no governo fascista de Mussolini, apresenta viés autoritário de prevalência quase absoluta do interesse estatal em detrimento de garantias individuais. A ideologia autoritária de Francisco Campos, levada a efeito no Código brasileiro, fica patente em sua obra "O Estado Nacional", onde é trabalhada claramente a ideia de "defesa social". Nesse sentido escreveu Campos que:

> De par com a necessidade de coordenação das regras do processo penal num código único para todo o Brasil, impunha-se o seu aperfeiçoamento ao objetivo de maior facilidade e energia da ação repressiva do Estado. As nossas leis vigentes de processo penal asseguram aos réus, ainda que colhidos em flagrante

ou confundidos pela evidência das provas, um tão extenso catálogo de garantias e favores, que a repressão terá de ser deficiente, decorrendo daí um indireto estímulo à criminalidade. Urgia abolir semelhante critério de primado do interesse do indivíduo sobre a tutela social. Não se podia continuar a transigir com direitos individuais em antagonismo ou sem coincidência com o bem comum. O indivíduo, principalmente quando se mostra rebelde à disciplina jurídico-penal da vida em sociedade, não pode invocar franquias ou imunidades além daquelas que o garantem contra o exercício do poder público, fora da medida reclamada pelo interesse social. [36]

Frise-se, que Campos é considerado um dos mais, senão o mais, importante intelectual do regime de exceção da Era Vargas. Nas entrelinhas é possível perceber um impacto punitivo e direcionador que reflete diretamente na estratificação social. Como bem ressalta Machado, *"desde os primeiros desenhos do sistema penal brasileiro [...] Os grupos nacionais da exclusão, principalmente pobres e negros, sofrem com o cotidiano da punição e suas medidas de neutralização".* [37] Nesse

---

36 CAMPOS. Francisco. **O Estado Nacional:** sua estrutura, seu conteúdo ideológico. Brasília: Senado Federal, Conselho Editorial, 2001, p.121.

37 MACHADO, Leonardo Marcondes. **Introdução crítica à investigação preliminar.** Belo Horizonte: D'Plácido, 2018. p. 42.

mesmo sentido, Jesse Souza [38] escreve sobre uma "teoria crítica da desigualdade brasileira" e trabalha uma categoria de "ralé brasileira" como alvo de um modelo criminal autoritário, que gera ainda mais exclusão e mantém uma estrutura vertical da sociedade.

Vale destacar nesse ponto, a Teoria da Vulnerabilidade Seletiva de Zaffaroni[39], que considera que existe um estereótipo criminal que coloca em risco um julgamento justo, havendo o que o autor chama de seletividade estrutural. Assim, tem-se uma via de mão dupla que pode prejudicar a efetividade da justiça, de um lado aquele indivíduo que é facilmente criminalizado independentemente da culpa, pois seu estereótipo criminal o coloca em posição vulnerável; de outro, aquele que não possui tal estereótipo, mesmo quando culpado, demanda esforços extraordinários para ser colocado nessa situação. Tem-se, portanto, uma criminalidade real e uma criminalidade aparente. Como bem afirma Santos:

> A estigmatização penal é a única diferença entre comportamentos obviamente idênticos, porque a condenação criminal depende, além das distorções sociais de classe, de circunstâncias de sorte/azar relacionadas a estereótipos criminais, que cumprem funções so-

---

38 SOUZA, Jesse. **A Ralé Brasileira:** Quem é e como vive. Belo Horizonte: Editora da UFMG, 2009, p. 15.

39 ZAFFARONI, Eugenio Raúl. **Derecho Penal:** parte general. 2.ed. Buenos Aires-Argentina: Ediar, 2002, p.

ciais definidas: o criminoso estereoti-
pado é o 'bode expiatório' da sociedade,
objeto de agressão das classes e catego-
rias sociais inferiorizadas, que substitui
e desloca sua revolta contra a opressão
e exploração das classes dominantes. [40]

Dessa forma, entende-se que essa seletividade no Direito Penal brasileiro reforça a dinâmica de uma investigação com intensa concentração de poder e baixa densidade democrática, o que deve ser modificado para se buscar uma investigação policial mais democrática, em que o estereótipo criminal não seja tão relevante, pois tal fator reflete em um sistema autorreferente e dissociado da aplicação plena de garantias constitucionais faz prevalecer que o atual sistema mais se assemelhe ao período inquisitorial com uma busca desenfreada por uma "verdade real" (que não passa de uma ficção). Para que melhor se possa compreender sob esse ponto de vista, o tópico a seguir debruça-se sobre o tema.

2.2 CARACTERÍSTICAS DA INVESTIGA-ÇÃO POLICIAL INQUISITIVA E O SISTEMA DE BUSCA DA VERDADE REAL

Os ritos e práticas da Igreja Católica em seus procedimentos canônicos durante o período inquisitório entre os séculos XII e XVIII foram de grande influência

---

40 SANTOS, Juarez Cirino dos. **A Criminologia Radical.** 3. ed. Curitiba: ICPC; Lumen Juris, 2008, p. 20.

legislativa sobre diversas legislações da Europa e, por influência ibérica, absorvidos por vários países da América Latina como o Brasil[41]. Vale destacar, nesse ponto, que os fenômenos religiosos interessam não em si mesmos, mas como aparato para a compreensão da sociedade brasileira, pois as religiões, integrando a formação social, são de imensa relevância para a compreensão do funcionamento desta sociedade, uma vez que nelas estão contidas as práticas e percepções de mundo que são base da experiência social da população.

Explica-se que a inquisição se configurou como um tribunal eclesiástico especial instituído para eliminar a heresia, isto é, opiniões, ações ou doutrinas que estavam em desacordo com o ensino católico romano ortodoxo. É considerada como uma parte obscura da história da Igreja Católica pautada na investigação de crenças heréticas e cooperação com os governos locais para vê-las punidas, apoiando-se em torturas físicas e psicológicas para fazer com que um indivíduo viesse a confessar sua heresia. Com as características de um tribunal, o interrogatório do acusado estava entre os deveres centrais dos inquisidores. Eles se tornaram, surpreendentemente, habilidosos em psicologia humana ao observarem, documentarem e compartilharem um com o outro suas descobertas sobre as várias maneiras pelas quais as pessoas desviam as perguntas e ocultam informações. Desenvolveram estratégias psicológicas próprias para extrair informações através do processo

---

41 BATISTA, Nilo. **Matrizes Ibéricas do Sistema Penal Brasileiro.** Rio de Janeiro: Freitas Bastos, 2000. p. 363.

de interrogatório, estratégias bastante similares às que os interrogadores ainda utilizam hoje. [42]

São nessas características investigatórias do período inquisitório da Igreja Católica que podemos perceber uma relação mais próxima ao inquérito policial, com o interrogatório para levantamento de fatos e provas como elemento central nesse procedimento preliminar de investigação policial. Sua ligação com o direito canônico também é mencionada por Paraguassu, quando lembra que *"a introdução do inquérito do Direito Eclesiástico do poder da Igreja, como procedimento do poder público, deu um significado religioso ao procedimento investigatório".* [43] Casara e Melchior também notam que um *"repertório cultural que aponta para uma maneira de ver a vida e compreender o desvio, a culpa, os mecanismos de penitência e como consequência, um processo penal"*[44] foi delineado em todos os países que receberam tal influência. Ressalta-se, que apesar do declínio da inquisição ter ocorrido no século XIX, até os dias atuais são fortes as marcas do legado do período inquisitorial na persecução penal no Brasil, podendo-se citar como exemplo a possibilidade do Juiz, de ofício, produzir prova, conforme insculpido no

---

42 MURPHY, Cullen. **God's Jury:** The Inquisition and the Making of the Modern World. Boton: Mariner Books, 2013, p. 222.

43 PARAGUASSU, Mônica Correia da Silva. **Presunção de inocência:** Uma questão de princípio da vingança e da justiça. Niterói: Ed. da UFF, 2011, p. 70.

44 CASARA, Rubens R.R; MELCHIOR, Antônio Pedro. **Teoria do Processo Penal Brasileiro:** dogmática e crítica. Rio de Janeiro: Lumen Juris, 2013. p. 362.

artigo 156, incisos I e II do Código de Processo Penal,[45] dentre outras.

Sobre o assunto, Batista[46] afirma que há uma relação muito próxima entre a tradição inquisitiva e o autoritarismo político e que para fazer valer o ideal do autoritarismo, práticas inquisitivas foram adotadas como verdadeiros dogmas, se espalhando e contribuindo na formação da matriz do Direito criminal do Brasil. Apesar da implementação do sistema acusatório e do Estado Democrático de Direito pela Constituição da República Federativa do Brasil de 1988, é de clareza solar que na Lei Processual Penal brasileira existe um legado autoritário que permanece até os dias atuais, notadamente, quando nos debruçamos sobre o estudo da investigação policial. O próprio conceito de inquérito policial, que lhe embute a característica de procedimento inquisitivo, desprovido de qualquer contraditório, revela certa objetalização do investigado, em que pese o discurso de que ele possui garantias na fase policial.

O CPP de 1941 denomina a investigação preliminar de inquérito policial em clara alusão ao órgão en-

---

45 Art. 156. A prova da alegação incumbirá a quem a fizer, sendo, porém, facultado ao juiz de ofício: (Redação dada pela Lei nº 11.690, de 2008); I – ordenar, mesmo antes de iniciada a ação penal, a produção antecipada de provas consideradas urgentes e relevantes, observando a necessidade, adequação e proporcionalidade da medida; (Incluído pela Lei nº 11.690, de 2008). II – determinar, no curso da instrução, ou antes de proferir sentença, a realização de diligências para dirimir dúvida sobre ponto relevante. (Incluído pela Lei nº 11.690, de 2008).

46 BATISTA, Nilo. **Matrizes Ibéricas do sistema penal brasileiro.** Rio de Janeiro: Freitas Bastos, 2000, p. 363.

Constitucionalização da Investigação Policial

carregado da atividade. Inexiste no CPP a definição legal de inquérito policial, mas, ao exame dos art. 4º e 6º deste diploma legal é possível compreendê-lo. O Inquérito Policial não visa a punição, mas tão somente esclarecer a ocorrência delituosa e apontar o respectivo autor, bem como seus atos não obedecem a um rito preestabelecido. O Código de Processo Penal dita determinadas normas para se elaborar (proceder, formalizar, realizar) o Inquérito Policial (art. 4º ao 23º).

A ausência de contraditório regular e o poder discricionário exercido pelo Delegado de Polícia descaracterizam o inquérito como processo. Trata-se, portanto, de um instrumento híbrido regido por normas de natureza procedimental, penal e administrativa. Com isso, o Inquérito Policial não é processo, mas simplesmente um procedimento administrativo de apuração. É considerado um procedimento formal, pois devem ser observadas algumas regras na realização de cada ato e existe uma ordem para início (Portaria ou auto de prisão em flagrante da Autoridade Policial, requisição do juiz ou do Ministério Público, ou requerimento do ofendido ou de seu representante legal), desenvolvendo-se com as demais diligências que se fizerem necessárias e encerrando-se com um relatório final.

Há uma inversão no que tange a interpretação jurídica em relação ao inquérito policial, ao invés de ocorrer uma nova interpretação e releitura da investigação policial após a Constituição Federal de 1988, grande parcela da doutrina faz uma interpretação autorreferente da fase policial, regendo a interpretação através de uma ideologia autoritária, anterior ao Estado Democrático de Direito, voltada para proteção de termos vagos como "ordem pública", "defesa social" "tutela do bem comum", servindo, na prática, como dispositivos para a concretização de um Estado de Exceção Permanentes como forma paradigmática de Governo, conforme denunciado por Agamben,[47] uma vez que cabe ao Governante, isto é, ao Soberano, preencher tais conceitos em nome do bem comum. Prado[48] aponta que as transformações necessárias no que tange à Justiça Criminal decorrentes da transição do regime autoritário para o democrático ainda não aconteceram de forma plena. As tradições inquisitivas de base teórica que foram consolidadas, principalmente, entre os anos de 1930 e 1970 nem de longe foram extirpadas, e sim acomodadas de forma deturpada no âmbito das novas experiências políticas democráticas e republicanas. No mesmo sentido, Martins [49] aponta a democracia brasileira como recente, de maneira que práticas autoritárias antigas convivem com as atuais, mesmo que reprovadas pela nova ordem política. Em um cenário autoritário, como uma investigação policial com matriz e mentalidade totalmente inquisitiva, há grande concentração de poderes nas mãos do Estado Investigador, em detrimento de redu-

---

47 AGAMBEN, Giorgio. **Estado de Exceção.** São Paulo: Boitempo, 2004, p. 11.

48 PRADO. Geraldo. **Charla proferida em el** ámbito **de II Congresso de Derecho Penal y Criminología, realizado em Buenos Aires, por la ALPEC**. 07/11/2013. Disponível em: psigma.academia.edu/GeraldoPrado/Papers. Acesso em: 26/10/2018.

49 CUNHA MARTINS, Rui. **O Ponto Cego do Direito:** The Brazilian lessons. São Paulo: Atlas, 2013, p. 98.

Constitucionalização da Investigação Policial   39

zida, ou mesmo, em alguns momentos históricos, nenhuma densidade de direitos e garantias fundamentais do investigado, sendo o mesmo objetalizado em nome da "busca da verdade". Concebe-se nesse sistema uma espécie de investigação mítica, cuja missão seria revelar a verdade verdadeira, ou seja, a verdade real, os fatos como realmente aconteceram.

De certa forma imaginam-se poderes transcendentais para a reconstrução do fato de forma que se proporcione uma chancela de certeza absoluta de que eles ocorreram exatamente como apurados. Qualquer resultado que não seja a pura realidade do que ocorreu e como ocorreu, significa um fracasso da investigação e do processo. A permanência da cultura e, acima de tudo, da mentalidade inquisitorial na doutrina e em grande parte dos operadores do Direito, formados nessa cultura, faz com que seja depositado na investigação preliminar, notadamente no inquérito policial, a finalidade e responsabilidade de se extrair uma espécie de verdade plena e absoluta em relação ao fato investigado, havendo íntima ligação com o que a Inquisição trabalhava como sendo "a verdade", tida como absoluta e inquestionável. A revelação dessa verdade caracteriza um verdadeiro retorno ao passado para reconstrução dos fatos de forma quase transcendental e religiosa. Foucault aponta que no período inquisitorial:

> [...] o modelo espiritual e administrativo, religioso e político, maneira de gerir e de vigiar e controlar almas se encontra na Igreja: inquérito entendido como

> olhar tanto sobre os bens e as riquezas, quanto sobre os corações, os atos, as intenções etc. É esse modelo que se quer retomado no procedimento judiciário. O procurador do rei, o inquisidor, vai fazer o mesmo que os visitantes eclesiásticos faziam nas paróquias, diocese e comunidades. Vai procurar estabelecer por inquisitivo, por inquérito, se houve crime, qual foi ele e quem cometeu.

Dessa forma, percebemos um modelo deveras semelhante ao inquérito dos dias atuais, com mudança de personagens que assumem a posição do inquisidor. Como bem cita Machado,[50] pouco importa nesse sistema a estrutura da investigação preliminar, que em verdade acaba predominando que seja saciada a *"fome investigativa do estilo inquisitorial"*, denominada assim por Maurício Dieter, que *"o inquisidor, a partir de meras e infundadas suspeitas, tem o poder de desencadear uma insaciável busca pela verdade oculta, utilizando-se de um vasto repertório para a devassa da intimidade, lugar de segredo a ser desvelado"*.[51] Todavia, o caminho percorrido e os métodos utilizados nessa busca pela

---

50 MACHADO, Leonardo Marcondes. **Introdução crítica à investigação preliminar.** Belo Horizonte: D'Plácido, 2018, p. 58.

51 DIETER, Maurício Stegmann. O Sistema de Investigação Criminal Brasileiro e o Novo Código de Processo Penal que se anuncia. In: COUTINHO, Jacinto Nelson de Miranda; CARVALHO, Luís Gustavo Grandinetti Castanho de (Org.). **O Novo Processo Penal à Luz da Constituição.** Rio de Janeiro: Lumen Juris, 2010, p.48.

verdade real podem apresentar-se como tortuosos. Conforme leciona Machado em tom crítico:

> O critério que orienta essa atividade persecutória em busca de revelação de segredos e demarcação de responsabilidades não poderia ser outro. Todas as diligências (buscas domiciliares, interceptações telefônicas, prisões temporárias etc.), inclusive as oficiosas, encontrariam justificativa no famigerado "princípio" (sic) da verdade real.

A jurisprudência e muitos manuais em geral, insistem numa suposta distinção entre a verdade real e a verdade formal, com afirmações de que no Processo Civil, o Magistrado contenta-se com a verdade formal, produzida em contraditório nos autos, enquanto no Processo Penal, não pode contentar-se com uma verdade formal, e sim buscar uma espécie de "verdadeira verdade", como se isso fosse possível. Explicam esse conceito no sentido de que a privação de liberdade exigiria a produção de uma espécie de "verdade absoluta dos fatos".

O grande problema é que em nome dessa busca desenfreada pela "verdade real" o Estado se hipertrofia e os direitos e garantias fundamentais do investigado se atrofiam, gerando uma espécie de sistema esquizofrênico, uma vez que é como se o Estado se dirigisse ao indivíduo e dissesse: - *Vou reduzir o grau de densidade dos seus direitos e garantias fundamentais e em alguns casos até mesmo suprimi-los, pois preciso ter uma certeza quase absoluta de que vou te punir de forma justa.* Vale dizer, portanto, que o Estado suprime direitos para buscar maior legitimidade para sua punição, sob o argumento de que vai estabelecer com os atos de investigação e, posterior processo, uma espécie de verdade absoluta, a real e, por isso, a punição será justa e devida.

Prado também critica fortemente a retórica da verdade real, mencionando que *"inúmeros porta-vozes autorizados do Direito seguem se valendo da retórica da busca da verdade real, contra todas as fortes e consistentes posições teóricas que reduziram a pó semelhante categoria, como categoria válida do pensamento jurídico e filosófico".*[52] O autor, ainda, menciona como um problema pior o fato de que *"estes agentes penetram com suas ideias nas faculdades de Direito e nas corporações, 'simplificando' a tarefa de pensar e gerando os 'fundamentos' para a manutenção do status quo".*[53] Com isso, o que percebemos é um problema que vem sendo repassado por gerações como algo correto e justificável, com o fim, sendo utilizado para

---

52 PRADO, Geraldo. Crônica da Reforma do Código de Processo Penal Brasileiro que se inscreve na Disputa Política pelo Sentido e Função da Justiça Criminal. *In:* **COUTINHO, Jacinto Nelson de Miranda; CARVALHO, Luís Gustavo Grandinetti Castanho de (Org). O Novo Processo Penal à Luz da Constituição.** v.2. Rio de Janeiro: Lumen Juris, 2011, p.12.

53 PRADO, Geraldo. Crônica da Reforma do Código de Processo Penal Brasileiro que se inscreve na Disputa Política pelo Sentido e Função da Justiça Criminal. *In:* **COUTINHO, Jacinto Nelson de Miranda; CARVALHO, Luís Gustavo Grandinetti Castanho de (Org). O Novo Processo Penal à Luz da Constituição.** v.2. Rio de Janeiro: Lumen Juris, 2011, p.12.

Constitucionalização da Investigação Policial

justificar os meios. Machado no mesmo sentido dispõe que:

> [...] de fato, o discurso da verdade, especialmente aquela adjetivada como "real", apesar de manifestamente falacioso, foi e continua sendo utilizado na tentativa de legitimar abusos e justificar arbitrariedades. A prática da tortura como meio de obtenção de confissão do imputado é um exemplo clássico. Alinha-se perfeitamente a lógica eficientista e cruel do tipo 'os fins justificam os meios'. [54]

Desse modo, existe uma corrente de autores que alertam sobre o perigo que envolve essa busca desenfreada por essa dita verdade real. Vera Malaguti[55] menciona que essa forma de busca de verdade, tipicamente inquisitiva, predominou no contexto ocidental e se traduz em procedimentos de investigações estruturados a partir de uma relação de força entre quem exerce o poder e o objeto estudado, lembra que todo o roteiro pode ser aprendido nos históricos manuais dos inquisidores. Ratifica-se, assim, as raízes inquisitivas, com a busca pela verdade real, também característica desse período. Casara e Melchior[56] ressaltam que o sistema da

---

54 MACHADO, Leonardo Marcondes. **Introdução crítica à investigação preliminar.** Belo Horizonte: D'Plácido, 2018. p. 60.

55 BATISTA, Vera Malaguti. **Introdução crítica à Criminologia Brasileira.** 2.ed. Rio de Janeiro: Revan, 2012, p. 24.

56 CASARA, Rubens R.R; MELCHIOR, Antônio Pedro. **Teoria do processo penal brasileiro:** dogmática e crítica. Rio de Janeiro: Lumen Juris, 2013. p. 571.

busca da verdade real como escopo do processo penal está sedimentada na origem do Código de Processo Penal Brasileiro, uma vez que Vicenzo Manzini, cuja obra e teoria serviu de base para o Código de Processo Penal Italiano de 1931, inspiração para o Código de Processo Penal Brasileiro de 1941, defendia que o juiz no processo penal, deveria buscar a realidade dos fatos, isto é, a verdade material. O inquérito policial tem seu sistema de busca da verdade impregnado pelo direito canônico e regulado no Código de Processo Penal brasileiro que possui inspiração de um modelo italiano fascista, sendo adotado no Brasil durante o Estado Novo. Nesse sentido Aury Lopes Júnior menciona que:

> A estrutura do processo inquisitório foi habilmente construída a partir de um conjunto de instrumentos e conceitos (falaciosos é claro), especialmente o de 'verdade real ou absoluta'. Na busca dessa tal 'verdade real", transforma-se a prisão cautelar em regra geral, pois o inquisidor precisa dispor do corpo do herege. De posse dele, para buscar a verdade real, pode lançar mão da tortura, que se for 'bem' utilizada conduzirá a confissão. Uma vez obtida a confissão, o inquisidor não necessita de mais nada, pois a confissão é a rainha das provas (sistema de hierarquia de provas). Sem dúvida, tudo se encaixa para servir bem ao sistema. [57]

---

57 LOPES JÚNIOR, Aury. **Introdução Crítica ao Processo Penal.** Rio de Janeiro: Lumen Juris. 2006, p.161.

Dessa forma, a suposta busca de uma verdade real encontrou terreno fértil para seu cultivo e a busca da confissão para findar a investigação sua principal meta. Para Salah H. Khaled Jr., *"regimes autoritários, ditatoriais e totalitários, caracterizam-se pela tendência em produzir 'verdade' através de práticas persecutórias"*.[58] Fica fácil perceber que a cultura inquisitória impregnou a persecução penal, gerando nos operadores do direito uma mentalidade inquisitorial e, assim, se mantém viva na teoria e na prática, mesmo dentro de um contexto de Estado de Direito, *"o qual por excelência não deveria comportar espaço para o florescimento de sensibilidades inquisidoras"*.[59]

Aury Lopes Jr.[60] bem aponta que ainda há autores e atores judiciários que sustentam a mitológica "verdade real" para justificar suas práticas autoritárias, se referindo nitidamente a grande parcela da doutrina e dos operadores do Direito em sua práxis. A despeito da Constituição Federal brasileira de 1988 ter adotado o sistema acusatório, são evidentes as práticas, notadamente no inquérito policial, que ainda são analisadas e teorizadas sob o prisma de características inquisitivas. Nesse sentido indica André Luiz Bermudez Pereira:

> Nessa toada, sendo a investigação preliminar eminentemente inquisitiva, o

---

58 KHALED JÚNIOR, Salah H. **A busca da verdade no Processo Penal:** para além da ambição inquisitorial. São Paulo: Atlas, 2013. p. 12.

59 KHALED JÚNIOR, Salah H. **A busca da verdade no Processo Penal:** para além da ambição inquisitorial. São Paulo: Atlas, 2013. p. 11.

60 LOPES JÚNIOR, Aury. **Direito Processual Penal.** São Paulo: Saraiva, 2014. p. 118.

> titular da investigação tende a repetir o mantra da "verdade real" a fim de justificar ofensa a direitos fundamentais do cidadão. Para além desse fator, a concepção de investigação policial como instrumento de segurança pública e não de justiça criminal reforça o argumento de que a proteção do "cidadão de bem" permite atropelar garantias fundamentais previstas na Carta Magna, justificando práticas autoritárias, para se chegar a "verdade real" dos fatos, acalmando a opinião pública.[61]

Esse sistema de busca da verdade real e absoluta revela, portanto, um sistema processual e de investigação policial autoritário, típico do sistema inquisitivo, além de acabar estimulando deturpações ao Estado Democrático de Direito, uma vez que, o sistema de busca da verdade correspondente a "real", acaba na prática não encontrando mecanismos capazes de conter práticas abusivas e autoritárias que podem a vir ser empregadas em sua busca. A busca da verdade real ocupa um lugar hegemônico no processo, tornando-se difícil respeitar uma série de limites à atividade probatória como, por exemplo, a recusa absoluta de uma prova ilícita. Nesse sentido, afirma Salah H Khaled Jr.: "*A obsessiva ambição da verdade legitima um poder que não conhece freios e que acaba quase que invariavelmente sendo utilizado de*

---

61 PEREIRA, André Luiz Bermudez. **A investigação criminal orientada pela teoria dos jogos.** Florianópolis: Emais, 2018. p. 65.

forma arbitrária". [62] Com isso, as consequências têm se evidenciado ao longo da história, com o protagonismo das razões do Estado sobressaindo-se aos direitos fundamentais do indivíduo.

2.3 O PROTAGONISMO DAS RAZÕES DE ESTADO EM DETRIMENTO DOS DIREITOS FUNDAMENTAIS INDIVIDUAIS

O Estado Democrático de Direito desenvolve-se a partir do término da Segunda Guerra Mundial e tem por característica primordial a subordinação da legalidade a uma Constituição, permanecendo vinculado ao princípio da legalidade, existente já no Estado de Direito. Pela Constituição possuir protagonismo determinante nos Estados Democráticos de Direito, alguns autores até denominam esse modelo como Estado Constitucional de Direito. Nesse regime, o Estado se sujeita à lei, orientada por valores de igualdade e justiça, não somente de maneira formal, devendo promover e garantir proteção aos direitos fundamentais e a efetivação do princípio da dignidade humana, caracterizado como elemento nuclear das cartas constitucionais.[63] Todavia, apesar do Brasil apresentar-se como um Estado Democrático de Direito, na realidade tem-se um inquérito policial como princi-

---

62 KHALED JÚNIOR, Salah H. **A busca da verdade no Processo Penal:** para além da ambição inquisitorial. São Paulo: Atlas, 2013. p. 172.

63 RANIERI, Nina Beatriz Stocco. **Teoria do Estado:** do Estado de Direito ao Estado Democrático de Direito. Barueri: Manole, 2013, p. 102.

pal procedimento investigativo para a busca da verdade na fase pré-processual, que tem levantado discussões justamente por apresentar-se como um dos instrumentos com características inquisitoriais trazidas no Direito Processual Penal, com divergências doutrinárias sobre sua prática e a lesão aos direitos fundamentais.

Para Ferrajoli[64], o desenvolvimento de um processo de modo respeitoso aos direitos fundamentais, encontra-se intimamente ligado com a busca da verdade acerca de uma hipótese delitiva. Impõe-se diante de um Estado de Direito a indispensável guarida à dignidade humana constituindo-se em verdadeiro princípio garantista a salvaguardar os direitos humanos, que, particularmente no processo penal, podem ser drasticamente afetados. Uma das críticas ao atual Direito Penal se dá no sentido de que o mesmo apesar de se caracterizar normativamente como garantista, apresenta tendências em atender ao interesse de determinados setores. Gizlene Neder[65] apresenta importantes fatores históricos que em muito contribuíram no processo, especificamente, brasileiro no que tange a hipertrofia estatal em detrimento dos direitos fundamentais e aumento expressivo do poder punitivo e de punições aplicadas por fatores de "ordem pública". A autora cita o historiador e jurista português Antônio Manuel Hespanha e faz a seguinte reflexão:

---

64 FERRAJOLI, Luigi (Clb.). **Direito e razão:** teoria do Garantismo penal. São Paulo: Revista dos Tribunais, 2002, p. 15.

65 NEDER, Gizlene. **Iluminismo Jurídico-Penal Luso-Brasileiro:** Obediência e submissão. 2.ed. Revan. Rio de Janeiro: Revan, 2017, p. 156.

Constitucionalização da Investigação Policial

Analisando a relação dos presos na cidade de Lisboa no século XVII (entre os anos de 1694 e 1696), Hespanha constata que os dados disponíveis, sobretudo para estes anos, apontam para um decréscimo progressivo da punição capital das ofensas aos valores 'particulares' ao longo da primeira metade do século XVIII e para um acréscimo da punição capital aos atentados aos valores 'públicos' claramente políticos (ou seja, salvaguarda da ordem política e da ordem pública) mormente durante o governo do marquês de Pombal [...] Portanto, se antes, a punição real cumpria uma função quase simbólica, a partir da época pombalina, sobretudo, ela passou a desempenhar um papel normativo prático. Ao punir, pretendia-se realmente controlar os comportamentos, dirigir e moldar a ordem social e castigar as violações a esta ordem. Para tal, se fazia necessária uma ação penal eficaz da coroa, crível e temida. [66]

A autora, ainda afirma que a cultura jurídica coimbrense com marcas da religiosidade cristã e do militarismo são muito fortes e "*têm atuado enquanto uma*

---

66 NEDER, Gizlene. **Iluminismo Jurídico-Penal Luso-Brasileiro:** Obediência e submissão. 2.ed. Revan. Rio de Janeiro: Revan, 2017, p. 157-158.

permanência cultural bastante expressiva"[67] até os dias atuais. Um processo penal e uma investigação policial de matriz inquisitiva, calcada no sistema de busca da verdade real, material e absoluta, tem como um dos seus efeitos a hipertrofia Estatal em detrimento dos direitos e garantias individuais. Em nome da busca da verdade absoluta, se naturalizam graves violações a direitos, uma não observância de direitos constitucionais e processuais, tudo em nome de um eficientismo utilitário onde se legitima o Estado a emanar posteriormente uma suposta punição justa, o que, por sua vez, gera uma contradição em si mesmo, posto que, se tal verdade foi obtida mediante violação de normas legais ou em detrimento de direitos constitucionais (o que acaba sendo estimulado em nome da busca pela tal "verdade real") a punição é injusta em sua essência, até mesmo por ser baseada em uma suposta verdade ilicitamente construída nos autos (sendo aqui muito útil para a arbitrariedade a posição doutrinária no sentido de que no inquérito não existem ilegalidades e sim meras irregularidades), o que por sua vez fere o direito fundamental insculpido no artigo 5, LVI, da CRFB/88, que as proíbe. Nesse sentido Zaffaroni bem define que os Estados Democráticos de Direito:

> [...] não são nada além da contenção dos Estados de polícia, penosamente conseguida como resultado da experiência acumulada ao longo das lutas

---

67 NEDER, Gizlene. **Iluminismo Jurídico-Penal Luso-Brasileiro:** Obediência e submissão. 2.ed. Revan. Rio de Janeiro: Revan, 2017, p. 148.

contra o poder absoluto [...], porém, estas couraças (ou *coursés*) de contenção que foram sendo construídas através dos tempos não eliminaram o Estado de polícia, apenas o encapsularam. No interior de todo Estado de direito histórico, quem detém o Poder Executivo ou suas agências tenta livrar-se, com demasiada frequência, de todos os controles e limitações e, dependendo do vigor da contenção, é, em maior ou menor medida, bem sucedida. [68]

Zaffaroni enfatiza que o Estado de Direito não é excludente do Estado de Polícia e sim que entre eles existe uma dialética contínua:

O Estado de Polícia que o Estado de direito carrega em seu anterior nunca cessa de pulsar, procurando furar e romper os muros que o Estado de Direito lhe coloca [...] a extrema seletividade do poder punitivo é uma característica estrutura, ou seja, ela pode ser atenuada, mas não suprimida. Por isso a questão penal é o campo preferido das pulsões do Estado de polícia, pois é o muro mais frágil de todo Estado de Direito. Quanto mais habilitações o poder punitivo tiver nas legislações, maior será o cam-

---

68 ZAFFARONI. Eugênio Raúl. **O inimigo do Direito Penal.** 3ed. Rio de Janeiro: Revan, 2017, p. 169.

po de arbítrio seletivo das agências de criminalização secundária e menores poderão ser os controles e contenções do poder jurídico a seu respeito. [69]

Aqui uma questão simples, porém importante do presente trabalho se impõe. Um inquérito policial não relido e reinterpretado constitucionalmente perante a Constituição Federal de 1988 é um inquérito que continua fincado sobre as bases teóricas e práticas do Estado autoritário de matriz inquisitiva e, portanto, nele predominam as razões de Estado, se esvaziando os direitos e garantias constitucionalmente garantidos. Nesse passo, não são poucos os autores que trabalham com a ideia de um suposto princípio como o *in dubio pro societate* ao invés da presunção de inocência insculpida como direito fundamental no artigo 5º da Constituição Federal de 1988 na fase policial, bem como, ignoram completamente a existência de qualquer contraditório ou de eventuais nulidades no bojo do inquérito policial, afirmando que o que pode ocorrer são meras irregularidades. Essa percepção pode ser vista inclusive na jurisprudência do Superior Tribunal de Justiça (STJ):

> CONFLITO DE COMPETÊNCIA. PENAL. HOMICÍDIO, NA FORMA TENTADA, PRATICADO POR MILITAR CONTRA CIVIL. INQUÉRITO POLICIAL. NECESSIDADE DE EXAME DETALHADO E CUIDADOSO DO CON-

---

69 ZAFFARONI. Eugênio Raúl. **O inimigo do Direito Penal.** 3ed. Rio de Janeiro: Revan, 2017, p. 170.

JUNTO PROBATÓRIO. PRINCÍPIO IN DUBIO PRO SOCIETATE. COMPETÊNCIA DA JUSTIÇA COMUM. 1. A presença de dolo, direito ou eventual, na conduta do agente só pode ser acolhida na fase inquisitorial quando se apresentar de forma inequívoca e sem necessidade de exame aprofundado de provas, eis que neste momento pré--processual prevalece o princípio do *in dubio pro societate*. 2. Os fatos serão melhor elucidados no decorrer do desenvolvimento da ação penal, devendo o processo tramitar no Juízo Comum, por força do princípio *in dubio pro societate* **que rege a fase do inquérito policial**, em razão de que somente diante de prova inequívoca deve o réu ser subtraído de seu juiz natural. Se durante o inquérito policial, a prova quanto à falta do *animus necandi* não é inconteste e tranquila, não pode ser aceita nesta fase que favorece a sociedade, eis que não existem evidências inquestionáveis para ampará-la sem margem de dúvida. 3. O parágrafo único do art. 9º do CPM, com as alterações introduzidas pela Lei nº 9.299/96, excluiu do rol dos crimes militares os crimes dolosos contra a vida praticados por militar contra civil, competindo à Justiça Comum a competência para julgamento dos referidos delitos. 4. Conflito conhecido para declarar competente o Juízo de Direito da 1ª Vara Criminal do Tribunal do Júri de Porto Alegre – RS (grifo nosso). [70]

A questão parece se agravar quando se verifica que as razões que os Estados que ganham protagonismo em tal sistema, são facilmente cooptadas e instrumentalizadas pelo sistema econômico, daí o problema da seletividade. O poder punitivo do Estado acaba sendo utilizado como uma espécie de controle social da pobreza, transformando e esfacelando os muros do Estado de direito, trazendo a proeminência um Estado de Exceção permanente, o que leva Agamben a traçar um diagnóstico no sentido de que o Estado de Exceção tende cada vez mais a se apresentar como paradigma de Governo dominante na política contemporânea assim definindo-o:

> [...] um patamar de indeterminação entre a democracia e o absolutismo, instaurador de uma guerra civil legal que permite a eliminação física não só dos adversários políticos, mas também de categorias inteiras de cidadãos que, por qualquer razão, pareçam não integráveis ao sistema político. [71]

---

70 STJ - CC: 113020 RS 2010/0111378-0, Relator: Ministro OG FERNANDES, Data de Julgamento: 23/03/2011, S3 - TERCEIRA SEÇÃO, Data de Publicação: DJe 01/04/2011.

71 AGAMBEN, Giorgio. **Estado de Exceção.** São Paulo: Boitempo, 2004, p. 13.

Constitucionalização da Investigação Policial   55

Wacquant também demonstra que a inteiração entre os sistemas penal, econômico e social imporá o dogma da eficiência do mercado ao domínio do crime e do castigo, acarretando em um Estado mais Policial e Penitenciário e menos econômico e social[72]. O sistema penal ao invés de ser utilizado para tutela de direitos fundamentais e para limitação do poder punitivo do Estado, torna-se arbitrário e *"trata-se no fundo de uma verdadeira ditadura sobre os pobres"*.[73] Em uma política de Estado de exceção permanente, se invoca e se limita a política a questões de lei e ordem, predominando expressões como "ordem pública" e "defesa social". Expressões fluídas, que tem servido como dispositivos autoritários para o desvirtuamento do Estado de Direito.

Vitória Sulocki bem define que *"percebemos que preservação da ordem pública, manutenção da ordem, lei e ordem, grave comprometimento da ordem pública, são conceitos juridicamente fluidos, podendo ser usados politicamente da forma que melhor convier à prática do momento"*.[74] Em verdade, lei e ordem no contexto brasileiro se traduz em Estado de Direito e existência ordeira e segura para alguns e, para outros, Estado Policial e de exceção permanente, através de toda força de lei ameaçadora e do seu aparato, com flagrante desres-

---

72 WACQUANT, Loic. **As prisões da miséria.** Rio de Janeiro: Jorge Zahar, 2001, p. 136.

73 WACQUANTI, Loic. **Punir os pobres:** a nova gestão da miséria nos Estados Unidos. Rio de Janeiro: Revan, 2003, p. 10.

74 SULOCKI, Victória-Amália de Barros Carvalho G.de. **Segurança Pública e Democracia:** Aspectos Constitucionais das Políticas Públicas de Segurança. Rio de Janeiro: Lumen Juris, 2007, p. 158.

peito aos direitos e garantias fundamentais como, por exemplo, a rotineira concessão de mandados de busca e apreensão coletivos em domicílios de comunidades mais pobres.

É o que Wacquant[75] entende como punir os pobres, sendo o real intuito o de controlar populações perigosas e não de reabilitá-los, como uma forma de estocar esses indivíduos separados com vistas a remediar a incúria dos serviços sociais que se mostram incapazes de tomá-los sob sua responsabilidade. O resultado disso, não pode ser diferente do que efeitos criminógenos que contribuem para a insegurança e para a violência que deveria remediar. Sobre o assunto, Bauman [76] sustenta que o confinamento espacial forçado, cuja forma mais radical é a prisão, sempre foi utilizado como método para se lidar com *"setores inassimiláveis e problemáticos da população"*, como os escravos, os leprosos, os loucos, dentre outros. Esse quadro se agrava ainda mais quando a nossa herança anterior mais remota, em termos de polícia, é de uma polícia escravocrata e mais próxima, antes da vigência do Estado Democrático de Direito, de um Governo Ditatorial Militar, onde a lógica do Direito era repressiva e autoritária. Conforme afirmado por Nonet e Selznick:

> A preservação da autoridade é uma preocupação dominante no mundo ofi-

---

75 WACQUANTI, Loic. **Punir os pobres:** a nova gestão da miséria nos Estados Unidos. Rio de Janeiro: Revan, 2003, p. 137.

76 BAUMAN, Zygmunt. **Globalização:** As consequências humanas. Rio de Janeiro: Zahar, 1999, p.111.

cial do direito. Nessa 'perspectiva oficial', o benefício da dúvida cabe ao sistema, e a conveniência administrativa tem enorme peso, um regime de 'direito dual' que institucionaliza uma justiça de classe consolidando e legitimando padrões de subordinação social, onde a finalidade suprema do direito é a tranquilidade pública, 'manter a paz a todo custo e em todas as circunstâncias' é o 'objetivo da ordem jurídica' e 'as normas legais dão cor a autoridade', mas seu uso é condicionado por critérios de conveniência política. A razão de Estado exige preservar ampla capacidade de discrição. As normas continuam a ter baixa obrigatoriedade para o soberano. O Reconhecimento de direitos é precário. [77]

Entende-se que a banalização da prisão preventiva e a insensibilidade em relação aos impactos das investigações que não respeitam direitos constitucionais, a duras penas assegurados na Constituição de 1988, estão levando o país a uma situação de risco. Schmitt [78] defendia que o Direito passa pela decisão de *aplicar as normas ou não*", estabelecendo-se o Estado de Exceção ao suspender essas normas. Sobre o assunto, bem

---

[77] NONET, Philippe; SELZNICK, Philip. **Direito e Sociedade:** a transição ao sistema jurídico responsivo. Rio de Janeiro: Revan, 2010, p. 75 - 78.

[78] SCHMITT, Carl. **O Conceito de Político.** Petrópolis: Vozes, 1992, p. 51.

disserta Prado[79] que a consequência mais visível pode ser vista na acomodação das tradições inquisitoriais no âmbito das novas experiências políticas democráticas e republicanas.

Vale ressaltar que o termo Estado de Exceção, contém em si dois significados: 1) A condição, qualidade de excepcionalidade a qual todos se veem submetidos em uma situação de crise, ou anormalidade grave; 2) A mudança das características do Estado, tido como ente político, o qual em situações de crise ou anormalidade grave vê-se com poderes excepcionais, inclusive mitigando direitos que, em situações normais, tem como função proteger. Agamben[80] trata da teoria do Estado de Exceção não como gênero dos quais são espécies o estado de sítio e o estado de defesa, conforme consta na Ordem Jurídica brasileira, mas como uma espécie de paradigma de governo, com decisões que fogem ao usual, situando-se em um patamar de indeterminação entre democracia e absolutismo. Para Agamben[81], o Estado de Exceção, apesar de sua difícil definição possui uma linha tênue entre a proteção do Estado Democrático e o Totalitarismo. O autor ressalta que:

> Na verdade, o estado de exceção não é nem exterior nem interior ao Ordena-

---

79 PRADO, Geraldo. O Processo Penal Brasileiro Vinte e Cinco Anos Depois da Constituição: Transformações, Permanências. **Revista da EMERJ -** v. 18 - n. 67 (Edição Especial) – 2015, p. 552.

80 AGAMBEN, Giorgio. **Estado de Exceção.** São Paulo: Boitempo, 2004, p. 38.

81 AGAMBEN, Giorgio. **Estado de Exceção.** São Paulo: Boitempo, 2004, p. 38.

Constitucionalização da Investigação Policial

mento Jurídico e o problema de sua definição diz respeito a um patamar, ou a uma zona de indiferença, em que dentro e fora não se excluem mas se indeterminam. A suspensão da norma não significa sua abolição e a zona de anomia por ela instaurada não é destituída de relação com a ordem jurídica. [...] O conflito a respeito do estado de exceção apresenta-se essencialmente como uma disputa sobre o 'locus' que lhe cabe.[82]

Na percepção de Dyzenhaus[83] verifica-se a possibilidade do que ele chama de um "mini" Estado de Exceção, onde a decisão na penumbra pode ser considerada em um estado de emergência, todavia, o descontrole deve ser evitado, sendo inaceitável que a exceção impere.

A ordem pode ser assegurada na medida em que os casos centrais do direito são amplos o suficiente. Mas se os limites entre a essência e penumbra não puderem ser claramente estabelecidos, a essência parece desaparecer e então, para os positivistas, o estado de emergência não pode mais ser controlado. [84]

---

82 AGAMBEN, Giorgio. **Estado de Exceção.** São Paulo: Boitempo, 2004. p. 38-39.

83 DYZENHAUS, David. Legality and Legimacy: Carl Schmitt, Hans Kelsen and Hermann Heller in Weimar. Oxford University Press, 1999, p. 15.

84 DYZENHAUS, David. **Legality and Legimacy:** Carl Schmitt, Hans Kelsen and Hermann Heller in Weimar. Oxford University Press, 1999, p. 15.

Ocorre, portanto, que se deve buscar a sujeição da Administração à lei e ao direito, sendo que o Delegado de Polícia na presidência do Inquérito Policial é o agente garantidor dos direitos inerentes à cidadania e à dignidade do investigado. Logo, por essa razão é que deve motivar as suas decisões, expondo os motivos de fato e de direito de cada um de seus atos procedimentais dentro do Inquérito Policial. A motivação dos atos decisórios, tem base fundamental de garantia e respeito aos direitos inerentes a pessoa do investigado. O dever de motivar os atos administrativos é um dever essencial à garantia da cidadania, pois fundamenta as razões das decisões administrativas.[85]

No inquérito policial, o Delegado de Polícia é legitimado a representar por prisões cautelares. Muitas vezes esse profissional é formado e impregnado por uma cultura inquisitiva no que tange à fase policial, até pelo fato do inquérito ser definido como procedimento inquisitivo, bem como, por outras deturpações, como um suposto *in dubio pro societate*, onde em eventual dúvida durante a primeira fase da persecução deve prevalecer o interesse do Estado, isto é, do soberano, para, em regra, impor medidas restritivas de liberdade física ou de apreensão de bens de acusados através de medidas cautelares, sendo verificado que há vasta doutrina no sentido de que na fase policial predominam as razões e interesses do Estado, onde se inverte a lógica constitucional, no sentido de que a liberdade é a regra e só pode

---

85 HOFFMANN, Henrique. **O Inquérito Policial tem sido Conceituado de Forma Equivocada**. Brasil, 2017. Disponível em: http://www.conjur.com.br/2017-fev-21/academia-policia-inquerito-policial--sido-conceituadoforma-equivocada. Acesso em: 15/08/2017.

ser flexibilizada em situações excepcionalíssimas.

É preciso rechaçar uma visão simplista de que o inquérito policial tem pouca ou quase nenhuma valia. Ora, se através desse procedimento administrativo, preliminar e inquisitivo é possível se chegar a uma medida capaz de restringir cautelarmente a liberdade de um indivíduo e ainda de priva-lo de seus bens, é imperioso reconhecer a importância desse instrumento de coerção amplamente utilizado no processo penal brasileiro. Por outro lado, precisamos debater acerca da qualidade dessa investigação preliminar, para evitarmos medidas descabidas, espetaculosas e abusivas que visam apenas atender a um clamor momentâneo da sociedade que espera do processo penal uma resposta condenatória como solução de seus males. Punir, muitas vezes, é um ato necessário, porém a grande questão é quem punir, como punir e o que punir, devendo sempre os atores da persecução penal, observar os direitos constitucionais dos investigados/acusados.

Em uma investigação policial constitucionalmente relida, o Delegado de Polícia não é um instrumento do Estado de Polícia e sim um "muro de contenção"[86] do mesmo. O Delegado de polícia como presidente do inquérito deve se comportar como dispositivo democrático[87], inserido dentro do aparelho policial somente representando pela prisão quando a mesma for extremamente necessária. Deve fundamentar as razões de

---

86 ZAFFARONI. Eugênio Raúl. **O inimigo do Direito Penal.** 3 ed. Rio de Janeiro: Revan, 2017, p. 172.

87 AGAMBEN, Giorgio. **Estado de Exceção.** São Paulo: Boitempo, 2004, p. 39.

fato e de direito que lhe levaram a representar, tendo em vista que em um sistema democrático a prisão é exceção, o que não ocorre em sistemas autoritários com protagonismo das razões de Estado, em que há banalização da prisão cautelar, em que a prisão se torna regra. Daí a importância de todas as investigações policiais que podem, inclusive, culminar em medidas cautelares segregacionais graves da liberdade, do patrimônio, além de atingir direitos fundamentais como imagem e honra, terem que sofrer uma releitura constitucional pós Constituição Federal de 1988.

Vivemos uma crise no seletivo sistema penal brasileiro, muitas vezes ou a investigação se apega ao estereótipo do criminoso ideal para prender os mais pobres, ou se comemora o encarceramento de ricos e empresários, o que pode ser tão grave e ineficaz quanto prender os mais pobres, caso sejam violados direitos constitucionais dos mesmos para se atingir esses resultados, remontando a lógica eficientista em que "os fins justificam os meios". A prisão cautelar jamais pode ser adotada como "antecipação de pena" e a vergonha da prisão imposta a um investigado como "sentença antecipada". Nesse sentido, vale mencionar a premissa utilizada pelo Ministro do STF Marco Aurélio Mello no julgamento das Ações Declaratórias de Constitucionalidade (ADC) 43, 44 e 54, *"É impossível devolver a liberdade perdida ao cidadão."*

O ministro Marco Aurélio foi o relator das três ações objetivas acima mencionadas, nas quais se discute a possibilidade de início do cumprimento da pena antes de serem esgotadas as possibilidades de recurso (trânsito em julgado), tendo sido o primeiro a votar, sendo contrário a prisão em 2ª instância, merecendo destaque trechos do seu voto:

> "Tempos estranhos os vivenciados nessa sofrida República. Que cada qual faça sua parte com desassombro, com pureza d'alma, segundo ciência e consciência possuídas, presente a busca da segurança jurídica. Esta pressupõe a supremacia não de maioria eventual, conforme a composição do Tribunal, mas da Constituição Federal, que a todos indistintamente submete, inclusive o Supremo, seu guarda maior. Em época de crise, impõe-se observar princípios. Impõe-se a resistência democrática, a resistência republicana."

O referido Ministro asseverou que o dispositivo da Constituição Federal não abre campo para controvérsias semânticas. "A CF/88 consagrou a excepcionalidade da custódia no sistema penal brasileiro, sobretudo no tocante à liberdade anterior ao trânsito em julgado da decisão condenatória. É regra. (...) Não vivêssemos tempos estranhos, o pleito soaria extravagante, sem propósitos. Mas, infelizmente, a pertinência do requerido nas iniciais surge inafastável."

O ministro manteve-se fiel à sua linha de pensar, "e emprestar algum significado ao princípio da não culpabilidade". "*Qual é esse significado se não evitar que se execute, invertendo-se a ordem natural das coisas, que direciona apurar para, selada a culpa, prender, uma pena a qual não é ainda definitiva?"*

"Em cenário de profundo desrespeito ao princípio da não culpabilidade, sobretudo quando não autorizada normativamente a prisão cautelar, não cabe antecipar em contornos definitivos – execução da pena – a supressão da liberdade. Deve-se buscar a solução consagrada pelo legislador nos artigos 312 e 319 do CPP, em consonância com a CF e ante outra garantia maior, a do inciso 66 do art. 5º: ninguém será levado à prisão ou nela mantido quando a lei admitir a liberdade provisória com ou sem fiança. A via de acesso a este tribunal para salvaguarda da liberdade tem se estreitado sem respaldo constitucional."

"Urge restabelecer a segurança jurídica", disse o relator. "Dias melhores pressupõem a observância irrestrita à ordem jurídico-normativa, especialmente constitucional. É esse o preço que se paga ao viver em Estado Democrático de Direito, não sendo demasia relembrar Rui Barbosa, que, quando recém-proclamada a República, em 1892, ressaltou: com a lei, pela lei, dentro da lei, porque fora da lei não há salvação."

Constitucionalização da Investigação Policial

O ministro votou por julgar procedentes os pedidos formulados nas declaratórias 43, 44 e 54, para assentar a constitucionalidade do art. 283 do CPP, como consequência determinou a suspensão da execução provisória de pena cuja decisão a encerrá-la ainda não haja transitado em julgado.

Outra problemática que merece ser destacada refere-se ao sistema carcerário que utilizamos, o qual é considerado como "medieval", extremamente cruel e desumano, não só porque confina fisicamente o homem, sem que esse homem possa compreender o problema da liberdade, senão em relação à sua locomoção física, mas porque destrói a subjetividade do indivíduo, no sentido de não lhe oferecer nenhuma possibilidade de racionalização da situação em que se encontra. A história do sistema carcerário brasileiro revela, desde o início, a prisão como local de exclusão social e questão relegada a segundo plano pelas políticas públicas, importando, consequentemente, no descaso do poder público aos direitos fundamentais dos presos. O Brasil possui a terceira maior população carcerária do mundo e, em grande número, é composta por presos provisórios, como será demonstrando adiante, através dos dados extraídos do INFOPEN.

Daí a importância de olharmos o inquérito policial como um filtro, vez que, na maioria das vezes, essas prisões cautelares são decretadas na fase preliminar na persecução penal em acolhimento as representações dos Delegados de Polícia. Deve esse importante operador do direito se despir de uma mentalidade inquisitória para se travestir de uma mentalidade constitucional, acusatória, democrática e garantista, verdadeiramente comprometida com as garantias fundamentais dos indivíduos. Uma mudança de postura prática dos Delegados já seria uma contribuição importante para corrigir essas distorções provocadas pela política criminal inquisitória.

Nos tempos modernos, impregnados pela mentalidade inquisitória e pelas razões de Estado, prisões são contabilizadas como "produtividade" das investigações policiais e divulga-las é visto como tornar público essa suposta eficiência produtiva, tornando o cenário ainda mais difícil. Vale dizer, um procedimento investigatório moldado em tempos não democráticos, permeado por ideias dissociadas da Constituição, como um suposto Princípio do *"in dubio pro societate"*, dirigido por um personagem sem garantias e prerrogativas de independência, o Delegado de Polícia, que tem sua eficiência medida pelo número de prisões que representa ou alcança em suas investigações. Urge uma releitura constitucional a fim de que a mesma alcance também de modo eficaz a primeira fase da persecução penal, isto é, a fase investigatória. O inquérito não tem que acabar como levantam algumas vozes, trata-se de fundamental filtro garantista com não menos fundamental função preservadora de indícios de autoria e materialidade apurados, o que é fundamental para uma Justiça Criminal eficaz. É preciso reler o mesmo diante da Constituição Federal de 1988. É preciso que as luzes constitucionais que alcançaram, com respaldo da doutrina processual penal, os verbos "acusar" (função precípua do Ministério Público) e "julgar" (do Poder Judiciário), alcancem também o verbo "investigar" (função precípua da Polícia Judiciária).

Frequentemente as questões penais têm chegado ao Supremo Tribunal Federal que tem se posicionado pela garantia da dignidade da pessoa, do amplo direito à defesa e ao contraditório. Cita-se, como exemplo, o julgado da Arguição de Descumprimento de Preceito Fundamental (ADPFs 395 e 444), em que o Plenário do STF declarou a condução coercitiva de réu ou investigado para interrogatório, constante do artigo 260 do CPP, não foi recepcionada pela Constituição de 1988. O julgamento foi concluído em junho de 2018, sedimentando o entendimento da corrente majoritária, segundo o qual o emprego da medida representa restrição à liberdade de locomoção e viola a presunção de não culpabilidade, sendo, portanto, incompatível com a Constituição Federal. O Ministro Celso de Mello destacou em seu voto: *"Inadmissível, sob perspectiva constitucional, a possibilidade de condução coercitiva do investigado, do indiciado ou do réu, especialmente se se analisar a questão sob a égide da própria garantia do devido processo legal, inclusive da prerrogativa contra a autoincriminação, dos direitos que dela resultam e da presunção de inocência".*

O ministro Toffoli asseverou em seu voto: *"é chegado o momento desta Suprema Corte zelar pela estrita observância dos limites legais para a imposição da condução coercitiva, sem dar margem para que se adotem interpretações criativas que atentem contra o*

*direito fundamental de ir e vir, e a garantia do contra-
ditório, da ampla defesa, e a garantia da não autoincriminação".*

No mesmo sentido, para o Ministro Lewandowski o direito ao silêncio, previsto no art. 5º, 58 da CF,
por si só já seria suficiente para paralisar os efeitos da
condução coercitiva do réu para interrogatório. *"Se cria
um estado psicológico no qual o exercício do direito ao
silêncio é propositalmente dificultado".* Para o ministro,
se o réu for devidamente intimado e não comparecer,
outra consequência não poderá ser extraída senão a de
que preferiu simplesmente não comparecer, *"não havendo, nessas hipóteses, a necessidade de adiamento de
audiências para trazê-lo ao fórum 'debaixo de vara'».*

Lewandowski destacou que *"ninguém pode ser
constrangido a produzir provas contra si".* Ele acompa-
nhou integralmente o relator para declarar procedente
o pedido e a incompatibilidade com a CF da condução
coercitiva de investigados ou réus para interrogatório.

A decisão proferida pela Corte reconheceu como
inconstitucional essa medida que foi utilizada cente-
nas de vezes no âmbito de operações policiais de vulto.

Em seu voto, por sua vez, Gilmar Mendes enfatizou que a decisão não tem o condão de desconstituir interrogatórios realizados até o julgamento, mesmo que
o interrogado tenha sido coercitivamente conduzido
para o ato. Isto porque, segundo ele, estaria se reconhecendo a inadequação do tratamento dado ao imputado,
e não do interrogatório em si. *"Não vejo necessidade de*

debater qualquer relação dessa decisão com os casos pretéritos, inexistindo espaço para a modulação dos efeitos da decisão."

A condução coercitiva é entendida como a compelida apresentação de uma pessoa para realizar determinado ato instrutório legal, é admitida nas hipóteses de não comparecimento injustificado após regular notificação assim como de urgência para prestar esclarecimentos, e pode acarretar eventual responsabilização pelo delito de desobediência (Artigo 330 do CP). Lembremos que o julgado se refere à condução coercitiva tanto na fase de investigação, como na instrução processual.

O assunto ganhou relevância também em virtude da nova lei de abuso de autoridade (Lei 13.869/2019), que prevê crime o fato de o agente decretar a condução coercitiva de testemunha ou investigado manifestamente descabida ou sem prévia intimação de comparecimento ao juízo, seja num feito criminal ou extrapenal (artigo 10). E qual seria o sujeito ativo? O sujeito ativo do delito de abuso de autoridade previsto no artigo 10 da Lei 13.869/2019 é o agente ou autoridade com atribuição ou competência para determinar a condução coercitiva de testemunha ou investigado.

A doutrina diverge se há a necessidade de se observar a reserva de jurisdição para a adoção da providência no âmbito da investigação criminal, indagando-se se a ordem de condução coercitiva pode ser emanada do Delegado de Polícia presidente da investigação ou se carece de autorização judicial.

Para responder a essa questão, Laudelina Inácio da Silva e Adriano Sousa Costa, de maneira clara, respondendo à indagação se o Delegado de Polícia poderia ou não expedir mandado de condução coercitiva ou se deveria requerê-la ao magistrado, aduzem que:

> "É claro que pode a autoridade policial expedi-lo, mesmo sem autorização judicial. Negar a possibilidade de condução coercitiva no âmbito policial seria o mesmo que transformar as intimações policiais em atos de atendimento facultativo. Por isso, frisamos que é possível a condução de vítimas e de testemunhas à presença da autoridade policial, desde que esse meio coativo seja necessário e adequado. No que tange aos investigados e aos indiciados o STF vedou a condução coercitiva, quando o ato a ser realizado for o de interrogatório."[88]

Em sentido contrário, Paulo Rangel leciona:

> "Qual a providência que deve adotar a autoridade policial quando, no curso do inquérito, desejar ouvir uma testemunha que se recusa a comparecer para ser ouvido? Aplica-se o artigo 218 do CPP? Ou seja, pode a autoridade policial conduzir coercitivamente a testemunha utilizando esse dispositivo, analogicamente?

---

88 COSTA, Adriano Sousa; SILVA, Laudelina Inácio da. Prática policial sistematizada, p. 172.

Constitucionalização da Investigação Policial

> A resposta negativa se impõe. A uma, porque as regras restritivas de direito não comportam interpretação extensiva nem analógica. A duas, porque a condução coercitiva da testemunha implica a violação de seu domicílio, que é proibida pela Constituição Federal.
>
> Destarte, deve a autoridade policial representar ao juízo competente, demonstrando o *periculum in mora* e o *fumus boni iuris*, a fim de que o juiz conceda a medida cautelar satisfativa, preparatória da ação penal. Porém, jamais realizar *manu militare* a referida condução coercitiva."[89]

Portanto, a doutrina diverge se há a necessidade de se observar a reserva de jurisdição para a adoção da providência no âmbito da investigação criminal, indagando-se se a ordem de condução coercitiva pode ser emanada do delegado de polícia presidente da investigação ou se carece de autorização judicial. Nesse compasso percebe-se que a divergência está mais ligada a decretação de condução coercitiva de testemunha pelo Delegado, notadamente quando o indivíduo se encontra no interior do seu domicílio. Entretanto, entendemos que o Delegado de Polícia pode perfeitamente figurar como sujeito ativo do artigo 10 da Lei de Abuso de Autoridade, por poder determinar uma condução coercitiva, residindo a controvérsia tão somente na entrada do domicílio

---

89 RANGEL, Paulo, Direito Processual Penal, p. 163.

de eventual testemunha com o fim de fazê-la comparecer coercitivamente. Parece-nos que não existe qualquer controvérsia quando a testemunha não mais estiver no interior do seu domicílio sendo abordada, por exemplo, no momento em que saia de casa para trabalhar.

2.4 REFLEXÕES SOBRE O PROTAGONISMO DO ESTADO E REFLEXOS NOS TEMPOS ATUAIS: SELETIVIDADE, CRIMINALIDADE E EXCESSO DE PRISÕES PROVISÓRIAS.

A atual problemática que reflete na criminalidade e no excesso de prisões provisórias pode ser vista como um reflexo de um sistema autoritário, em que predominam ações coercitivas, em detrimento preventivas. Para Xavier[90] a segurança pública se trata da política governamental que mais se tem preocupação nos tempos atuais. Nas grandes cidades brasileiras o sentimento é de insegurança, fator que acaba por justificar uma redução das políticas públicas de segurança com resultados mais consistentes no médio e longo prazo, em detrimento de ações estritamente policiais com resultados paliativos mais imediatos, confundindo-se e reduzindo o conceito de segurança pública a Polícia, deixando de articular políticas sociais de maior eficácia

---

90 XAVIER, Laécio Noronha. Responsabilidade Constitucional e comunitária em segurança pública. *In:* **Revista Unicuritiba,** 2013, p. 141.

Sapori[91] afirma que os indicadores de criminalidade no Brasil são muito preocupantes, justificando pela falta de uma política pública bem definida para lidar com esse problema, com as ações policiais como principal meio de combate, mencionando, ainda, o sistema prisional que se encontra em caos com superlotação e ineficiência em ressocialização. Nesse mesmo entendimento, Ballesteros[92] aponta que a política de segurança pública no Brasil não tem alcançado êxito por ser pensada e implementada de forma fragmentada e pouco planejada, essa falta de planejamento e integração entre os entes federativos – União, Estados e Municípios – não permite que os resultados sejam positivos, não havendo uma prevenção, somente o combate contra algo já instaurado. É um sistema com muitas peças e pouca engrenagem.

Diante do medo generalizado que sente a população, o legislador penal, desidioso ou astuto e desobrigado de atender qualquer desígnio de Política Criminal (inexistente), cede à tentação populista de oferecer o Direito Penal como panaceia de todos os males que a afligem. No enfoque das influências autoritárias no Direito Penal e Processual Penal brasileiro coloca-se, dentre outros fatores, o Inquérito Policial, como bem afirma Prado:

---

91 SAPORI, Luiz Flávio. A segurança pública no Brasil. *In:* **Em Debate,** Belo Horizonte, v.3, n.1, jan. 2011, p.

92 BALLESTEROS, Paula Rodriguez. Gestão de políticas de segurança pública no Brasil: problemas, impasses e desafios. *In:* **Rev. bras. segur. pública.** São Paulo v. 8, n. 1, fev/mar 2014, p. 7.

É significativo que o inquérito policial no Brasil haja sido instituído às vésperas da entrada em vigor da Lei do Ventre Livre, em 1871. A hipótese de trabalho mais segura para explicar o fato de a balança do poder penal ter pendido em favor da segurança, por quase duzentos anos, em detrimento da liberdade e de ter alimentado a cultura autoritária que inspirou práticas e leis penais no Brasil – e continua inspirando. [93]

Nesse contexto, dentro de um sistema criminal cada vez mais midiático em uma sociedade líquida,[94] que exige imediatismos de respostas, há um grande risco à violação sistemática de direitos fundamentais na investigação criminal, sempre em nome das razões de Estado. Hodiernamente, ao ligar a televisão e observar os programas policiais sensacionalistas é possível perceber o indevido deslocamento do espaço judicial para o espaço policial, programas que muitas vezes exaram verdadeiras "sentenças morais" que, face aos meios de divulgação e de informação atualmente disponíveis, são perpétuas. A gravidade está reproduzida na frase de senso comum: "você esquece, mas o Google não esquece", em referência ao site de busca mais famoso da rede

---

93 PRADO, Geraldo. O Processo Penal Brasileiro Vinte e Cinco Anos Depois da Constituição: Transformações, Permanências. *In:* **Revista da EMERJ -** v. 18 - n. 67 (Edição Especial) – 2015. p. 8.

94 BAUMAN, Zygmunt. **Modernidade Líquida**. Ed. Zahar, Rio de Janeiro, 2001, p. 7.

mundial de computadores, onde o fato sempre poderá ser rememorado, gerando inclusive debate no direito civil sobre o chamado "direito ao esquecimento".

A cultura do imediatismo é uma realidade no ordenamento pátrio, notadamente, no que diz respeito às leis penais, o que reforça ainda mais o poder punitivo do Estado, em detrimento do devido processo legal e da presunção de inocência. Um dos reflexos desse imediatismo é a produção desenfreada de leis penais, que não raras vezes buscam apenas afagar um clamor social momentâneo, a exemplo da Lei 8.072/90, Lei dos Crimes Hediondos, cuja norma foi produzida em um momento muito conturbado da história brasileira na década de 1990, em que vários crimes graves ocorreram, notadamente, contra pessoas de destaque no país, com aumento da extorsão mediante sequestro, em que a vítima, em regra, pertencia a classes mais abastadas. A referida lei foi uma resposta ao medo e desconfiança que se entranhava na sociedade e buscou endurecer o tratamento dado a determinados crimes, entretanto, com o passar do tempo sofreu diversas alterações na tentativa de melhor atingir seus objetivos.

Antes que se alegue que houve uma redução no índices de criminalidade dos crimes tipificados como hediondos após a edição da Lei 8072/90, um dos únicos delitos com redução mais expressiva foi justamente o de extorsão mediante sequestro, tal redução deve-se muito mais ao incremento de estrutura que foi realizado nos órgão policiais de repressão a essa modalidade criminosa, como por exemplo, clara melhoria de estrutura e aparelhamento e criação de mais Delegacias Anti Sequestro, do que decorrência do endurecimento do tratamento penal. Vale dizer, é evidente que trata-se de um crime gravíssimo que, acertadamente, recebe uma resposta penal mais dura, todavia, o que demonstrou mais eficácia foi o investimento em logística, material e estrutura dos órgãos de investigação policial voltada para esses crimes e não o fato da lei tê-lo previsto como hediondo. Reforçando a lógica já expressada nesse trabalho que são as condições materiais e práticas adotadas que geram um melhor resultado e não a mera previsão em lei, crer nisso é o que já demonstramos ser puro "fetiche jurídico".

O imediatismo é diametralmente oposto à lógica do processo penal, cujos procedimentos e ritos deveriam, justamente, garantir o devido processo legal, os direitos fundamentais inerentes, incluindo a presunção de não culpabilidade até ser provada a culpa, que só se consubstancia na sentença penal condenatória transitada em julgado. O réu deve ser considerado inocente até o transito em julgado, tanto como regra probatória (*in dubio pro reu*), como regra de tratamento, que impõe a prisão provisória como exceção, assim preceitua a nossa carta política. Além disso, o objetivo da Justiça Penal não é punir a qualquer custo, mas assegurar o máximo grau de certeza possível quanto aos fatos ocorridos para que os verdadeiros responsáveis pelo crime – e somente eles – sejam punidos. Não se deixar levar pela cultura do imediatismo não significa defender processos lentos e tampouco intermináveis, até porque, quem investiga sabe que o tempo é inimigo da prova. O que se pretende é aplicação da lei penal como *ultima ratio*, observando os direitos e garantias fundamentais (garantismo penal) afastando a ideia de que a prisão é o remédio para todos os males da sociedade.

Nesse diapasão, cabe ao Delegado de Polícia, inserido como dispositivo democrático no aparelho policial, atuar como filtro de contenção desse poder estatal exacerbado, zelar pela imagem, pela presunção de inocência e toda uma gama de direitos fundamentais do investigado e das vítimas na fase policial. O que se percebe-se na prática, em muitos casos, é um Delegado ainda não "relido constitucionalmente" que, ao invés de adotar uma postura de contenção, adota uma postura de promoção das razões de Estado típicas de um Estado policial, visando uma resposta imediata exigida pela sociedade líquida e que espetaculariza a investigação policial em detrimento da observação de direitos individuais. Um operador do direito que representa por prisões, muitas vezes, sem fazer uma reflexão constitucional sobre sua necessidade e seus requisitos e as efetiva a fim de demonstrar eficiência profissional com números prisionais, como se o bom Delegado de Polícia fosse apenas o que prende muito e não o que garante direitos fundamentais durante a investigação policial realizando controle dessa poderosa ferramenta, capaz de levar culpados para prisão e apreender seus bens, mas também de demolir biografias e vidas em caso de prisões ilegais ou desnecessárias. Um operador do direito formado em uma doutrina processual penal inquisitiva, que ainda não refletiu luzes constitucionais na fase investigatória, com o dogma do "*in dubio pro societate*" e submetido a intensa pressão por resultados, com praticamente nenhuma prerrogativa funcional, que acaba realizando "produtivismo" com número de prisões e não uma produtividade qualitativa voltada para uma justiça penal eficaz. Jacques Távora Alfonsin assim definiu "produtivismo" relacionado ao tema da Reforma Agrária: "*O produtivismo é justamente aquele que, fazendo da terra mercadoria, não se interessa nem pela sua morte, o que ele quer é apenas a mercadoria*". [95]O grave aqui é que tal produtivismo é feito com sacrifício da liberdade humana, nome, imagem, honra e toda uma gama de direitos constitucionais, pois o que importa é a prisão. É ela que impõe o rótulo de fracasso ou sucesso, do que é eficiente ou ineficiente, sendo feito o perigoso link entre "produtivismo" policial e "eficientismo" penal.

Conforme o último Levantamento Nacional de Informações Penitenciárias (INFOPEN), em junho de 2017 a população carcerária no Brasil alcançou o número de 726.354 (setecentos e vinte e seis mil, trezentos e cinquenta e quatro) presos, o que significa mais de 340 (trezentos e quarenta) presos para cada 100.000 (cem mil) habitantes, sendo que o número total de vagas do sistema prisional é de 423.242 (quatrocentos e vinte e

---

95 (https://www.cptne2.org.br/publicacoes/noticias/noticias/ 1431-professor-pede-distincao-entre-produtividade-e-produtivismo acessado dia 06/05/2020).

três mil, duzentos e quarenta e dois)[96] Esse número em um contexto autoritário de "guerras", seja "guerra ao crime", "guerra às drogas", ou qualquer um dos tantos outros tipos de "guerras", tende a aumentar cada vez mais, uma vez que os operadores do Direito, incluindo o Delegado de Polícia, ao invés de se comportarem e atuarem como um instrumento do Estado Democrático de Direito na contenção do Estado de Polícia, agem como realizadores das razões de Estado, diminuindo a densidade dos direitos fundamentais em nome do "interesse público".

Importante frisar que nesse cenário de encarceramento brasileiro, o número de presos provisórios alcança o elevado percentual de 40% (quarenta por cento), ou seja, cerca de 4 (quatro) em 10 (dez) presos não tem condenação definitiva[97]. O que representa um número alarmante em um país que tem a presunção de inocência como direito fundamental previsto no art. 5, inciso LVII, da CRFB/88, configurando-se como uma das problemáticas consequências do protagonismo das razões de Estado em detrimento dos direitos fundamentais.

No contexto de aumento da violência, crescem demandas de senso comum e clamores por combates militarizados, onde as razões de Estado se agigantam em um cenário de política criminal máxima e garantias mínimas ou nenhuma em relação ao escolhido como inimigo so-

---

96 BRASIL. Ministério da Justiça. Levantamento **Nacional de informações Penitenciárias** – INFOPEN – Junho de 2017, p. 7.

97 BRASIL. Ministério da Justiça. **Levantamento Nacional de informações Penitenciárias** – INFOPEN – Junho de 2017, p. 8-11.

cial. Gunther Jakobs[98], professor da Universidade de Bonn apresenta sua tese *Burguerstrafretcht und Feindstrafrecht*, Direito Penal do Inimigo e Direito Penal do cidadão, onde defendeu que aquele que recusa o contrato, no sentido de praticar graves infrações penais (conjunto normativo) se comporta como inimigo e deve ter um Direito Penal próprio para ele, diferente do Direito Penal do cidadão, com menos ou praticamente nenhuma garantia.

Sobre a questão dos clamores sociais, vale destacar de acordo Lopes Junior[99], que vivemos atualmente em uma sociedade midiatizada, na qual não há nada que não esteja profundamente relacionado com a mídia nem esteja intrinsecamente por ela influenciado, desde a economia até a religião, passando-se pela política e pelo direito. A mídia atua como propagadora dos acontecimentos mundiais, sendo indispensável no exercício do direito à informação, mantendo os indivíduos que se utilizam de seus meios informados sobre o que acontece ao seu redor e facilitando a convivência e comunicação nos ambientes que frequentam. Muito se discute da divulgação dos fatos apurados na fase de inquérito policial, pois, segundo Saguiné[100] é, muitas vezes, durante a investigação que o clamor público pela prisão está mais intenso. Clamor público para decreta-

---

98 JAKOBS, Gunther; MELIÁ, Manuel Câncio. **Derecho Penal del Enemigo.** Madrid: Civitas. 2003, p. 87.

99 LOPES JUNIOR, Aury. **Introdução Crítica ao Processo Penal.** 4. ed. Rio de Janeiro: Lumen Juris, 2006, p. 170.

100 SANGUINÉ, Odone. A Inconstitucionalidade do Clamor Público como Fundamento da Prisão Preventiva. **Revista de Estudos Criminais.** Porto Alegre, Nota Dez, n. 10, 2015, p. 112.

ção de uma prisão provisória é inconstitucional, todavia exerce força e pressão psicológica sobre os operadores do direito, que muitas vezes, ao invés agir de forma contramajoritária para que seja feita justiça, manejam uma interpretação jurídica autoritária para obter a prisão e acalmar os clamores públicos.

A atuação, dos veículos de comunicação, quando abusiva, muitas vezes estimulada por agentes do Estado, pode comprometer direitos e garantias fundamentais e invioláveis dos cidadãos, ao expor incessantemente os envolvidos em crimes de grande repercussão, além de poder influenciar e manipular as decisões das pessoas do povo nos casos em que estas, através do Tribunal Popular do Júri, decidem futuro de seus pares com base nas informações veiculadas pela mídia. Qualquer julgador em uma sociedade midiática tende a sentir-se pressionado diante da repercussão excessiva de um delito que deve julgar, o que pode comprometer a inocência presumida do acusado exposto.[101]

Desse modo, percepções são forjadas pela mídia, que mais do que informar, forma a população; mais do que revelar o real, o constrói. A mídia produz subjetividade, indica como devemos nos comportar, nos relacionar, como ser e viver. Como assevera Nicolitt[102], a mídia pode posicionar-se de forma perversa e irresponsável, fator que tem contribuído para o desgaste das impor-

---

101 LOPES JUNIOR, Aury. **Introdução Crítica ao Processo Penal.** 4. ed. Rio de Janeiro: Lumen Juris, 2006, p. 171.

102 NICOLITT, André Luiz. **As Subversões da Presunção de Inocência:** Violência, Cidade e Processo Penal. Rio de Janeiro: Lumen Júris, 2006, p. 128.

tantes instituições do Estado Democrático de Direito. A mídia produz emoções, encena com dramaticidade, na lógica teatral do espetáculo. O autor ainda destaca a mídia como capaz de destruir as bases sociais, visto que contribui para uma formação deturpada sobre diferentes fatores sociais, como a violência, por exemplo. Assim, os valores, comportamentos e atitudes são definidos e redefinidos, produzidos e reproduzidos pela mídia. Hodiernamente, com a revolução comunicacional, apontada por Zaffaroni et al.[103], o medo se prolifera por todo o planeta e fomenta um discurso autoritário, instantâneo, que subjuga e manipula o indivíduo, através da produção de subjetividade punitiva.

Nesse mesmo contexto ainda, se apresenta uma espécie de dilema para o Estado Democrático de Direito, que vê as razões de Estado pulsarem com muita força, forçando os muros. Isto é, os limites constitucionais e normativos perdem densidade e muitas vezes, na prática, desaparecem em nome de algumas já citadas expressões como "ordem pública" e "defesa social" sendo que tais conceitos, em regra são preenchidos pelo Estado, que acaba por atuar como uma espécie de soberano que decide sobre o Estado de Exceção, conforme definiu Schmitt[104].

Nesse sentido, Zaffaroni fazendo menção à proposta de quem seja o "inimigo" de Jakobs nos leva a re-

---

103 ZAFFARONI, Eugenio Raúl. **Derecho Penal:** parte general. 2. ed. Buenos Aires – Argentina: Ediar, 2002, p. 173.

104 SCHMITT, Carl. **O Conceito de Político.** Petrópolis: Vozes, 1992, p. 153.

fletir no sentido de que não há como se limitar o conceito de inimigo:

> Jakobs pressupõe que alguém deve julgar a necessidade e que este alguém não pode ser outro senão o soberano, em sentido análogo ao de Schimit. O Estado de direito concreto de Jakobs, deste modo, torna-se inviável, porque seu soberano, invocando a necessidade de emergência, pode suspendê-lo e designar como inimigo que considerar oportuno, na extensão que lhe permitir o espaço de poder que dispõe. [105]

A seletividade penal brasileira apresenta uma face perversa. Da mesma forma que Jakobs distinguiu o "direito penal do inimigo" do "direito penal do cidadão". No Brasil o Estado põe em prática um Estado de Exceção permanente para os desfavorecidos nas zonas pobres da cidade, mas preserva, ou tenta priorizar um Estado Democrático de Direito, que é traduzido pela expressão "sensação de segurança" nas zonas nobres e ricas das cidades. É muito comum e até corriqueiro no meio policial a expressão de que o policial tem que saber se portar conforme o ambiente que trabalha: Por exemplo, um policial da zona sul do Rio de Janeiro deve ser mais cuidadoso no atendimento, mais cortês em relação a outro que atue na Baixada Fluminense, onde supostamente lhe é exigida uma postura mais

---

105 ZAFFARONI, E. Raúl. **O inimigo no direito penal.** Rio de Janeiro: Revan, 2017, p. 163.

"dura e firme", tendo em vista que se trata de "públicos diferentes". Não bastasse isso, nesse contexto de predomínio das razões de Estado ocorrem verdadeiras tragédias normativas que são ainda pioradas na prática, mediante a clara opção governamental pelo combate militarizado "ao crime". Nesse contexto, repressão ao crime vira "guerra", locais mais pobres viram "territórios" e pessoas tornam-se objetos, são reduzidas a uma espécie de corpo vivo, sem direitos ou com direitos reduzidos diante das razões de Estado. É o que Agamben chama de *homo sacer* (homem sacro), em suas palavras:

> O *homo sacer* seria impuro ou seria considerado propriedade dos deuses. 'Por que então qualquer um podia matá-lo sem contaminar-se ou cometer sacrilégio?' [...] 'O que é, então, a vida do *homo sacer*, se ela se situa no cruzamento entre uma matabilidade e uma insacrificabilidade, fora tanto do direito humano quanto daquele divino?' [...] enquanto a *consecratio* faz normalmente um objeto passar do *ius humanum* ao divino, do profano ao sagrado, no caso do *homo sacer* uma pessoa é simplesmente posta para fora da jurisdição humana sem ultrapassar para a divina. De fato, a proibição de imolação não apenas exclui toda equiparação entre o *homo sacer* e uma vítima consagrada, mas, [...] a licitude da matança

> implicava que a violência feita contra ele não constituía sacrilégio no caso de *res sacrae* [...] o *homo sacer* pertence ao Deus na forma da insacrificabilidade e é incluído na comunidade na forma da matabilidade. A vida insacrificável e, todavia, matável, é a vida sacra.

Desse modo, o homem passa a ficar às margens, posicionando-se entre o "matável" e o insacrificável, tudo que lhe fizerem passa a ser justificável. Nesse sentido, quando há o protagonismo das razões de Estado, o sistema de política criminal fica limitado à política penal, sendo essa a única face visível do Estado para uma parcela considerável da população, que se encontra fora do mercado. Uma demonstração recente disso foi a fracassada política de segurança pública das Unidades de Polícia Pacificadora (UPP) em comunidades carentes do Rio de Janeiro, onde o Estado se fez presente apenas através do seu aparato militar para controlar condutas, não ingressando nas comunidades com os devidos serviços essenciais como de educação e saúde, melhora da mobilidade urbana dentre outros. Morais da Rosa e Amaral observam que

> [...] tal estado obsceno de soberania política, o qual a polícia opera e se encarrega de testemunhar com a maior clareza a zona de indiferenciação entre a violência e o direito, não pode se comportar em si, a seu turno, a tradição de um modelo de combate ao inimigo, potencializada

pela contínua viabilização da guerra e do extermínio de vulnerabilizados politicamente determinados [...]. [106]

Os autores prosseguem a reflexão no sentido de que ocorre uma *"militarização da vida"* de forma hipertrofiada e que a Polícia, nesse contexto, realiza "o *trabalho soberano obsceno conduzido pela política*" através de um sistema de cumprimento de ordens em que, na zona de indiferenciação, homens são matáveis e sacrificáveis no espaço público democrático que é ofuscado pela máscara da decisão estatal[107]. Dentro desse contexto, prisões preventivas para "a garantia da ordem pública" ou "garantia da ordem econômica", previstas no art. 312, *caput*, do CPP, acabam por se deturpar no sentido de que uma prisão que pode ser decretada para "garantir a ordem", dada a vagueza do conceito, acaba por permitir uma espécie de limpeza dos indesejados por meio da intervenção penal. Ficando ao arbítrio do intérprete, isto é, dos operadores do Direito, em regra com mentalidade inquisitiva, preencher seu conceito e manuseá-la. Embora se utilize a expressão "exceção", um Estado hipertrofiado pela predominância das razões de Estado tem se tornado uma verdadeira regra no Brasil, sendo colocado em prática o Estado de Exceção como para-

---

106 ROSA, Alexandre Morais da; AMARAL, Augusto Jobim da. **Cultura da punição:** a ostentação do horror. 3. ed. Florianópolis: Empório do Direito, 2017. p. 110-111.

107 ROSA, Alexandre Morais da; AMARAL, Augusto Jobim da. **Cultura da punição:** a ostentação do horror. 3. ed. Florianópolis: Empório do Direito, 2017, p. 110-111.

Constitucionalização da Investigação Policial

digma de governo, abordado por Giorgio Agamben, que aponta que o Estado de exceção em que vivemos é a regra. [108] Machado[109] apresenta alguns exemplos de Decretos de Garantia da Lei e da Ordem editados somente no ano de 2017. São verdadeiros dados que demonstram que o que era para ser exceção tornou-se regra: Rio de Janeiro (28 de julho a 31 de Dezembro), Distrito Federal (Esplanada dos Ministérios 24 a 25 de maios de 2017), Espírito Santo (06 de fevereiro a 08 de março de 2017), Região Metropolitana do Rio de Janeiro (14 a 22 de fevereiro de 2017), Espírito Santo (06 de fevereiro a 16 de fevereiro de 2017), Região Metropolitana do Município de Natal/RN (20 de janeiro a 4 de fevereiro de 2017) e por todo o Sistema Penitenciário Brasileiro (17 de janeiro de 2017 a 17 e janeiro de 2018).

Cabe ainda mencionar que o Estado do Rio de Janeiro passou por uma inédita Intervenção Federal Militar na Segurança Pública (Decreto nº 9.288, de 16 de fevereiro de 2018) que se estendeu até 31 de dezembro de 2018. Ressaltamos ainda, que o então presidente Michel Temer (PMDB) sancionou a lei que transfere para a Justiça Militar o julgamento de militares que cometerem crimes contra a vida de civis. A Lei 13.491, de 16 de outubro de 2018, dentre outras mudanças acrescentou o inciso III ao § 2º do artigo 9º do Código Penal Militar,

---

108 AGAMBEN, Giorgio. **Estado de Exceção.** São Paulo: Boitempo, 2004, p. 40.

109 MACHADO, Leonardo Marcondes. **Introdução crítica à investigação preliminar.** Belo Horizonte: D'Plácido, 2018. p. 67.

[110] que define o que é crime militar a ser julgado pela Justiça especializada militar. Na mudança legislativa também chama atenção notadamente o inciso III que retira a competência constitucional do Tribunal do Júri deslocando-a para Justiça Militar quando o homicídio for praticado *"em atividade de natureza militar, de operação de paz, de garantia da Lei e da Ordem"*. Serão julgadas pela Justiça Especializada as mortes de civis causadas por militares nas chamadas missões de *"garantia da lei e da ordem"*, como quando governadores de Estado solicitam o envio de efetivos do Exército, Marinha e Aeronáutica para o controle de situações emergenciais.

Foi o que ocorreu, por exemplo, na cidade do Rio de Janeiro. No dia 11 de outubro de 2017, as Forças Armadas voltaram à comunidade da Rocinha para ajudar a Polícia Militar em operações de buscas no entorno da favela. No fim de setembro, as Forças Armadas já tinham ocupado setores da Rocinha por uma semana, também para auxiliar a polícia fluminense. As chamadas Operações de Garantia da Lei e da Ordem (Op. GLO) são

---

110 § 2º Os crimes de que trata este artigo, quando dolosos contra a vida e cometidos por militares das Forças Armadas contra civil, serão da competência da Justiça Militar da União, se praticados no contexto: I – do cumprimento de atribuições que lhes forem estabelecidas pelo Presidente da República ou pelo Ministro de Estado da Defesa; II – de ação que envolva a segurança de instituição militar ou de missão militar, mesmo que não beligerante; ou III – **de atividade de natureza militar, de operação de paz, de garantia da lei e da ordem ou de atribuição subsidiária, realizadas em conformidade com o disposto no art. 142 da Constituição Federal e na forma dos seguintes diplomas legais** [...]. (BRASIL, Código Penal Militar. Lei 13.491/2017. Disponível em: http://www.planalto.gov.br/ccivil_03/decreto-lei/Del1001.htm. Acesso em: jan.2019).

Constitucionalização da Investigação Policial

definidas na Portaria Normativa nº 186/MD, de 31 de janeiro de 2014, pelo Ministério da Defesa como:

> Uma operação militar determinada pelo Presidente da República e conduzida pelas Forças Armadas de forma episódica, em área previamente estabelecida e por tempo limitado, que tem por objetivo a preservação da ordem pública e da incolumidade das pessoas em situações de esgotamento dos instrumentos previstos no art. 144 da Constituição ou em outras em que se presuma ser possível a perturbação da ordem. [111]

Chama atenção a vagueza conceitual de diversas expressões utilizadas no conceito do que seja uma operação de Lei e Ordem e das situações que autorizam sua deflagração, dentre elas "preservação de ordem pública", e a cereja do bolo é a forma aberta que termina com a expressão "*ou em outras em que se presuma ser possível a perturbação da ordem*". Sendo certo que a própria portaria menciona que quem determina é o Presidente da República, ou seja, no fim das contas cabe a ele decidir sobre o Estado de Exceção o que remonta a ideia schmittiana no sentido que o "*verdadeiro soberano é o que decide sobre o Estado de Exceção*". [112]

---

111 BRASIL. Portaria Normativa n. 186/MD, de 31 de janeiro de 2014, publicada no **Diário Oficial da União** n. 23, de 03 de fevereiro de 2014. Disponível em: http://bdex.eb.mil.br/jspui/handle/123456789/138?mode=full Acesso em: jan./2019.

112 SCHMITT, Carl. **O Conceito de Político.** Petrópolis: Vozes, 1992, p. 57.

Importante destacar que em toda a história do homem, independente da comunidade, sempre esteve presente a violência, ainda que em maior ou menor grau. Conforme assevera Ruth M. Chittó Gauer: *"trata-se de um elemento estrutural, intrínseco ao fato social, e não o resto anacrônico de uma ordem bárbara em vias de extinção".*[113] A psicologia Freudiana explica essa questão no sentido de que *"os conflitos de interesses dos homens são resolvidos pelo uso da força, fenômeno que perpassa por todo reino animal, do qual o homem não teria motivo para se excluir".* [114] Nesse sentido, declarar "guerra ao crime", "guerra às drogas", bem como outras "guerras", acaba por aumentar a violência, o índice de letalidade praticado pelo próprio Estado, bem como o encarceramento. Além de servir como dispositivo de Estado de Exceção permanente que, ao ser acionado, empodera as razões de Estado, de tal forma, que torna o Estado Constitucional de Direito, fundado em liberdades públicas e orientado para promoção de direitos fundamentais invioláveis a pessoa em um verdadeiro "fetiche".[115] Zaffaroni, Batista e Slokar[116] exortam no sentido de que a admissão dessa

---

113 GAUER, Ruth M. Chittó. Alguns Aspectos da Fenomenologia da Violência. In: GAUER, Gabriel J. GAUER, Ruth M. Chittó. **A Fenomenologia da violência.** Curitiba: Juruá, 2008. p. 540.

114 VENTURA, Deisy de Freitas Lima; SEITENFUS, Ricardo Antônio Silva. **Um diálogo entre Einstein e Freud:** por que a guerra? Santa Maria: FADISMA, 2005, p. 30.

115 BELLO, Enzo. Cidadania, alienação e fetichismo constitucional. In: M.M.'A.B. LIMA; E. BELLO (coords.), **Direito e marxismo.** Rio de Janeiro, Lumen Juris, 2010, p. 8.

116 ZAFFARONI, E. Raúl; BATISTA, Nilo; ALAGIA, Alejandro; SLOKAR, Alejandro. **Direito Penal Brasileiro:** Teoria Geral do Direito Penal. 3ed. Rio de Janeiro: Revan, 2006, p. 59.

imagem bélica legitimadora do exercício do poder punitivo por via da absolutização do valor segurança, implica um aprofundamento sem limites do que o poder punitivo provoca, que é a debilitação dos vínculos horizontais (solidariedade, simpatia) e reforço dos verticais (autoridade, disciplina).

Em verdade, essa imagem bélica com protagonismo das razões de Estado que são instrumentalizadas através de dispositivos de Estado de exceção, como as tais "guerras" e "combates", são sinais evidentes de um Estado Policial que destrói os muros de contenção do Estado de Direito. É de difícil, ou impossível, compatibilização um Estado hipertrofiado que age em busca de suas razões em nome de uma suposta "defesa social" e que ao mesmo tempo cumpra sua função primordial como Estado de Direito, que é perseguir a tutela dos direitos fundamentais. Nesse sentido, Salo de Carvalho nos esclarece que:

> A ideologia de defesa social sintetiza, desta forma, o conjunto das representações sobre o crime, a pena e o Direito Penal construídas pelo saber oficial e, em especial, sobre as funções socialmente úteis atribuídas ao Direito Penal (proteger bens jurídicos lesados garantindo também uma penalidade igualitariamente aplicada aos infratores) e à pena (controlar a criminalidade em defesa da sociedade, mediante prevenção geral – intimidação – e especial – ressociali-

zação). A estrutura principiológica da IDS permite, assim, ininterrupta (auto) legitimação do sistema repressivo, pois sustenta a ideia de poder racionalizado (r) cujo escopo é a tutela de bens jurídicos (universais) compartilhados por uma estrutura social homogênea. Ademais, instrumentaliza os aparelhos repressivos determinando atuação letal em oposição frontal ao discurso oficial de proteção dos direitos fundamentais, ou seja, diferentemente de tutelar bens jurídicos e igualizar a repressão, mantém a estrutura hierarquizada e seletiva do controle social.[117]

Nesse quadro, a estrutura beligerante do sistema de segurança pública e das reformas penais é facilmente percebida, pois conforme afirma Silva, *"inimigo é inimigo mesmo, a ser neutralizado de qualquer forma; guerra é guerra mesmo, implicando inclusive o emprego não seletivo da força e da inteligência militar; combate é combate mesmo; há de haver vencedores e vencidos"*.[118] Conforme Salo de Carvalho, *"as engrenagens repressivas, emanadas a partir de conceitos vagos, mas com utilidade policialesca inominável (v.g segurança nacional,*

---

117 CARVALHO, Salo de. **A Política Criminal de Drogas no Brasil.** 8.ed. São Paulo: Saraiva: 2016, p.77.

118 SILVA, Jorge da. Militarização da Segurança Pública e a Reforma da Polícia: um depoimento. **In: BUSTAMANTE, Ricardo. SODRÉ, Paulo César. Ensaios jurídicos:** o Direito em revista. Rio de janeiro: IBAJ, 1996, p. 498.

inimigo interno entre outros), moldam intervenções punitivas que invertem os postulados legitimadores do Estado de Direito".[119] Isso, tem profunda implicação no que tange à investigação preliminar e, em especial, à investigação policial realizada no inquérito policial e presidida pelo Delegado de Polícia. Machado bem sintetiza a situação no sentido de que:

> Ao invés de uma concepção bélica de investigação, deve-se buscar o resgate e a efetiva concretização de noções elementares de alteridade. O combate deve ser substituído pelo reconhecimento do outro (radicalmente diferente), porém indispensável à existência do "eu". De modo excessivamente simplista, poder-se-ia dizer que a consideração do investigado, em uma relação ética de alteridade, também como sujeito de direitos, e não como mero alvo do combate, já representaria uma diminuição considerável da dor. [120]

Conforme podemos depreender deste estudo, o protagonismo das razões de Estado que tem sido constantemente invocadas no Brasil, notadamente em nome da Segurança Pública, com políticas de guerras e combates, contribuem fortemente ao fracas-

---

119 CARVALHO, Salo de. **A Política Criminal de Drogas no Brasil.** 8.ed. São Paulo: Saraiva: 2016, p.83.

120 MACHADO, Leonardo Marcondes. **Introdução crítica à investigação preliminar.** Belo Horizonte: D'Plácido, 2018. p. 77.

so do Estado Democrático de Direito que deveria ter como objetivo proteger o interesse público, sempre tutelando os direitos fundamentais. Em verdade, tal protagonismo faz pulsar o Estado de Polícia, que acaba por se agigantar, rompendo o dique de contenção do Estado de Direito, através de um regime de exceção permanente, que acaba sendo adotado como paradigma e modelo de governo, sendo um sinal claro e evidente a constante opção dos governantes pela estrutura militarizada e bélica.

Nesse contexto, o direito penal que deveria atuar como soldado de reserva, em respeito ao princípio da subsidiariedade e ser usado somente quando nenhum outro ramo do direito se mostrar eficaz, acaba sendo visto como a única solução para a redução dos índices de criminalidade alarmantes em nosso país. E na linha de frente está o Delegado de Polícia, que deve se colocar como primeiro garantidor da legalidade e dos direitos fundamentais do cidadão, com a consciência de utilizar o inquérito policial não somente para buscar o indiciamento ou a denúncia, mas, sobretudo a verdade dos fatos, com vistas a realização da Justiça.

Capítulo III

O PARADIGMA ACUSATÓRIO (DEMOCRÁTICO) DA INVESTIGAÇÃO POLICIAL NO ESTADO DE DIREITO

3.1 PERCEPÇÕES SOBRE A INVESTIGAÇÃO CRIMINAL EM UM ESTADO DEMOCRÁTICO DE DIREITO

Inicialmente, antes de adentrarmos no novo paradigma acusatório e democrático da investigação no Estado de Direito, faz-se necessário mencionar que trabalhamos com a concepção de Estado de Direito trazida por Danilo Zolo, que o considera como um Estado que limita seus poderes, dilata as liberdades individuais e tem como função tutelar os direitos fundamentais. Em suas palavras:

> [...] o Estado de Direito é uma versão do estado moderno europeu, na qual, com base em específicos pressupostos filosófico-políticos, **atribui-se ao ordenamento jurídico a função de tutelar os direitos subjetivos, contrastando a tendência do poder político de dilatar-se, de operar de modo arbitrário e prevaricar**. Em termos mais analíticos, pode-se afirmar que o Estado de Direito é uma figura jurídico-institucional que resulta de um processo evolutivo secular que leva à afirmação, no interior das estruturas do Estado moderno europeu, e dois princípios fundamentais: o da 'difusão do poder' e o da 'diferenciação do poder'. **O 'princípio da difusão' tende a limitar, com vínculos explícitos, os poderes do Estado para dilatar o âmbito das liberdades individuais**. Ele implica, por isso, uma definição jurídica dos poderes públicos e da sua relação com os poderes dos sujeitos individuais, também eles juridicamente definidos. [121]

O Estado Democrático de Direito caracteriza-se pela atuação do Poder Estatal em prol da sociedade, em que o Estado tem seu poder contido pelos direitos fundamentais garantidos na Constituição Federal, os quais

---

121 ZOLO, Danilo. Teoria e crítica do Estado de direito. In: COSTA, Pietro; ZOLO, Danilo. **O Estado de Direito:** história, teoria, crítica. São Paulo: Martins Fontes, 2006, p. 31-32.

Constitucionalização da Investigação Policial

deve sempre perseguir tutela-los, dilatando as liberdades individuais. Todavia, pelas inspirações autoritárias do Código de Processo Penal Brasileiro, bem como os fatores de sua permanência, como os econômicos e de manutenção de uma sociedade hierarquizada, de uma real seletividade penal e uma série de motivos cujo presente trabalho não teria como esgotar, parte da doutrina Processual Penal, ainda presa uma mentalidade anterior à Constituição Federal Brasileira de 1988, trata o Direito Processual Penal apenas como um Direito "instrumental" e regulamentador do jus puniendi Estatal, que nasceria de modo concreto com a prática de um ilícito penal. Um poder-dever do Estado que é fruto de sua soberania e do monopólio do poder de punir. [122]

A pesquisa se dá justamente no sentido de que diante de uma nova ordem política e jurídica democrática imposta pela Constituição Federal de 1988, há que se ir além do Direito Processual Penal no sentido de apresentá-lo não como uma instrumentalização de poder, que traz, em si, a ideia de criminalização e de castigo. Conforme afirma Prado, há necessidade de ruptura da prevalência da "colonização do discurso jurídico-penal dominante", [123] que legitima o crime e o castigo e tem servido para naturalizar as injustiças sociais que o próprio sistema cria. Nesse sentido, deve o

---

122 TOURINHO FILHO, Fernando da Costa. **Manual de Processo Penal.** 16.ed. São Paulo: Saraiva, 2013, p.46.

123 PRADO, Geraldo. Prefácio In: AMARAL, Augusto Jobim do. **Política da Prova e cultura punitiva:** a governabilidade inquisitiva do processo penal brasileiro contemporâneo. São Paulo. Almedina 2014, p.31.

Direito Processual Penal ser apresentado como "saber de contenção do poder punitivo"[124], no "limite ao poder estatal [...] um contrapoder jurídico, na redução do arbítrio e na tentativa de racionalização das respostas estatais aos desvios criminalizantes".[125] Reforçando essa postura crítica em relação à Doutrina Processual Penal, Fauzi Hassan Choukr traz as seguintes considerações:

> O desinteresse do mercado jurídico com o Processo Penal tem como uma de suas razões o fato de se trabalhar com um material dogmático sucateado, anacrônico [...]. Isto faz com que haja certas acomodações em posições antigas, muitas vezes pouco críticas e não problematizantes; nem mesmo após a Constituição Federal de 1988 ter operado uma verdadeira 'revolução copérnica' dentro do processo penal, inserindo novas garantias ou explicitando antigas [...]. Na verdade, a prática revela uma realidade sombria, a de se procurar adaptar a Constituição ao texto processual penal, e não o oposto [...]. A inserção de garantias constitucionais desde logo na investigação

---

124 MACHADO, Leonardo Marcondes. **Introdução crítica à investigação preliminar.** Belo Horizonte: D'Plácido, 2018, p. 99.

125 CASARA, Rubens R.R; MELCHIOR, Antônio Pedro. **Teoria do Processo Penal Brasileiro:** dogmática e crítica. Rio de Janeiro: Lumen Juris, 2013, p.27.

criminal, naquilo que for possível e adequado a sua natureza e finalidade, aparece como um "passo adiante" na construção de um processo penal garantidor, entendida esta expressão como sendo um arcabouço instrumental penal, uma forma básica de proteção da liberdade individual contra o arbítrio do Estado [...]. [126]

Então, dentre outras necessidades, é preciso redefinir as linhas do contraditório na investigação policial de forma que não se retire o elemento surpresa das investigações e a sua eficiência, entretanto, em nome de um eficientismo utilitário, não podem ser desconsiderados os direitos fundamentais, dentre eles a presunção de inocência em sua máxima efetividade possível já na fase policial, bem como o contraditório possível e um efetivo diálogo com a defesa. Ferrajoli[132], na sua concepção do garantismo penal, também faz sérios alertas à doutrina penal e processual penal, bem como a acadêmicos, afirmando que há uma verdadeira negligência por parte dos mesmos no que tange ao estudo do que ele denomina de "Direito Policial", afirmando que o mesmo sempre foi tratado como uma espécie de "direito inferior", sendo que ele elenca a matéria de direito referente à polícia judiciária:

---

126 CHOUKR, Fauzi Hassan. **Processo Penal de Emergência.** Rio de Janeiro: Lumen Juris, 2002, p. 15. [132] FERRAJOLI, Luigi (Clb.). **Direito e razão:** teoria do Garantismo penal. São Paulo: Revista dos Tribunais, 2002, p. 616.

[...] Trata-se de um crescimento completamente desordenado e, por assim dizer, subterrâneo, que se manifestou em uma imponente legislação pontual, ao lado, como um direito inferior e complementar, das grandes codificações penais e processuais. As linhas de desenvolvimento e as matérias deste direito policialesco são essencialmente três: antes de tudo, a prevenção, especial *ante delictum* contra as "classes perigosas", em geral os "sujeitos perigosos"; em segundo lugar, as funções cautelares *ante iudicium* e/ou de polícia judiciária contra os "suspeitos", auxiliares ao processo e tanto mais favorecidas nos ordenamentos continentais pelo caráter misto do processo; em terceiro lugar, o direito de exceção *extra legem*, de várias maneiras informado pela razão de Estado, ou ainda mais contingentemente por razões políticas de controle social. A este desenvolvimento crescente e persuasivo contribuiu – já se disse – também a cultura jurídica com o seu explícito aval e, mais frequentemente, com a sua indiferença e o seu desinteresse. **O direito de polícia, porque direito inferior, ou pior, não direito, representa, talvez, o setor mais negligenciado dos estudos acadêmicos.** Ma-

Constitucionalização da Investigação Policial

> nifesta-se, todavia, nesta matéria, uma espécie de esquizofrenia da ciência jurídica: tão atenta aos limites entre direito penal e administrativo, com respeito as contravenções e aos outros delitos de bagatela e, até mesmo, virtuosamente preocupada com as possíveis diminuições de garantias que se seguem a despenalização, quanto desatenta ou não responsabilizada com respeito ao grande universo das medidas policialescas e administrativas restritivas da liberdade pessoal [...]. [127]

Sob essa ótica democrática, há de se fazer uma ruptura interpretativa em relação à própria forma que, em geral, o Direito Processual Penal a apresenta, no sentido de não se ressaltar seu caráter "instrumental" que, em verdade, está ligado a certa exuberância de um poder punitivo em face de alguém suspeito de cometimento de ilícito penal, e sim, ser apresentado como limite e contenção de atuação do Estado no seu poder persecutório e punitivo. Vale dizer, que o Processo Penal como "instrumento de poder" exalta a palavra "soberania", ligada à ideia de sujeição ao Estado e de castigo a quem delinquiu, centralizando, portanto, no protagonismo do Estado. Já, o Processo Penal como "limite ou contenção de poder" exalta a expressão "garantia" de que o poder punitivo será exercido nos limites

---

127 FERRAJOLI, Luigi (Clb.). **Direito e razão:** teoria do Garantismo penal. São Paulo: Revista dos Tribunais, 2002, p. 616.

constitucionais em obediência ao Estado Constitucional de Direito, com observância da dignidade da pessoa humana e dos demais direitos fundamentais.

Nesse contexto, dentro do saber processual penal como limitação ao Poder Estatal e um saber de contenção, estão inseridas as normas atinentes à fase investigativa policial, normas estas que devem ser relidas constitucionalmente e aplicadas através de uma hermenêutica constitucional acusatória, garantista e democrática, não mais de matriz inquisitiva, com inspirações autoritárias. O regramento da investigação policial não pode se ater somente às regras e princípios do Código de Processo Penal de 1941, de matriz nitidamente autoritária e inquisitiva, típica de regimes de exceção, caso contrário, ocorrerá uma inversão lógica que "conduz a tragédias reais e coloca em xeque a própria democracia".[128]

Ferrajoli nos ensina que a democracia é colocada em risco quando ocorre "no senso comum o declínio dos valores da Constituição [...] uma democracia pode ser derrubada sem golpes de Estado formais se os princípios dela forem violados ou contestados, sem que suas violações suscitem rebeliões ou ao menos do dissenso". [129] Assim, a teoria de Ferrajoli visa o estabelecimento de limites e de vínculos não só com o Poder Público, mas também com o poder privado, tendo como propósito

---

128 DIMOULIS, Dimitri; MARTINS, Leonardo. **Teoria dos Direitos fundamentais.** 4.ed. São Paulo: Atlas,

129 FERRAJOLI, Luigi. **Poderes Selvagens:** a crise da democracia italiana. Tradução Alexander de Araújo. São Paulo. Saraiva. 2014, p.14

Constitucionalização da Investigação Policial

uma democracia substancial, nas palavras do autor o garantismo jurídico:

> Equivale, em teoria, o sistema de limites e vínculos substanciais, sejam elas quais forem, todos os impostos, autoridades públicas através de normas de grau hierárquico superior àqueles produzidos pelo exercício. É em seu caráter formal, e, por conseguinte, o reconhecimento de caracteres 'condicionados' no plano teórico legal de seus conteúdos, onde reside, a meu ver, a força obrigatória inegável e não discutível de paradigma constitucional; durante a conexão com teses (ou seja, está prevista em) enfraquece o moral valor teórico, reduzindo o constitucionalismo para uma ideologia menos compartilhada, um código moral que sublima como a constituição existente. [130]

Nesse contexto, é possível afirmar que um Estado Democrático de Direito, considerado pelo garantismo ferrajoliano, é aquele que os princípios previstos na Constituição Federal são amplamente respeitados. O Estado Democrático de Direito impõe a ruptura com o paradigma excessivamente inquisitivo da investigação policial, impondo o paradigma garantista, havendo uma diferença central entre ambos: no primeiro, a

---

130 FERRAJOLI, Luigi. **Garantismo**: uma discusión sobre derecho y democracia. Madrid: Editorial Trotta, 2006, p. 44.

investigação policial é focada no interesse do Estado, por isso, afirmações no sentido de que a principal finalidade do inquérito policial seria fornecer provas para o Ministério Público, parte acusatória que representa o Estado. No segundo, a investigação policial embora represente interesses do Estado na apuração da verdade, jamais se distancia e zela intensamente pelos direitos fundamentais de todos os envolvidos, com zelo especial em relação aos direitos humanos e necessariamente uma maior abertura democrática, no sentido de permitir a participação da defesa do investigado, tendo por finalidade a busca da verdade e a realização de uma justiça penal eficaz.

É preciso que se evolua em termos de garantias do investigado já na fase policial contra eventuais arbítrios do Estado, para isso deve prevalecer a figura de um Delegado de Polícia natural, com imparcialidade assegurada, o direito a uma investigação com duração razoável, dentre outras garantias constitucionais que devem ser compatibilizadas com uma investigação eficiente. O que pressupõe a necessidade de pesquisas mais aprofundadas sobre a temática específica da constitucionalização da investigação policial, isto é, direitos e garantias já passíveis de aplicação nessa fase.

Por sua vez, Machado apresenta a investigação preliminar como "procedimento cognitivo, iniciado e vinculado a certa notícia crime, que se destina à apuração, em nível indiciário, de fato (passado) aparentemente delitivo, com objetivo de deflagração (ou

Constitucionalização da Investigação Policial

não) da ação processual penal".[131] A expressão "ou não" mencionada por Machado, já se dá no sentido de que o objetivo da investigação policial não é tão somente o de deflagrar uma ação processual penal. A finalidade da investigação de um fato passado não é unicamente o de "promover justa causa para ação penal", como a maioria dos autores processualistas da área Processual Penal ainda apresenta, e sim o esclarecimento da verdade dos fatos, no sentido de se verificar se ele ocorreu, se realmente é um fato criminoso, se há materialidade, ressaltando-se, ainda, que durante essa atividade persecutória, há de observar de forma estrita os limites legais, convencionais e constitucionais.

Reparemos que dentro de uma perspectiva autoritária e não democrática, inquérito e investigação somente são considerados exitosos quando geram a prisão ou quando geram o Processo Penal, afinal de contas a sua finalidade é "fornecer justa causa para ação penal", se não forneceu é porque fracassou. Isso ganha relevo diante de práticas policiais e cobranças de produtividade por "inquéritos com autoria", sendo certo que um inquérito relatado com pedido de arquivamento é considerado "sem êxito", sendo desconsiderado, inclusive, quando o mesmo tem "êxito" no sentido de comprovar, por exemplo, que o fato sequer existiu, ou que a pretensão punitiva estatal está extinta, como em casos de prescrição ou decadência. [132]

---

131 MACHADO, Leonardo Marcondes. **Introdução crítica à investigação preliminar.** Belo Horizonte: D'Plácido, 2018, p. 100.

132 MACHADO, Leonardo Marcondes. **Introdução crítica à investigação preliminar.** Belo Horizonte: D'Plácido, 2018, p. 100.

Nessa mesma direção, Henrique Hoffman[133] apresenta conceito moderno e democrático de inquérito policial, frisando que o mesmo não é "unidirecional", isto é, destinado a promover somente indícios e provas para acusação, uma vez que também é voltado para defesa. O que leva à reflexão e à flexibilização de forte afirmação de parte da doutrina no sentido de que, pelo fato do mesmo ser inquisitivo, não há qualquer contraditório. O problema percebido na atual prática do inquérito policial, com suas características inquisitivas, que tem colocado o protagonismo do Estado em detrimento dos direitos fundamentais dos indivíduos, apresenta-se, dessa forma, como um risco à democracia. Vale ressaltar que a negligência em dar efetividade aos direitos fundamentais por parte do poder político e dos operadores do direito que deveriam realiza-los, acaba por fazer emergir o chamado ativismo judicial. Cenário em que o poder judiciário, com característica de inerte, acaba por dilatar suas interpretações jurídicas a fim de que direitos fundamentais sejam concretizados. De acordo com Leda Rodrigues Boechat, o termo ativismo judicial surgiu com a Corte de Warren (1953 – 1969), que foi responsável por significativas mudanças sociais nos Estados Unidos, ampliando direitos civis e políticos dos cidadãos americanos, a autora explica que essa Corte era formada por:

---

133 HOFFMANN, Henrique. **O Inquérito Policial tem sido Conceituado de Forma Equivocada**. Brasil, 2007. Disponível em: http://www.conjur.com.br/2017-fev-21/academia- policia-inquerito-policial-sido-conceituado forma-equivocada. Acesso em: 15/08/2018.

Juízes imbuídos da ideia de justiça e convencidos que a Suprema Corte deve também exercer na vida americana função educadora e moral não hesitaram, uma vez suscitada a sua jurisdição por ativos grupos de pressão e diante da inércia dos outros dois poderes constitucionais, em assumir posição de liderança e apontar caminhos a serem trilhados. Fizeram-no na tentativa de procurar ajudar a sociedade americana a tornar-se menos discriminadora, menos violenta, menos agressiva, menos sujeita à histeria anticomunista, e mais igualitária, mais isenta de preconceitos raciais, mais tolerante. [134]

Dessa forma, a relevância da Corte de Warren neste estudo paira nessa imposição do Judiciário para fazer valer os direitos fundamentais previstos Constituição, como limite ou contenção de poder estatal e dilatação das liberdades individuais. Dentre as importantes contribuições da referida Corte cita-se a integração racial nas escolas públicas dos Estados Unidos, a redistribuição dos direitos eleitorais e a ênfase dos direitos processuais dos acusados, direitos que são colocados em xeque nas investigações policiais. Rodrigues Boechat[135]

---

134 RODRIGUES BOECHAT, Leda. **A Corte de Warren (1953-1969):** revolução constitucional. Rio de Janeiro: Civilização Brasileira, 1986, p. 20.

135 RODRIGUES BOECHAT, Leda. **A Corte de Warren (1953-1969):** revolução constitucional. Rio de Janeiro: Civilização Brasileira, 1986, p. 27.

explica que a Corte levantou como um dos maiores problemas da criminalidade nos Estados Unidos, a discriminação contra os negros e outras minorias e a desigualdade na distribuição de renda. A Corte adotou uma postura ativa para fazer valer o direito dos acusados durante o processo penal, sendo o mais famoso caso o de Miranda V. Arizona:

> Miranda v. Arizona. Nº 759. Argumentado de 28 de fevereiro a 1 de março de 1966 Decidido em 13 de junho de 1966. 384 US 436 *Programa de Estudos:* Em cada um desses casos, o réu, enquanto estava sob custódia da polícia, foi interrogado por policiais, detetives ou por um promotor em uma sala na qual ele estava isolado do mundo exterior. Nenhum dos réus recebeu um aviso completo e efetivo de seus direitos no início do processo de interrogatório. Nos quatro casos, o interrogatório suscitou admissões verbais e, em três delas, assinaram também declarações que foram admitidas nos seus julgamentos. Todos os réus foram condenados e todas as condenações, exceto no nº 584, foram confirmadas em recurso. *Mantido:* 1. A acusação não pode usar declarações, sejam elas ilegatórias ou inculpatórias, decorrentes de questionamentos iniciados por policiais após uma pessoa ter sido detida ou privada de sua liberdade

Constitucionalização da Investigação Policial

de ação de qualquer maneira significativa, a menos que demonstre o uso de procedimentos processuais. salvaguardas eficazes para garantir o privilégio da Quinta Emenda contra a autoincriminação. (a) A atmosfera e o ambiente da interrogação incomunicável, como existe hoje, são inerentemente intimidantes e servem para minar o privilégio contra a autoincriminação. A menos que medidas preventivas apropriadas sejam tomadas para dissipar a compulsão inerente ao entorno da custódia, nenhuma afirmação obtida do réu pode realmente ser o produto de sua livre escolha. (b) O privilégio contra a autoincriminação, que teve um desenvolvimento histórico longo e expansivo, é o essencial de nosso sistema adversário e garante ao indivíduo o "direito de permanecer em silêncio, a menos que ele opte por falar no exercício irrestrito de nosso sistema adversário". Sua própria vontade, durante um período de interrogatório de custódia, bem como nos tribunais ou durante o curso de outras investigações oficiais. (c) A decisão em *Escobedo v. Illinois*, 378 US 478, enfatizou a necessidade de dispositivos de proteção para tornar o processo de interrogatório policial conforme os ditames do privilégio. (d) Na ausência de outras medidas efetivas, os seguintes procedimentos para salvaguardar o privilégio da Quinta Emenda devem ser observados: a pessoa sob custódia deve, antes do interrogatório, ser claramente informada de que ele tem o direito de permanecer em silêncio, e qualquer coisa que ele diz que será usado contra ele no tribunal; ele deve ser claramente informado de que tem o direito de consultar um advogado e ter o advogado com ele durante o interrogatório, e que, se ele for indigente, um advogado será nomeado para representá-lo. (e) Se o indivíduo indicar, antes ou durante o interrogatório, que deseja permanecer em silêncio, o interrogatório deve cessar; se ele afirma que quer um advogado, o questionamento deve cessar até que um advogado esteja presente. (f) Quando uma interrogação é conduzida sem a presença de um advogado e uma declaração é tomada, um pesado fardo recai sobre o Governo para demonstrar que o réu conscientemente e inteligentemente renunciou ao seu direito ao conselho. (g) Quando o indivíduo responde a algumas perguntas durante a interrogação em custódia, ele não renunciou ao seu privilégio e pode invocar seu direito de permanecer em silêncio a partir de então. h) As advertências exigidas e a renúncia necessária são, na falta de um equivalente totalmente efetivo, pré-requisitos para a admissibilidade de qualquer declaração, acusatória ou ilícita feita por um réu.

2. As limitações do processo de interrogatório exigido para a proteção dos direitos constitucionais do indivíduo não devem causar uma interferência indevida em um sistema adequado de aplicação da lei, conforme demonstrado pelos procedimentos do FBI e pelas salvaguardas concedidas em outras jurisdições. 3. Em cada um desses casos, as declarações foram obtidas em circunstâncias que não atendiam aos padrões constitucionais de proteção do privilégio contra a autoincriminação. (Tradução Livre). [136]

A jurisprudência apresentada é responsável por trazer um entendimento sobre os direitos do acusado não só em nível estadunidense, mas também, em nível global, sendo invocada no Brasil até os tempos atuais, ficando conhecida no mundo como Miranda Rights, também chamado de Aviso de Miranda. Tornou-se re-

---

136 SUPREMA CORTE DOS ESTADOS UNIDOS. Miranda v. Arizona, 384 US 436 (1966). Justia Us Supreme Court. 1966. Disponível em: https://supreme.justia.com/cases/federal/us/384/436/ Acesso em: 20 jan. 2019.

ferência aos direitos do acusado de ser informado de seus direitos, dentre eles o de permanecer em silêncio. Reflexos e influência desse ativismo judicial da Corte Warren pode ser observado inclusive na jurisprudência brasileira atual, como no caso julgado pelo Tribunal de Justiça do Rio Grande do Sul (TJ-RS):

> APELAÇÃO CRIMINAL. CRIMES DE TRÂNSITO. EMBRIAGUEZ AO VOLANTE (ART. 306 DO CÓDIGO DE TRÂNSITO BRASILEIRO). MATERIALIDADE E AUTORIA. Tendo sido o crime praticado após o advento da Lei nº 12.760/2012, que alterou a redação do Art. 306 do Código de Trânsito Brasileiro, basta para a tipificação do crime de embriaguez ao volante que a concentração de álcool seja superior a 6 decigramas de álcool por litro de sangue ou igual ou superior a 0,3 miligrama de álcool por litro de ar alveolar, pois que se trata de crime de perigo abstrato, ou seja, a mera conduta já preenche a figura típica, sendo desnecessária a efetiva exposição de potencial dano. Caso em que foi constatado que o réu dirigia veículo automotor sob influência de bebida alcoólica 0,61 mg/l , o que comprometia sua capacidade psicomotora. No ponto, vale acrescentar que o resultado do teste de etilômetro, acostado à fl. 46, comprova que, à data do fato em comento

Constitucionalização da Investigação Policial

12/03/2016, o aparelho de etilômetro utilizado no teste de alcoolemia a que se submeteu o réu, encontrava-se em situação regular e calibrado, bem como devidamente verificado pelo INMETRO com data de validade até 18/06/2016 sendo, pois, apto a realizar o teste de alcoolemia. Neste contexto fático-probatório estão plenamente demonstradas a materialidade e a autoria do crime de embriaguez ao volante cometido pelo réu, tendo em vista a probatória prospectada nos autos. NULIDADE DO TESTE DO ETILÔMETRO POR AUSÊNCIA DE ADVERTÊNCIA DO RÉU DE NÃO PRODUZIR PROVAS CONTRA SI MESMO. ***NEMO TENETUR SE DETEGERE*. MIRANDA RIGHTS**. O direito do investigado ou do acusado de ser advertido de que não pode ser obrigado a produzir prova contra si foi positivado pela Constituição Federal no rol dos direitos e garantias individuais (Art. 5º, LXIII), que garante status constitucional ao princípio *Nemo tenetur se detegere*. Caso em que não há nos autos qualquer elemento que demonstre que o réu não foi advertido de seus direitos constitucionais, ou ainda que demonstre que o apelante tenha sido coagido a realizar o teste do etilômetro, observando-se que no caso penal em atenção o acusado foi advertido pela autoridade policial acerca de seus direitos constitucionais quando estava sob custódia do estado. DOSIMETRIA DA PENA. MANUTENÇÃO. Caso em que a pena do réu é a mantida conforme aplicada na sentença, porquanto em sintonia com os critérios de necessidade e suficiência para a prevenção e reprovação do crime. SUBSTITUIÇÃO DA PENA PRIVATIVA DE LIBERDADE POR PENA RESTRITIVA DE DIREITOS. READEQUAÇÃO. Caso em que cabível a substituição da pena privativa de liberdade por uma pena restritiva de direitos, consistente na prestação de um salário mínimo vigente à época do fato. ASSISTÊNCIA JUDICIÁRIA GRATUITA. SUSPENSÃO DAS CUSTAS PROCESSUAIS. Caso em que cabível a concessão da assistência judiciária gratuita e, com isso, a suspensão da exigibilidade do pagamento das custas processuais, nos termos do que dispõe o Art. 98 do Código de Processo Civil. RECURSO PROVIDO, EM PARTE. (Apelação Crime Nº 70078754660, Sétima Câmara Criminal, Tribunal de Justiça do RS, Relator: José Conrado Kurtz de Souza, Julgado em 08/11/2018).[137]

Vale dizer, existem raízes históricas no sentido de que práticas autoritárias e mudanças de paradigmas ocorreram em função da adoção de uma postura ativista a fim de se concretizar de forma efetiva os direitos fundamentais dos cidadãos. Percebemos, com isso, que a investigação criminal em um Estado Democrático de Direito, principalmente, na fase de inquérito policial, deve zelar pelos direitos fundamentais do indivíduo, com a figura de um Delegado de Polícia natural, que deve ter sua imparcialidade assegurada a partir de uma investigação com duração razoável e eficiente. Os Delegados de Polícia tem um importante desafio, o de pensar em uma espécie de ativismo policial, dilatando suas interpretações a fim de melhor amoldar sua atuação objetivando a concretização da Constituição Federal. Mudar o paradigma das práticas policiais dissociadas de um Estado Democrático de Direito. Tal ativismo exigirá coragem, não raro uma postura contramajoritária, bem como o engajamento em pesquisas e estudos para produção de conhecimento jurídico de base constitucional que possa ser aplicado no seu dia a dia, produzir doutrina, tendo em vista que a mesma é fonte do direito. Assumir seu papel diante da "negligência inte-

---

137 TJ-RS - ACR: 70078754660 RS, Relator: José Conrado Kurtz de Souza, Data de Julgamento: 08/11/2018, Sétima Câmara Criminal, Data de Publicação: Diário da Justiça do dia 22/11/2018. Disponível em: https://tjrs.jusbrasil.com.br/jurisprudencia/650311060/apelacao-crime-acr-70078754660-rs Acesso em: 20 jan. 2019.

lectual" dos estudiosos do direito processual ao direito policial, negligência já denunciada por Ferrajoli na sua concepção do garantismo penal.

Conforme ressaltam Gloeckner e Lopes Jr.[138], os fundamentos possíveis para a existência de uma investigação preliminar aos processos são: 1) a busca pelo fato oculto e a diminuição dos índices, notadamente de casos criminais com mortalidade; 2) função simbólica de salvaguarda da sociedade; 3) garantia contra acusações infundadas na perspectiva de filtro processual. Verificamos, dessa forma, a necessidade de uma verdadeira ruptura de paradigmas na investigação policial no sentido de que, assim como houve ruptura normativa brusca com o regime anterior autoritário, o ideal do Estado Democrático de Direito impõe uma ruptura no que tange ao paradigma inquisitivo de matriz autoritária, impondo-lhe novas bases e novas características, identificadas com a nova ordem jurídica constitucional, o que lhe impõe uma base acusatória e democrática. Nessa acepção, Machado afirma que o maior fundamento democrático da fase preliminar é o viés "redutor de danos ou dores do sistema criminal".[139] Na mesma linha, Aury Lopes Júnior argumenta que:

> O processo não pode mais ser visto como um simples instrumento do poder punitivo (direito penal), senão que desempenha papel limitador do poder

---

138 GLOECKNER, Ricardo Jacobsen; LOPES JÚNIOR, Aury. **Investigação Preliminar no Processo Penal.** 6 ed. São Paulo. Saraiva. 2014. p. 101.

139 MACHADO, Leonardo Marcondes. **Introdução crítica à investigação preliminar.** Belo Horizonte: D'Plácido, 2018, p. 105.

Constitucionalização da Investigação Policial

e garantidor do indivíduo a ele submetido. Há que se compreender que o respeito às garantias fundamentais não se confunde com impunidade, e jamais se defendeu isso. O processo penal é o caminho necessário para chegar-se, legitimamente, à pena. Daí porque somente admite sua existência quando ao longo desse caminho forem rigorosamente observadas as regras e garantias constitucionalmente asseguradas (as regras do devido processo legal). [140]

Nesse contexto, os princípios ganharam com o pós-positivismo uma maior importância, passando a serem considerados como normas jurídicas que a serem priorizados no momento de um julgamento ou na construção de uma lei, o valor moral passou a prevalecer. Assim, considerando o pós-positivismo, têm-se os princípios constitucionais como pontos fundamentais da nova hermenêutica. Joaquim Canuto Mendes de Almeida define nesse mesmo sentido que:

A instrução preliminar é uma instituição indispensável a justiça penal. Seu primeiro benefício é proteger o inculpado. Dá a defesa a faculdade de dissipar as suspeitas, de combater os indícios, de explicar os fatos e de destruir a prevenção no nascedouro; propicia-lhe meios de desvendar prontamente a mentira e de evitar a escandalosa publicidade do

---

140 LOPES JÙNIOR. Aury. **Direito Processual Penal e sua conformidade constitucional.** Rio de Janeiro. Lumen Juris, 2008, p. 9.

julgamento. Todas as pesquisas, investigações, testemunhos e diligências são submetidas a sério exame para, de antemão, se rejeitar tudo o que não gera graves presunções. [141]

Os doutrinadores da teoria clássica, como Dworkin, [142] consideram que princípios e regras são espécies de norma. A regra, de um lado, tem sua aplicação destinada a uma situação jurídica determinada, enquanto os princípios são genéricos, precisando ser ponderados de acordo com cada caso concreto. Assim, a partir desse entendimento, é possível entendermos os princípios como base do Direito, se configurando como elementos direcionadores da ordem jurídica, devendo-se lembrar, com maior relevo, dos que estão estabelecidos em Constituição Federal. Badaró lembra que o processo penal em si já tem um caráter infamante, o mero fato de estar respondendo ao processo já significa uma "grave pena imposta ao indivíduo", não sendo possível o acolhimento de denúncias temerárias. [143] Nessa esteira também foi o voto do Ministro do Supremo Tribunal Cézar Peluso, quando por ocasião do julgamento do RE nº 593.727 RG/MG cujo colacionamos o seguinte trecho:

> [...] A despeito das garantias constitucionais da proibição de prévia conside-

---

141 MENDES DE ALMEIDA, João Canuto. **Princípios Fundamentais do Processo Penal.** São Paulo. Revista dos Tribunais, 1973, p. 11.

142 DWORKIN, Ronald. A visão econômica do direito. *In:* **DWORKIN, Ronald. Uma questão de princípio.** São Paulo: Martins fontes, 2003, p. 123.

143 BADARÓ, Gustavo Henrique Righi Ivahy. **Processo Penal.** Rio de Janeiro: Campus Elsevier, 2012, p. 105.

ração de culpabilidade, a só pendência do processo criminal representa sempre, do ângulo empírico, perante a sociedade, um estigma, um sinal infamante, reconhecido como tal não apenas por preconceito. O processo criminal, nesse sentido, constitui palco das chamadas 'cerimônias degradantes'. [144]

O Ministro menciona, ainda, no seu voto que o mero fato de estar sendo processado atinge o *status dignitatis* do acusado. Aqui nesse ponto, faz-se importante ratificar que a presente obra busca evidenciar se já existem elementos e bases que permitam a realização prática de uma investigação mais democrática, fundada em uma hermenêutica constitucional adequada com o Estado Democrático de Direito.

3.2 A TRANSIÇÃO DO REGIME POLÍTICO AUTORITÁRIO PARA O DEMOCRÁTICO E O INÍCIO DA CONSOLIDAÇÃO DO PARADIGMA ACUSATÓRIO DA INVESTIGAÇÃO EXIGIDO NA CONSTITUIÇÃO BRASILEIRA DE 1988

No final dos anos 1970, iniciou-se no Brasil um lento processo de abertura política. Esse processo cul-

---

144 Voto do Min. Cezar Peluzo. STF – Tribunal Pleno – RE n. 593.727 RG/MG – Rel. Min. Cezar Peluzo – Rel. Min. p/ Acórdão Gilmar Mendes – j. 14/05/2015 – **Dje** 175 de 04/09/2015.

minou em manifestações populares nos anos 1980 em favor de uma Constituinte, bem como uma manifestação expressiva reivindicando eleições diretas, com voto popular para eleger o Presidente da República, que ficou conhecida como "Diretas Já". Em decorrência dessa pressão, em fevereiro de 1987 foi instalada a Assembleia Nacional Constituinte cujo trabalho fez emergir o texto da Constituição Brasileira de 1988, um documento que tem como um dos seus principais objetivos previstos nos seus Princípios Fundamentais, a construção de uma sociedade livre, justa e solidária, consolidando, assim, o Estado Democrático de Direito no plano jurídico. Vitória Sulocki, ao tratar do tema "Polícia e Políticas Democrática", fez a seguinte observação:

> A sociedade democrática se constrói no cotidiano das práticas sociais, políticas e jurídicas. Qualquer atuação das instituições que se faça a margem da Lei Maior, traz, no mínimo, uma grande incoerência com o sistema jurídico positivado nesta. A democracia tem que estar presente nas instituições básicas do Estado, como valor fundamental, para que ocorra a transformação da realidade social. O Estado, através de suas instituições e políticas governamentais, deve se constituir no agente transformador, suprimindo as demandas sociais básicas, desenvolvendo políticas democráticas em todos os âmbitos que atua. [145]

---

145 SULOCKI, Victória-Amália de Barros Carvalho G. de. **Segurança Pública e Democracia:** Aspectos Constitucionais das Políticas Públicas de Segurança. Rio de Janeiro. Lumen Juris, 2007. p.190.

Constitucionalização da Investigação Policial 121

Nesse sentido, em uma sociedade democrática as instituições públicas, dentre elas as Polícias Judiciárias, devem atuar de forma democrática, dentro do âmbito de validade da Constituição. Bandeira de Mello afirma que "na medida em que suas instituições e práticas estejam voltadas a este feito transformador, caberia qualificá-los como Estados em transição para a democracia". [146] Entendemos o tema como de suma relevância por vários fatores, dentre eles o motivo pelo qual Zaverucha [147] menciona que há um legado autoritário nas relações civil-militares, por não ter ocorrido mudanças substanciais no que tange à Segurança Pública e às policias estaduais em relação às Constituições anteriores. Nesse sentido se posiciona Zaverucha:

> [...] A nova Constituição descentralizou poderes e estipulou importantes benefícios sociais similares às democracias mais avançadas. No entanto, uma parte da Constituição permaneceu praticamente idêntica à Constituição autoritária de 1967 e à sua emenda de 1969. Refiro-me às cláusulas relacionadas com as Forças Armadas, Polícias Militares

---

146 BANDEIRA DE MELLO, Celso Antônio. A democracia e suas dificuldades contemporâneas. **Revista de direito administrativo**, v. 212. 1998, p. 258.

147 ZAVERUCHA, Jorge. Relações Civil-Militares: o Legado Autoritário da Constituição Brasileira de 1988. In: TELES, Edson; SAFATLE, Vladimir. **O Que Resta da Ditadura:** a Exceção Brasileira. São Paulo: Boitempo, 2010, p. 45.

estaduais, sistema judiciário militar e de segurança pública em geral. [148]

É preciso ressaltar que a violência estatal no Brasil não nasceu com o militarismo. José Honório Rodrigues [149] menciona que o início da repressão social e econômica começou com degredados, náufragos e desertores, que iniciaram a exploração do trabalho indígena e o comércio do Pau Brasil, sendo certo que se iniciou o regime feudal nas Capitanias regulando até 1548, onde nas capitanias hereditárias dentre as atribuições dos capitães donatários estavam o poder de vida e morte dos donatários. Já Raymundo Faoro [150] sustenta que o Reino Português era um estado patrimonial e não feudal, mas a dinastia dos Avis, com a Naus de Vasco da Gama já trazia a violência, a repressão, a guerra e a matança para a manutenção de seus negócios. Desde o Brasil Colônia, portanto, institui-se a prática punitiva para manutenção do poder e perdura até os tempos atuais.

Para Faoro, [151] a origem da Instituição Policial Brasileira, conforme documentação existente no Museu Nacional do Rio de Janeiro data de 1530, quando da che-

---

148 ZAVERUCHA, Jorge. Relações Civil-Militares: o Legado Autoritário da Constituição Brasileira de 1988. In: TELES, Edson; SAFATLE, Vladimir. **O Que Resta da Ditadura:** a Exceção Brasileira. São Paulo: Boitempo, 2010, p. 45.

149 RODRIGUES, José Honório. **História da História do Brasil. São Paulo:** Companhia Editora Nacional, 1979, p.3.

150 FAORO, Raymund. **Os donos do poder.** Rio de Janeiro: Globo, 1975, p. 120.

151 FAORO, Raymund. **Os donos do poder.** Rio de Janeiro: Globo, 1975, p. 120.

Constitucionalização da Investigação Policial

gada de Martin Afonso de Souza enviado ao Brasil, todavia há uma discussão teórica sobre esse início de atividade policial no Brasil, pois outros estudiosos, como Holloway,[152] entendem que o corpo militar formado em solo brasileiro que acompanhava Martin Afonso não pode ser caracterizado como Polícia por não atender os princípios básicos da atividade policial, ou seja, policiar e gerar segurança à coletividade, e atribuem como marco inicial da atividade policial militar a vinda da Família Real em 1808, que reproduziu um modelo do que havia em Portugal, com subserviência da Polícia aos interesses da coroa e das elites. Independentemente da posição doutrinária que se adote sobre o marco inicial, uma tônica é comum às duas posições: uma instituição que servia para proteger o Poder e as elites.

Embora a violência estatal não tenha nascido com o militarismo, ao tratar dos legados autoritários no Brasil, Zaverucha[153] ressalta que a Constituição Federal de 1988 estabelece que a Polícia Militar consiste em uma força auxiliar do Exército, o que é comum durante regimes autoritários. Em regimes democráticos, o mais comum é que o Exército seja uma força reserva da Polícia. O inverso ocorreria somente em períodos de guerra. Em estudo específico sobre o tema, Cesarini e Hite definem que legados autoritários são "regras, procedimentos, normas, padrões, práticas, disposições, relações e memórias originadas em experiências auto-

---

152 HOLLOWAY, Thomas H. **Polícia no Rio de Janeiro:** repressão numa cidade do século XIX. Tradução de Francisco de Castro Azevedo. Rio de Janeiro: FGV, 1997, p. 57.

153 ZAVERUCHA, Jorge. **FHC, Forças Armadas e Polícia**: entre o autoritarismo e a democracia. Rio de Janeiro: Record, 2005, p. 24.

ritárias bem definidas do passado que, como resultado de configurações ou forças políticas, sobrevivem à transição democrática". [154]

Fazendo um recorte temporal e indo diretamente para a legislação atual, verificamos que a Constituição Brasileira de 1988 no art. 144, parágrafo 5º, dispõe que a Polícia Militar é a polícia ostensiva a quem cabe a preservação da Ordem Pública. Logo, embora a Constituição tenha estabelecido um Estado Democrático de Direito, manteve a sua estrutura da polícia ostensiva como uma instituição militar o que gera muitas críticas, pois a doutrina do militarismo estaria associada à ideia da doutrina da Segurança Nacional adotada durante a ditadura militar que institucionalizou a repressão violenta ao crime comum, que conforme menciona Luiz Antônio Machado da Silva [155] suscitou a consequência de aproximar a violência política da violência comum, fazendo com que se modificasse a representação coletiva do crime, o que adquiriu proeminência, saiu das últimas páginas dos jornais e veio a se estabelecer como um problema central de agenda pública e de lá para cá nunca mais a questão da manutenção da ordem pública deixou de ser tratada pelos governos através de um viés repressivo, separado do conjunto da atuação das agências estatais.

---

154 CESARINI, Paola; HITE, Katherine. Introducing the Concept of Authoritarian Legacies. In: CESARINI, Paola; HITE, Katherine (Ed.). **Authoritarian Legacies and Democracy in Latin America and Southern Cone.** Notre Dame: Notre Dame University Press, 2004. p. 4.

155 SILVA, Luiz antônio Machado. **Violência e Ordem Social –** Livro Crime, Justiça e Polícia. São Paulo: Ed. Contexto, 2014, p. 28-29.

Zaverucha tece críticas ao fato da Constituição de 1988 ter reunido no mesmo Título V (Da defesa do Estado e das Instituições), três capítulos, sendo o I "Do Estado de Defesa e do Estado de Sítio", o II "Das Forças Armadas" e o III "Da Segurança Pública", incluindo neste último as Polícias, o que o leva a: concluir que as polícias continuaram constitucionalmente, mesmo em menor grau, a defender mais o Estado que o cidadão; fazer críticas ainda ao que chama de "militarização" da Segurança Pública, onde uma estrutura militarizada realiza a função civil de patrulhamento e policiamento ostensivo, havendo o que ele denomina de "supremacia" da Polícia Militar em relação à Polícia Civil, o que muito se assemelha ao regime autoritário anterior. [156]

Concordamos com as críticas de Zaverucha no sentido de que a Constituição, no que tange à definição dos papéis das Polícias foi, no mínimo, pouco descritiva, e que ao reunir Estado de Sítio e Estado de Defesa, Forças Armadas e Segurança Pública dentro do Título V, parece priorizar as razões de Estado; todavia, neste particular, há a necessidade de se interpretar a Constituição como um todo harmônico, utilizando-se da interpretação sistêmica, que parte do pressuposto de que a ordem jurídica é um sistema e, como tal, deve ser dotada de unidade e harmonia.

A unidade é ditada pela Constituição, enquanto que a harmonia tem de ser mantida pela prevenção e

---

156 ZAVERUCHA, Jorge. Relações Civil-Militares: o Legado Autoritário da Constituição Brasileira de 1988. In: TELES, Edson; SAFATLE, Vladimir. **O Que Resta da Ditadura:** a Exceção Brasileira. São Paulo: Boitempo, 2010, p. 46.

solução de conflitos normativos; [157] vale dizer, embora a inclusão no Título V sugira realmente uma Polícia que atue sempre ou predominantemente em favor das "razões de Estado", nosso Ordenamento Jurídico que, como já fora dito, tem como valor axiológico fundamental o da dignidade da pessoa humana, do qual se irradiam diversos princípios, direitos individuais e fundamentais, inverte essa lógica, de forma que toda atuação policial deve ter como vertente principal o respeito pela dignidade da pessoa humana, dos direitos individuais e fundamentais.

Caso contrário, prevalecendo uma interpretação no sentido de que a atuação policial privilegia e coloca, em primeiro plano, expressões como segurança pública e ordem pública, em detrimento da proteção de bens jurídicos e direitos individuais como, por exemplo, vida, integridade física, dignidade sexual, liberdade e patrimônio (dentre outros), estaríamos diante de um Estado Policial e não de um Estado Democrático de Direito, expressamente mencionado no texto constitucional logo em seu artigo 1. [158]

Logo, a interpretação sistêmica impõe que a atuação policial que está compreendida na segurança pública é instrumental para se assegurar outros bens jurídicos e direitos fundamentais, jamais um fim em si

---

157 BARROSO, Luís Roberto. **Curso de Direito Constitucional Contemporâneo:** Os Conceitos Fundamentais e a Construção do Novo Modelo. 3. ed. São Paulo: Saraiva, 2011, 42.

158 BRASIL. **Constituição Federal de 1988**. Brasil, 1988. Disponível em: http://www.planalto.gov.br/ccivil_03/constituicao/constituicao.htm. Acesso em: jan/2019.

mesmo; essa deve ser a lógica em um Estado Democrático de Direito. É através desta lente que prosseguiremos neste estudo, isto é, a segurança como um bem jurídico coletivo que não pode ser vista apenas em uma perspectiva limitadora de direitos fundamentais, mas sim dentro de uma visão humanista garantidora da liberdade física e psicológica plena, para que se possa exercer toda uma gama de direitos fundamentais.

Essa afirmação pode ser constatada pela própria disposição topográfica dos títulos da Constituição Brasileira de 1988, onde, de forma inédita, o Título II trata dos direitos e garantias fundamentais e o Título III trata da Organização do Estado, [159] ou seja, os direitos e garantias fundamentais aparecem de forma prévia à organização do Estado, o que é coerente em uma constituição democrática e em um Estado Democrático de Direito, isto é, a dignidade da pessoa humana e os direitos fundamentais, antecedem as razões de Estado. Com a mudança do regime político autoritário para o democrático, teoricamente, a investigação preliminar, dentre elas a policial, passa a ser estruturada constitucionalmente.

Ainda que a Constituição traga pouco, ou quase nada sobre investigação policial diretamente, em dispositivos expressos, fato é que ao constituir a República Federativa do Brasil em um "Estado democrático de Direito" no seu artigo 1, *caput*, e definir a "dignidade da

---

159 BRASIL. **Constituição Federal de 1988**. Brasil, 1988. Disponível em: http://www.planalto.gov.br/ccivil_03/constituicao/constituicao.htm. Acesso em: jan/2019.

pessoa humana" como princípio fundamental, elevado pela doutrina constitucionalista a "valor axiológico central" [160] no inciso III do mesmo artigo e, ainda, estabelecer um rol extenso de direitos e garantias fundamentais em seu artigo 5º, tratados como cláusulas pétreas imodificáveis pelo processo de Emenda, promove uma verdadeira ruptura Constitucional com regime autoritário, impondo o regime democrático que passa, assim, a permear todo o sistema jurídico, dentre eles o sistema jurídico penal e processual penal, incluindo a fase pré--processual. Com essa ruptura, a investigação policial goza, no plano teórico, de importância fundamental em um sistema criminal fundado na dignidade da pessoa humana. Nesse sentido, Machado afirma que:

> A existência da etapa instrutora prévia (ou seja, anterior ao processo) visa teoricamente afastar acusações desvairadas, sem elementos informativos mínimos, em face dos quais o único efeito concreto será aquele decorrente das "penas do processo", quais sejam, a eterna rotulação de acusado e todas as suas consequências nefastas a subjetividade, o que independe de qualquer condenação. [161]

Em síntese, o processo por si só gera uma imensa dor e um ônus àquele que é acusado injustamente, sem

---

160 BARROSO, Luís Roberto. **Curso de Direito Constitucional Contemporâneo:** Os Conceitos Fundamentais e a Construção do Novo Modelo. 3. ed. São Paulo: Saraiva, 2011, p. 42.

161 MACHADO, Leonardo Marcondes. **Introdução crítica à investigação preliminar.** Belo Horizonte: D'Plácido, 2018, p. 57.

que haja uma base razoável, ou seja, uma justa causa para o processo. Por isso, Aury Lopes Jr afirma que a instrução prévia é:

> [...] absolutamente imprescindível ao processo penal sob pena do mesmo ser irracional. Considera um grave equívoco que primeiro se acuse, para depois investigar e ao final julgar, pois o processo penal encerra um conjunto de penas processuais que fazem com que o ponto nevrálgico seja saber se deve ou não acusar.

O Processo Penal, além de gravoso no que tange a esfera das liberdades individuais, tem elevado potencial para criar ou reforçar estigmas, o que por si só já é grave e em uma sociedade hierarquizada fica ainda pior, pois a seletividade penal tende a estigmatizar ainda mais os pobres. O Superior Tribunal de Justiça já decidiu no sentido de que o processo penal em si constitui mecanismo de intervenção radical e implica significativo gravame ao *status dignitatis*, o que obriga o Juiz, antes de receber a ação penal, ter que zelar pela sua higidez, ainda que não adentre no mérito, somente admitindo o processo que tenha comprovado embasamento. [162]

Parcela da doutrina processual penal, ao conceituar "justa causa", menciona "elementos mínimos" de

---

162 STJ – Sexta Turma – RHC 40.821/RS . Rel. Min. Maria Thereza de Assis Moura – j.em 13.05.2014 – Dje de 27.05.2014.

autoria e materialidade. [163] Já Schuneman[164] em uma visão que nos parece mais harmonizada com um sistema democrático, regido pela presunção de inocência, dentre outras garantias, fala em "justa causa" como "uma alta probabilidade de condenação" a legitimar o início do processo penal. Por essa perspectiva, em um sistema democrático, os elementos de investigação que autorizam e legitimam o início de um processo penal, que por si só já gera dor, devem ser robustos e não "mínimos", muitas vezes pálidos e inconsistentes que conseguirão tão somente estigmatizar um investigado, o tornando em um réu absolvido, todavia totalmente maculado pelas "penas da investigação".

Carnelutti menciona que "*o castigo, infelizmente, não começa com a condenação, senão que começou muito antes, com o debate, a instrução, os atos preliminares, inclusive com a primeira suspeita que recai sobre o imputado*". [165] Aqui nesse ponto cabe mencionar uma das transformações constitucionalmente impostas, ou desejadas uma vez que ainda não postas em prática, por uma Constituição que zela pelos direitos fundamentais e impõe um modelo de investigação permeado pelo sistema acusatório e democrático, não mais inquisitivo e autoritário, qual seja: A investigação preliminar concebida para evitar as penas do processo, contudo não

---

163 JARDIM, Afrânio Silva. **Direito Processual Penal.** 11. ed. Rio de Janeiro: Forense, 2007. p. 97.

164 SCHUNEMAN, Bernd. **Estudos de Direito Penal, Processual Penal e Filosofia do Direito.** São Paulo: Marcial Pons, 2013, p. 206.

165 CARNELUTTI, Francesco. **Lições sobre o Processo Penal.** Campinas: Bookseller, 2004, p. 36.

Constitucionalização da Investigação Policial   131

raras vezes a investigação por si só já seja uma pena. Sequer a presunção de inocência ainda atingiu a pujança necessária e reclamada por sua condição de direito fundamental e cláusula pétrea insculpida no inciso LVII do art. 5 da CRFB/88. Como bem observa Paraguassu:

> [...] em 1988 a Constituição, vigente atualmente, que protege os direitos e garantias fundamentais, entre os quais o princípio da presunção de inocência e as prerrogativas da vítima. Contudo, também na prática não se verifica o cumprimento do devido processo legal para todos os prisioneiros, perseguidos e torturados, em pleno dito Estado Democrático de Direito. [166]

Nesse sentido, Machado cita o famoso caso da "Escola Base", em que:

> [...] suspeitos de abuso sexual contra alunos de uma escola de educação infantil em São Paulo, no ano de 1994, foram execrados publicamente, inclusive com ameaças de morte, depredação de local e etc., em razão da lastimável exploração midiática e policial durante as investigações. Importante sublinhar que, naquele caso, os suspeitos sequer chegaram a ser acusados formalmente,

---

166 PARAGUASSU, Mônica Correia da Silva. **Presunção de inocência:** Uma questão de princípio da vingança e da justiça. Niterói: UFF, 2011, p. 88.

pela via do processo penal, por tais fatos – comprovados inexistentes ao final do inquérito policial. Toda a dor foi gerada na fase preliminar de investigação. [167]

De fato, com uma mentalidade inquisitiva e autoritária que ainda permeia grande parte da sociedade, da mídia e até mesmo dos operadores do direito, há um indevido deslocamento do espaço judicial para o espaço policial, uma demonstração disso é o grande número de programas televisivos fundados em fatos "escandalosos" gerados por investigações policiais, muitas vezes sem que sequer exista o processo judicial ainda, o que de certa forma responde aos anseios de uma modernidade líquida [168] afeta ao imediatismo e também uma sociedade calcada no espetáculo, [169] muitas vezes proporcionado com a violação de direitos fundamentais alheios.

A dor sem dúvidas já é inerente ao sistema penal, todavia Machado afirma que a mesma "tem sido potencializada em face da adoção de certos fundamentos na instrução preliminar, como aqueles pautados pela busca da verdade (real), pelo combate ao inimigo (criminoso), pela burocracia banal e pelo entretenimento (ou espetáculo) criminal". [170] Sendo tais fundamentos

---

167 MACHADO, Leonardo Marcondes. **Introdução crítica à investigação preliminar.** Belo Horizonte: D'Plácido, 2018, p. 57.

168 BAUMAN, Zygmunt. **Modernidade Líquida**. Ed. Zahar, Rio de Janeiro, 2001, p. 8.

169 DEBORD, Guy. **A sociedade do espetáculo.** Rio de Janeiro: Contraponto editora, 1997, p. 14.

170 MACHADO, Leonardo Marcondes. **Introdução crítica à investigação preliminar.** Belo Horizonte: D'Plácido, 2018, p. 58.

Constitucionalização da Investigação Policial 133

rotineiramente utilizados quando o Estado invoca o "combate ao crime" como justificativa de imposição de um Estado de Exceção permanente como paradigma de Governo, [171] notadamente através do poder penal e processual penal. Nesse sentido, uma investigação democrática, permeada pela dignidade da pessoa humana, ao identificar a dor promovida, deve agir em contenção, isto é, buscar a ruptura e a superação dos modelos de investigação autoritários baseados na promoção da dor. Mais do que isso, é romper com práticas de um Estado de exceção permanente que utiliza as razões de Estado em detrimento dos direitos e garantias fundamentais e migrar para um Estado Democrático de Direito que somente o é quando zela pela tutela de direitos fundamentais.

Em que pese limitações naturais e críticas possíveis, o sistema de garantias proposto por Ferrajoli [172] apresenta ainda um potencial transformador ao exercício concreto da persecução criminal brasileira. O resgate da dupla base normativa (convencional e constitucional), orientada pelo estado de inocência, desde que levado a sério na (re) fundação jurídica do sistema de investigação preliminar, encontra na justa causa uma importante baliza contramajoritária. Uma investigação autoritária regida por uma mentalidade altamente inquisitiva, em regra se funda no protagonismo das razões de Estado em detrimento dos direitos

---

171 AGAMBEN, Giorgio. **Estado de Exceção.** São Paulo: Boitempo, 2004, p. 10.

172 FERRAJOLI, Luigi (Clb.). **Direito e razão:** teoria do Garantismo penal. São Paulo: Revista dos Tribunais, 2002, p. 19.

fundamentais, que tem como um de seus sintomas o suposto princípio do *in dubio pro societate* que sequer possui qualquer previsão legal, sendo, na verdade, fundamentado por uma construção autoritária de parte da doutrina e apontado como um dos que rege a investigação preliminar.

Vê-se aí uma herança autoritária, tendo em vista que a presunção de inocência é direito fundamental e se harmoniza com a necessidade de exigência de uma justa causa para propositura da ação penal em juízo. Vale dizer que somente o trânsito em julgado é capaz de elidir a presunção de inocência, a afirmação correta é de que não há *in dubio pro societate* no sentido de que o investigado é presumidamente inocente, todavia, é possível iniciar um processo penal contra um presumidamente inocente desde que haja justa causa para isso. Essa justa causa é uma baliza contramajoritária, no sentido de que não são todas as investigações que vão gerar um processo criminal, muito ao contrário, somente as investigações que, respeitando os direitos e garantias fundamentais, as previsões legais, convencionais e constitucionais, alcançarem os indícios de autoria e razoáveis, que não podem ser pálidos e inconsistentes, tem que ser robustos e suficientes.

Frise-se que dentro desse paradigma, a justa causa não pode e não deve ser buscada a qualquer custo, pois há uma mudança no que tange a finalidade do inquérito policial, não sendo o mesmo unidirecional. Vale dizer, a finalidade de um inquérito policial, por mais que tenha natureza inquisitiva, em um sistema acusatório,

Constitucionalização da Investigação Policial

135

não é buscar a justa causa para o Ministério Público propor a ação penal, e sim, buscar a verdade dos fatos a fim de evitar processos penais temerários que atinjam os direitos fundamentais das pessoas.

Quando balizamos o presente trabalho como orientado também pela Teoria Crítica, [173] não é no sentido de criticar por criticar e sim no sentido de revolucionar o saber por meio da crítica ao senso comum teórico sobre a fase pré-processual, buscando demonstrar que há base normativa e teórica para que haja uma ruptura na práxis, no sentido de que tal fase pode e deve ser realizada de forma democrática. Cirino dos Santos [174] trabalha com uma criminologia que vai na contramão das distorções positivistas, rompe com a suposta neutralidade do Direito e que revela as ligações entre as estruturas econômicas, jurídicas e políticas do Estado, uma ferramenta importante para compreensão sobre uma massa de excluídos socialmente, eleita como alvo principal, de uma política criminal seletiva. Segundo Wacquant, o pensamento crítico mais proveitoso é aquele que:

> Promove o casamento da crítica epistemológica com a social, questionando de maneira contínua, ativa e radical as formas estabelecidas de pensamento e as formas estabelecidas de vida cole-

---

173 WARAT, Luis Alberto. Saber Crítico e senso comum teórico dos juristas. Revista Sequência. Florianópolis: UFSC,n.5, 1982, p. 48.

174 CIRINO DOS SANTOS, Juarez. **A Criminologia Radical**. 3.ed. Curitiba: ICPC: Lumen Iuris, 2008, p. 127.

> tiva – 'senso comum' [...] pensamento crítico é o que nos dá meios de pensar o mundo como é e tal como poderia ser. [175]

Um inquérito de matriz inquisitiva, com a fase pré-processual toda orientada por uma mentalidade inquisitiva e autoritária, afiançada por parcela da doutrina processual penal, que tem funcionado como uma espécie de senso comum tem sido um instrumento poderoso para um Estado autoritário, que governa através de um regime de exceção permanente como paradigma de Governo, [176] prevalecendo as razões de Estado em detrimento dos direitos fundamentais, não concretizando as diretrizes impostas pela Constituição da República Federativa do Brasil, que impõe um novo paradigma.

Agamben [177] faz um diagnóstico em sua obra, um sistema autoritário que se vale de um Estado de Exceção permanente para governar e assim flexibilizar direitos e garantias, conforme lhe convém, colocando em risco o Estado de Direito, conforme conceituado por Danilo Zolo, [178] no sentido de que somente é Estado de Direito àquele que "persegue a tutela de direitos fundamen-

---

175 WACQUANT, Loic. As duas faces do Gueto. Trad. Paulo Cesar Castanheira. São Paulo, Boitempo 2008, p.133-134.

176 AGAMBEN, Giorgio. **Estado de Exceção.** São Paulo: Boitempo, 2004, p. 10.

177 AGAMBEN, Giorgio. **Estado de Exceção.** São Paulo: Boitempo, 2004, p. 15.

178 ZOLO, Danilo. Teoria e crítica do Estado de direito. In: COSTA, Pietro; ZOLO, Danilo. **O Estado de Direito:** história, teoria, crítica. São Paulo: Martins Fontes, 2006, p. 34.

Constitucionalização da Investigação Policial 137

tais". Ferrajoli fornece um sistema teórico, o sistema de garantias, com potencial transformador teórico e consequentemente prático, que se aplicado é de grande valia na contenção do poder punitivo e com potencial transformador no sentido de que prevaleça o Estado de Direito. De acordo com o autor:

> As mazelas flagrantes- e por todos conhecidas- do sistema penal brasileiro, são resultado direto da falta de comprometimento político-ideológico, no sentido de respeito intransigente aos direitos e garantias fundamentais de todos os cidadãos, por parte daqueles que atuam na área, inclusive no seu campo teórico (a doutrina). [179]

A sociedade de risco, surgida ao final do século XX, frequentemente pleiteando por demandas, por tutelas, neste século XXI se insere num plano de individualidade massificada, querendo soluções instantâneas e, de preferência, midiaticamente populares. A criminalidade toma rumos mais abrangentes, organizados, internacionalizados. O crescimento desmedido da população mundial, o discurso de mercado para manter a engrenagem funcionando a qualquer custo, o descaso e o despreparo político, dentre tantos, na área criminal, favorecem e, de certo modo, influenciam a violência, a criminalidade. O inimigo político

---

179 FERRAJOLI, Luigi (Clb.). **Direito e razão:** teoria do Garantismo penal. São Paulo: Revista dos Tribunais, 2002, p. 67.

de Schmitt [180] está institucionalizado e a guerra civil é cotidiana, ainda que sob o argumento de manutenção da ordem social e da própria ordem democrática. A sociedade vira massa de manobra, no qual o discurso do medo e do direito penal do inimigo lhe envolve, carregando-a, assim como o vento carrega um grão de areia. Uma forte pressão se encontra no Congresso Nacional Brasileiro, como por exemplo, para que seja aprovada uma Emenda Constitucional no sentido de reduzir a imputabilidade penal de 18 anos para 16 anos, isto é, a opção pela criminalização de menores ao invés de melhores opções como, por exemplo, uma reavaliação do sistema educacional e das desigualdades. O Direito Penal apontado como *ultima ratio*, passa a ser a primeira, em clara inversão.

3.3 CARACTERÍSTICAS DA INVESTIGAÇÃO ACUSATÓRIA (DEMOCRÁTICA) NO ESTADO DE DIREITO

Inicialmente, cabe-nos fazer uma distinção entre a afirmação de que o inquérito policial é inquisitivo, no sentido de possuir as características do sistema processual inquisitivo, com um inquérito com práticas inquisitivas e autoritárias, que objetalizam investigados e suprimem garantias constitucionais em nome dessas supostas características. Jacinto Nelson de Miranda Coutinho trabalha a ideia de que a distinção entre

---

180 MURARO, Mariel. **O inimigo em Carl Schmitt, o direito penal do inimigo em Jakobs e o estado de exceção,** 2012.

os sistemas processuais acusatórios e inquisitivos não reside apenas na distinção entre as funções de acusar, defender e julgar, mencionando que a diferença em verdade está nos princípios que os regem, o dispositivo e o inquisitivo, respectivamente. Para o autor o critério diferenciador é a gestão da prova, pois, *"se o processo tem por finalidade, entre outras, a reconstituição de um fato pretérito, o crime, mormente através da instrução probatória, a gestão da prova, na forma como ela é realizada, identifica o princípio unificador".* [181]

No inquérito policial cabe ao Delegado gerir a prova, uma vez que é responsável pela colheita dos elementos de informação, decidindo ao final pelo indiciamento ou não, por tal critério fica evidenciado que o inquérito policial consiste em um procedimento inquisitivo. O grande problema é que na prática do dia a dia dos atores da persecução penal, tal característica é distorcida e utilizada para se desprezar o sistema acusatório imposto pela Constituição Brasileira de 1988, legitimando práticas antidemocráticas e autoritárias na investigação policial, como se a Constituição de 1988 em nada tivesse afetado o inquérito policial, por conta desta característica. David Queiroz nos dá um diagnóstico no sentido de que:

> Não obstante a Constituição Federal de 1988, eminentemente democrática, ter rompido, pelo menos formalmen-

---

181 COUTINHO, Jacinto Nelson de Miranda. Introdução aos princípios gerais do processo penal. **Revista de Estudos Criminais.** Porto Alegre. n. 1. 2001, p. 28.

te, com o sistema político autoritário que antes imperava, é possível afirmar que seus mandamentos não foram, na plenitude, absorvidas na investigação preliminar realizada no Brasil, notadamente pelo inquérito policial. As regras que disciplinam a fase pré-processual permanecem praticamente inalteradas desde a edição do Código de 1941. [182]

Sendo assim, se nega a possibilidade de uma abertura democrática na investigação, no sentido de se buscar um contraditório mitigado possível com participação da defesa no inquérito policial. Além disso, surgem afirmações no sentido de que o inquérito policial não se sujeita a nulidades e sim a meras irregularidades, mesmo que viole direitos fundamentais. Da mesma maneira, a presunção de inocência acaba sucumbindo a um suposto princípio do *in dubio pro societate*, em que o inquérito policial e as funções do Delegado de Polícia permanecem ligados à ideia de defesa social e instrumentos do poder punitivo estatal e não a fatores de contenção de tal poder.

Logo, para pensarmos um inquérito policial com a característica de inquisitivo e compatibilizá-lo com a Constituição Federal de 1988, há que se pensar, de forma crítica, em uma investigação acusatória e democrática. Buscando como ferramenta uma melhor hermenêutica constitucional, mecanismos que possibilitem

---

182 QUEIROZ, David. A impermeabilidade do processo penal. Florianópolis: Ed. Empório do Direito, 2017. p. 78-79.

Constitucionalização da Investigação Policial

delineá-la com as mudanças necessárias, visando dar suporte teórico para que a mesma seja praticada de forma diferente da atual. É preciso teorizá-la de forma crítica em relação ao que tem sido escrito em grande parte dos manuais de processo penal que atualmente teorizam a investigação preliminar e o inquérito policial. David Queiroz bem diferencia, afirmando que:

> A inquisitoriedade da persecução penal hodierna não pode ser confundida com o processo penal inquisitório desenvolvido segundo o modelo canônico, tendo em vista as diferenças na concepção de Estado, poderes dos atores judiciários e práticas legais desenvolvidas no curso da persecução penal, entre outros fatores. Práticas autoritárias, persistentes na atual fase de investigação preliminar (e na persecução penal como um todo) – como a iniciativa probatória do juiz, o indiciamento, a busca da verdade, o desprestígio e a posição supérflua da defesa, entre outros atos autoritários – não podem encontrar refúgio na legalidade de característica inquisitiva da investigação preliminar. [183]

Ou seja, há necessidade de se estabelecer uma investigação policial de base democrática e acusatória. Uma investigação acusatória, de base democrática é

---

183 QUEIROZ, David. **A impermeabilidade do processo penal.** Florianópolis: Ed. Empório do Direito, 2017, p.

em verdade um instrumento de efetivação de garantias constitucionais. Como bem nos lembra Machado:

> Ao contrário do que se pode pensar, as garantias processuais penais não se destinam [184]a favorecer o imputado, mas sim a proteger todas as pessoas contra o exercício indevido do poder punitivo e o risco concreto do sofrimento injusto. Esse preocupação deve(ria) informar todo e qualquer sistema processual penal moderno.

Com a mudança de paradigma imposta pela Constituição Brasileira de 1988, surgiu na doutrina uma espécie de debate sobre a aplicação ou não das garantias processuais em relação ao investigado, bem como, em caso positivo, qual seria o grau de aplicabilidade e extensão. Victória Sulocki bem resume a controvérsia doutrinária da seguinte forma:

> O inquérito policial, de natureza administrativa, não se confunde com a instrução criminal de natureza processual. Daí a polêmica suscitada em torno da aplicação ou não dos princípios processuais inscritos na Constituição, especialmente os do contraditório e da ampla defesa (art. 5. LV), ao inquérito policial. Alguns autores acreditam que, por não se constituir ainda em processo, mas apenas em procedimento adminis-

---

184 MACHADO, Leonardo Marcondes. **Introdução crítica à investigação preliminar.** Belo Horizonte: D'Plácido, 2018, p. 115.

Constitucionalização da Investigação Policial 143

> trativo, no qual não há um "acusado", no máximo "indiciado", as garantias processuais não se aplicariam ao inquérito policial. Outra corrente sustenta a tese de que, sendo a investigação uma "carga processual" na qual apesar de não haver processo, há um conflito de interesses (indiciado x Estado), a inserção de tais garantias, já na fase inquisitorial, se faz imprescindível. [...] Na medida em que os direitos fundamentais, inscritos na Carta Magna, assumem uma conotação de valores superiores, com um significado meta-jurídico, a serem observados em todos os campos, eles devem ser o fio condutor de qualquer atividade do Estado; então, não há que se discutir se as garantias constitucionais devem ou não ser aplicadas no inquérito policial, sendo um imperativo que sejam. [185]

A parcela da doutrina processual penal citada por Sulocki que ainda enxerga o inquérito como um procedimento administrativo no qual não se efetivariam as garantias constitucionais do contraditório e da defesa, é muito grande. A referida autora atribui esse fato, a um passado arbitrário que dificulta a mudança de práticas: *"Infelizmente, na prática, não se verifica a obediência e*

---

185 SULOCKI, Victória-Amália de Barros Carvalho G. de. **Segurança Pública e Democracia:** Aspectos Constitucionais das Políticas Públicas de Segurança. Rio de Janeiro: Lumen Juris, 2007, p. 144-145.

esses princípios constitucionais, sendo eles, na maioria das vezes, considerados como um empecilho para atuação da Polícia. Daí que os métodos efetivos de apuração e investigação ainda são do passado arbitrário, com o qual não houve uma ruptura real". [186]

Uma investigação policial de base acusatória e democrática não é aquela que serve principalmente a "segurança", pautada pela "defesa social", e sim, aquela que é conduzida de forma técnica em que o Delegado de Polícia deve sempre optar pelos meios menos gravosos, no que tange aos direitos fundamentais, para consecução do objetivo que é a busca do esclarecimento dos fatos, em auxílio à Justiça Criminal. Nesse sentido, assevera Cordeiro que *"o Delegado de Polícia, na sua missão investigativa, deve avaliar os fatos conhecidos como técnico-jurídicos, visando se valer de meios menos gravosos e que afetem com menos intensidade os direitos fundamentais do investigado"*.[187] Para a busca e implementação de uma efetiva investigação policial de base acusatória e democrática, André Luiz Bermudez Pereira afirma que é preciso:

> [...] romper os grilhões da repressão, segundo a qual a investigação serve

---

186 SULOCKI, Victória-Amália de Barros Carvalho G. de. **Segurança Pública e Democracia:** Aspectos Constitucionais das Políticas Públicas de Segurança. Rio de Janeiro. Lumen Juris, 2007, p. 145.

187 CORDEIRO, Isaías. O Direito Penal e a Polícia Judiciária no Estado Democrático de Direito. *In*: **GUSSO, Rodrigo Bueno; QUEIROZ, David. (Orgs). Estudos sobre o papel da Polícia Civil em um estado democrático de direito.** Florianópolis: Empório do Direito, 2016. p.155.

principalmente à segurança pública – portanto uma atuação autoritária de defesa social – em detrimento da colheita de elementos probatórios técnicos e seguros, que, efetivamente, auxiliem o Estado-Juiz no seu mister constitucional. [188]

Portanto, uma das características importantes da investigação de base acusatória e democrática, impostas pelo Estado Democrático de Direito, passa pela necessária releitura constitucional da função do Delegado de Polícia, tópico que será melhor explorado no decorrer do presente trabalho. Mas desde já, pode se afirmar que ao invés do mesmo ser visto como instrumento importante para o exercício do poder punitivo estatal, o mesmo atua em contenção ao poder punitivo, conforme indicado pelo Exmo. Ministro Celso de Mello em seu voto no HC nº 94.016-SP no sentido de que "o Delegado de Polícia é o primeiro garantidor da legalidade e da Justiça".[189]

Outro fator relevante se dá no critério de busca da verdade. Uma investigação de base acusatória democrática não pode ter como referência a busca de uma verdade real, tida como absoluta, típica de Estados autoritários e que, em regra leva, a excessos em busca de tal "verdade". Tal verdade que serviria para "legitimar o

---

188 PEREIRA, André Luiz Bermudez. **A investigação Criminal Orientada pela Teoria dos Jogos.** Florianópolis: EMais, 2018, p. 28.

189 SÃO PAULO. Ministro Celso de Melo, STF, **HC 84548/SP.** Rel. Ministro Marco Aurélio. Julgado em 21/6/2012.

poder punitivo", não conhece freios e descamba para o autoritarismo.[190] Conforme abordado anteriormente, à verdade real, tida como absoluta eis que uma reconstrução perfeita de um fato passado beira a algo transcendental. Como bem afirma David Queiroz: "imaginar a investigação concretizada no inquérito policial como apta a revelar a ilusória verdade seria o mesmo que transformar esse instrumento em uma panaceia, e o policial num messias, capaz de indicar as causas e soluções de todos os males". [191]

Com a nova Ordem Jurídico-Política Constitucional imposta pelo Estado democrático de Direito na Constituição Federal de 1988, é preciso romper com o paradigma inquisitivo investigatório e com o sistema de busca da verdade calcada na verdade real, para a direção de uma verdade possível de ser reconstruída, sempre com respeito às balizas constitucionais e processuais penais. Que por sua vista devem ser vistas como elementos de contenção do poder persecutório punitivo Estatal. David Queiroz bem salienta que:

> Com assunção do sistema acusatório, cuja busca é, precipuamente, pela eficácia do sistema de garantias constitucionais, e diante da consciência de que a verdade certa, objetiva ou absoluta representa a expressão de um ideal inalcançável, a ideia de que a investiga-

---

190 JÚNIOR, Salah H. Khaled. **A busca da verdade no Processo Penal:** para além da ambição inquisitorial. São Paulo: Atlas 2013, p. 172.

191 QUEIROZ, David. **A impermeabilidade do processo penal.** Florianópolis: Ed. Empório do Direito, 2017, p. 81.

Constitucionalização da Investigação Policial **147**

ção preliminar (inquérito policial) tem como fim a descoberta da verdade, deve ser enterrada. [192]

Ferrajoli[193] também leciona no sentido de que a verdade objetiva é *ideal inalcançável*, sendo certo, também, quando Lopes Júnior fala em "verdade contingencial e não fundante".[194] Logo, a investigação de base acusatória e democrática, rompe com o paradigma inquisitivo, voltado a vontade e interesse do Soberano, devendo adotar um paradigma garantista que proteja os direitos fundamentais e ao mesmo tempo zele por eficiência investigatória construindo um procedimento mais democrático. Deve elucidar os fatos, sem jamais utilizar meios investigatórios ilegítimos e haver uma abertura democrática para a participação possível da defesa.

Interligamos a participação possível da defesa com a ideia de um contraditório possível ou mitigado e não um contraditório pleno como o judicial, em que o investigado, por exemplo, tivesse que ter ciência de todos os passos da investigação desde o seu início. Nesse sentido, Pedro Ivo de Sousa[195] menciona a necessi-

---

192 QUEIROZ, David. **A impermeabilidade do processo penal.** Florianópolis: Ed. Empório do Direito, 2017, p. 98.

193 FERRAJOLI, Luigi (Clb.). **Direito e razão:** teoria do Garantismo penal. São Paulo: Revista dos Tribunais, 2002, p. 23.

194 LOPES JR. Aury. **Direito Processual Penal.** 9.ed. São Paulo: Saraiva, 2012, p.120.

195 SOUSA, Pedro Ivo de. Investigação Criminal no Estado Constitucional: reflexões sobre um novo paradigma investigatório. *In:* **ZANOTTI, Bruno Taufner; SANTOS, Cleópas Isaías. Temas Avançados de Polícia Judiciária.** Salvador- Bahia: Ed. Juspodivm, 2015, p. 65.

dade de uma "abertura democrática adequada", esclarecendo que a investigação não pode ser inviabilizada no que tange ao seu objetivo de elucidação, devendo a amplitude democrática ser construída com adequação para que se preservem, ao mesmo tempo, as finalidades investigativas e os direitos fundamentais e dá um exemplo no sentido de que o contraditório pleno, equiparado ao judicial seria indevido, quando praticamente impedisse a possibilidade de elucidação.

> [...] como na hipótese defendida por alguns de que a instauração de qualquer procedimento investigatório a desfavor do investigado definido deveria sempre gerar sua notificação inicial. Esse exemplo demonstra, no nosso singelo entendimento, um caso de investigação praticamente impossível, na qual, hipoteticamente, se visualizaria aquela clássica situação em que uma pessoa interessada em descobrir a traição de outra com quem mantém relacionamento, contrata um 'detetive particular' e informa a outra pessoa que, a partir daquele momento, ela estará sendo vigiada ou investigada. Ora, neste caso, a não ser que a pessoa quisesse deliberadamente romper com este relacionamento, a investigação estaria fadada ao total insucesso, pois teria sido publicizada à pessoa investigada, que poderia, a partir

Constitucionalização da Investigação Policial

deste momento, não mais praticar atos de traição, bem como providenciar a destruição ou sumiço de qualquer pista ou prova. [196]

Desde já, manifestamos que um dos elementos importantes desta pesquisa se dá no sentido de que ficou evidenciado ao longo dos estudos que o Estado Democrático de Direito rompe com a investigação autoritária de matriz inquisitiva anterior a Constituição de 1988, pautada na busca da verdade real absoluta. Logo, é preciso pesquisar novos parâmetros, dentre eles a mencionada abertura democrática possível, já no inquérito policial, no sentido de se estudar a participação da defesa na investigação, uma vez que a investigação por si só já traz máculas, além de ser filtro garantista de um possível futuro temerário processo penal.

Faz-se necessária, assim, a existência de elementos constitucionais e normativos que possibilitem novas práticas, harmonizadas com o ideal democrático, isto é, com o Estado de Direito, que, como tal, deve perseguir a tutela de direitos fundamentais. Importante, também, verificar se a Constituição, seus valores e princípios já possibilitam novas práticas através de uma hermenêutica constitucional adequada ou se tais práticas somente serão possíveis após a edição de um novo Código de Processo Penal.

---

196 SOUSA, Pedro Ivo de. Investigação Criminal no Estado Constitucional: reflexões sobre um novo paradigma investigatório. *In:* ZANOTTI, Bruno Taufner; SANTOS, Cleópas Isaías. **Temas Avançados de Polícia Judiciária.** Salvador- Bahia: Ed. Juspodivm, 2015, p. 65.

Caio Sérgio Paz de Barros, afirma que "o inquérito policial é procedimento, com contraditório, art. 14 do CPP, e não é processo".[197] Vale dizer, faz uma releitura constitucional do inquérito policial e do artigo 14 do CPP [198] que dispõe que o indiciado também poderá requerer qualquer diligência, que será realizada ou não a juízo da autoridade. Tal releitura constitucional é importante, pois menciona a palavra "indiciado", o que pesquisamos no sentido de verificar se há base constitucional para realização de um contraditório mitigado, já com o presente Código de Processo Penal e se há como delimitar o ato de indiciamento como seu marco inicial. O referido autor faz críticas aos processualistas que veem o contraditório como empecilho ao afirmar:

> Muitos excogitam que o imputado da prática delitiva irá manipular o material ensejador da reconstrução dos fatos, dificultando ou maculando a obtenção da prova.
>
> Esta torpe argumentação, não guarda força para excluir a sua participação na colheita desta. Aliás sempre foi conferida, é o que concluímos mediante sim-

---

197 BARROS, Caio Sérgio Paz de. **A incidência do contraditório no inquérito policial:** a natureza jurídica- do processo penal, processo e procedimento, as investigações preliminares realizadas pelo Ministério Público. São Paulo: Ed. Edimor, 2005, p.23.

198 Art. 14. O ofendido, ou seu representante legal, e o indiciado poderão requerer qualquer diligência, que será realizada, ou não, a juízo da autoridade.

Constitucionalização da Investigação Policial

ples análise do art. 14 do CPP". (c4.p.50) e prossegue no sentido de que "excogitamos a persecução penal mediante a participação efetiva do imputado que poderá apresentar o verdadeiro autor do fato. Esse é o dia-a-dia das investigações policiais. Nem sempre o indiciado é o verdadeiro autor dos fatos. Em idêntico sendo, é a orientação moderna do Direito continental, pois a tendência atual do direito italiano é a de restringir os notáveis poderes concedidos aos magistrados, em especial ao Ministério Público, com vistas a uma participação ativa do acusado, desde a fase de investigações preliminares. [199]

Embora a maioria da doutrina e jurisprudência afirme que os requerimentos formulados com base no artigo 14 do CPP sejam de realização completamente discricionária, a juízo da autoridade policial, Badaró[200] posiciona-se de forma contrária no sentido de um direito à instrução do caso penal pela defesa no inquérito policial, visando maior equilíbrio entre os envolvidos na investigação preliminar. Indo mais longe, pensamos

---

199 BARROS, Caio Sérgio Paz de. **A incidência do contraditório no inquérito policial:** a natureza jurídica- do processo penal, processo e procedimento, as investigações preliminares realizadas pelo Ministério Público. São Paulo: Ed. Edimor, 2005, p.50-51.

200 BADARÓ, Gustavo Henrique Righi Ivahy. **Processo Penal.** Rio de Janeiro: Campus: Elsevier, 2012, p. 72.

que, por eventual indeferimento da autoridade policial poder ensejar dificuldades para o exercício da defesa. O mesmo deve fazê-lo de forma motivada a fim de que a defesa possa ser exógena contra tal indeferimento, através, por exemplo, de ações constitucionais. O Art. 14 do CPP menciona que qualquer diligência requerida pelo indiciado "será realizada, ou não, a juízo da autoridade". Com a nova ordem constitucional, necessário se faz que esse juízo seja motivado pelo Delegado de Polícia.

Joaquim Canuto Mendes de Almeida[201] sustenta que "a inquisitoriedade não é incompatível com o exercício do direito de defesa pelo indiciado durante o inquérito policial".[208] Vale dizer, o que grande parte da doutrina processual afirma que o inquérito é inquisitivo e nele não há contraditório, parece não resistir a uma análise constitucional adequada que impôs um novo paradigma investigatório democrático. A Constituição Federal de 1988, ao dispor sobre os princípios do contraditório e da ampla defesa no art. 5, LV, não é nada restritiva ao usar a expressão "acusados em geral" e não somente "acusado", o que poderia levar a uma interpretação restritiva de ser somente aquele que responde a uma ação penal em juízo ou a ideia de processo. David Queiroz bem observa que: *"O adjetivo em geral empregado no texto amplia a abrangência da palavra 'acusado', extirpando qualquer dúvida sobre sua não aplicação fora do processo"*. [202]

---

201 ALMEIDA, Joaquim Canuto Mendes de. **Princípios fundamentais do processo penal.** São Paulo: Revista dos Tribunais, 1973. p. 214.

202 QUEIROZ, David. A impermeabilidade do processo penal. Florianópolis: Ed. Empório do Direito, 2017. p. 84.

Para José Afonso da Silva[203] o direito de defesa deriva do contraditório, trazendo a ideia de "informação e reação", no sentido de que seria por meio dele que o acusado teria a necessária ciência da acusação, podendo assim preparar a sua defesa. Aury Lopes Júnior[204] complementa afirmando que o direito ao contraditório pode ser dividido nas dimensões de reação e informação. A reação consistindo no direito de participar da produção probatória resistindo à pretensão da acusação e tendo todas as suas alegações avaliadas pelo julgador, o que exige um diálogo e paridade de armas. O direito à informação é a garantia de que o réu não será surpreendido, como regra, pela produção surpresa de provas. Para sua efetiva participação processual é necessário que tome conhecimento, em regra prévio, do ato da parte contrária a fim de oferecer sua reação em contraposição.

Definidos, ainda que de forma superficial, os contornos do contraditório, adotamos como ponto de vista a impossibilidade de se afirmar a observância de um contraditório pleno, equiparado ao da fase judicial, que exige autodefesa, defesa técnica e, em regra, ciência prévia de todos os atos processuais, uma vez que, conforme já fora abordado acima, atingiria a própria eficiência das investigações. Todavia, tendo em vista o imperativo constitucional, seria por demais exagerado dizer que é impossível conceber no inquérito policial

---

203 SILVA, José Afonso da. **Curso de Direito Constitucional Positivo.** 16 ed. São Paulo: Malheiros, 1999, p.372.

204 LOPES JÚNIOR, Aury. **Direito Processual Penal.** São Paulo: Saraiva, 2012, p. 223.

um contraditório mitigado ou possível, com algum direito de reação e direito a informação dos atos investigativos. David Queiroz menciona que no inquérito policial há um contraditório imperfeito:

> A impossibilidade de conceber um inquérito policial contraditório pleno, isto é, com direito de reação a informação, não elide a participação do suspeito em certos atos de investigação, seja em face do exercício da ampla defesa, como já exposto, seja por uma espécie distinta de contraditório chamado "imperfeito". Essa espécie de contraditório é amplamente adotada na fase investigativa na Espanha e consiste na garantia de que certos atos de investigação sejam realizados com a presença do defensor do investigado. Trata-se de contraditório imperfeito porque *las personas san dos*, ou seja, não existe a figura do juiz imparcial presidindo o ato de formação da prova apresentado por uma das partes, mas sim o investigador e a defesa. [205]

Uma das questões a serem analisadas se dá no sentido de fazermos uma reflexão no que tange ao conteúdo do artigo 155 do CPP, especificamente na parte em que menciona "não podendo fundamentar sua decisão exclusivamente nos elementos informativos colhidos na

---

205 QUEIROZ, David. A impermeabilidade do processo penal. Florianópolis: Ed. Empório do Direito, 2017. p. 90.

investigação". O referido dispositivo sofre forte crítica, uma vez que permitiria ao juiz utilizar, desde que não exclusivamente, como elemento de convicção para sua decisão elementos de informação da investigação preliminar que, conforme grande parte da doutrina brasileira, não exige a observância do contraditório. Nesse sentido, Renato Brasileiro de Lima menciona que tem prevalecido nos Tribunais à interpretação no sentido de que "tais elementos podem ser usados de maneira subsidiária, complementando a prova produzida em contraditório".

Ao inserir o advérbio "exclusivamente" no corpo do *caput* do art. 155 do CPP, a lei 11.690/08 acaba por confirmar posição jurisprudencial dominante".[206] Corroborando essa posição temos, por exemplo, a decisão do STF no RE-AgR 425.734/MG, cujo trecho trazemos à colação: "[...] Ao contrário do que alegado pelos ora agravantes, o conjunto probatório que ensejou a condenação dos recorrentes não vem embasado apenas nas declarações prestada em sede policial, tendo suporte também em outras provas colhidas na fase judicial [...]".[207]

Conforme fora mencionado anteriormente, apesar do dispositivo sofrer fortes críticas, sendo apontado inclusive como de viés autoritário, fato é que pragmaticamente, ao se enxergar a prática de um contraditório possível, ainda que mitigado na investigação policial,

---

206 LIMA, Renato Brasileiro de. **Código de Processo Penal Comentado**. 3.ed. Salvador: Juspodivm, 2018, p. 521.

207 ARE 999036, Relator(a): Min. LUIZ FUX, julgado em 19/10/2016, publicado em PROCESSO ELETRÔNICO DJe-226 DIVULG 21/10/2016 PUBLIC 24/10/2016, p. 57.

tal circunstância, se não resolve, ao menos ameniza a situação. Uma vez que poderiam os tais "elementos de informação" terem sido colhidos em uma investigação em que a parte teve ciência e alguma oportunidade de se manifestar. Repita-se que não estamos aqui discutindo se as decisões dos Tribunais superiores estão corretas ou não, e sim apresentando um cenário fático-jurídico de que elas estão consolidadas neste sentido e a observância do contraditório no inquérito, ainda que não na mesma extensão do contraditório judicial, promoveria melhorias também neste sentido.

David Queiroz opina no sentido de que "o contraditório imperfeito apresenta-se adequado para o atual sistema de persecução penal brasileiro, já que o Código de Processo Penal admite que o Juiz forme seu convencimento com base, também, nos elementos colhidos na investigação".[208] Emerson Ghirardelli Coelho menciona a expressão "contraditório mitigado" que no inquérito policial:

> [...] consiste, portanto, no tratamento paritário dos sujeitos parciais durante todo o trâmite do procedimento investigatório, garantindo o acesso dos autos ao órgão do Ministério Público e à defesa técnica, a possibilidade de requisitar e requerer diligências e 'o direito à prova legitimamente obtida ou produzida', ou seja, de acompanhar efetivamente a instrução probatória preliminar, aten-

---

208 QUEIROZ, David. A impermeabilidade do processo penal. Florianópolis: Ed. Empório do Direito, 2017. p. 90.

dendo ao binômio ciência/participação de forma adequada as peculiaridades da investigação criminal

[...]. [209]

O autor ainda menciona que o contraditório pleno fica diferido à fase judicial, momento em que "acusação e defesa, nos autos da infração penal poderão estabelecer amplo debate dialético".[210] No mesmo sentido, Leonardo Marcondes Machado defende que, por imposição constitucional o inquérito policial possui "contraditório mitigado" e "defesa limitada". Afirma que não há contraditório pleno e que:

> Isso não significa, contudo, que não haja qualquer dimensão de contraditório ou de defesa na investigação. A questão, por aqui, é de grau ou de nível quanto a esses direitos fundamentais (e inerentes) à garantia (maior) do devido procedimento legal (artigo 5º, LIV, da CRFB), que também vincula o inquérito policial num Estado de Direito. [211]

---

209 COELHO, Emerson Ghirardelli. **Investigação Criminal Constitucional.** Del Rey, 2017, p.107.

210 COELHO, Emerson Ghirardelli. **Investigação Criminal Constitucional.** Del Rey, 2017, p. 108.

211 MACHADO, Leonardo Marcondes. O inquérito policial goza de contraditório (mitigado) e defesa (limitada). **In: Revista Consultor Jurídico,** 4 de setembro de 2018. Disponível em: https://www.conjur.com.br/2018-set04/academia-policia-inquerito--policial-goza-contraditorio-mitigado-defesa-limitada Acesso em: jan./2019.

O autor menciona que a autodefesa tem no interrogatório policial seu ponto mais propício e que a mesmo pode influir no convencimento do Delegado de Polícia e quanto à defesa técnica:

> Os requerimentos, com ou sem advogado, são sempre possíveis, contudo submetidos à discricionariedade da autoridade investigadora segundo posicionamento majoritário (artigo 14 do CPP). Por fim, eventual abuso de poder ou ilegalidade pode ser objeto de reação nos próprios autos do inquérito policial (ex.: pedido de reconsideração ao delegado de polícia) ou impugnada junto aos órgãos de controle interno (ex.: recurso administrativo ao delegado geral ou pedidos de correição à corregedoria policial) e externo (ex.: Habeas Corpus em face de uma prisão temporária ou mandado de segurança para acesso aos autos do inquérito). [...] Quanto ao inquérito, em especial depois da Súmula Vinculante 14 e a promulgação da Lei 13.245/2016, o direito à informação e à participação do investigado, assistido por defensor técnico, foi significativamente ampliado [...] parece não haver dúvidas sobre a existência de certo nível contraditório e defensivo no inquérito policial, muito embora não seja (nem

deva ser) a mesma dimensão plena ou ampla da esfera judicial. [212]

Pimentel Júnior e Moraes mencionam o contraditório no inquérito policial e afirmam que houve mitigação sobre o caráter inquisitivo do inquérito após a Constituição de 1988:

> [...] A característica inquisitiva do inquérito policial deve ser entendida como imprescindível para uma eficiente investigação, amparada na independência funcional da autoridade presidente da apuração preliminar, que referendará a atuação endógena da defesa na investigação por meio da aplicação de um contraditório possível. Ou seja, a inquisitividade do inquérito policial revela sua em sua substância a efetivação garantista e democrática da investigação criminal. [...] Portanto, a inquisitividade reconhecida ao inquérito policial não pode ser retratada numa visão estática da classificação tradicional dos sistemas processuais que os cataloga como sendo inquisitórios, acusatórios ou mistos, equívoco que

---

212 MACHADO, Leonardo Marcondes. O inquérito policial goza de contraditório (mitigado) e defesa (limitada). *In:* **Revista Consultor Jurídico**, 4 de setembro de 2018. Disponível em: https://www.conjur.com.br/2018-set04/academia-policia-inquerito--policial-goza-contraditorio-mitigado-defesa-limitada Acesso em: jan./2019.

ainda hoje leva parte da doutrina processualista penal a entender de maneira irrefletida e incorreta que o investigado não pode ter nenhuma participação na persecução penal brasileira [...] o caráter inquisitivo do inquérito policial, até então sustentado doutrinariamente pela suposta ausência de ampla defesa e contraditório, sofreu intensa mitigação, precisamente para se integrar aos princípios da Constituição Federal de 1988, convertendo o procedimento em um filtro garantista apuratório da verdade legalmente atingível dos fatos. [213]

Assim, uma vez trabalhada a ideia da incidência de um contraditório possível ou mitigado no inquérito policial, a questão que merece atenção é no sentido de como conciliar o direito a reação e a informação com a eficiência das investigações. Promovendo a mencionada abertura democrática adequada já na investigação policial, conciliando a observância do direito fundamental com a necessária eficiência das investigações.

Tal questão merece aprofundamento na pesquisa, todavia aqui neste ponto, salientamos que, mais à frente no presente trabalho, iremos propor uma leitura constitucional do indiciamento que recebeu conceito e previsão legal no artigo 2º, § 6º, da Lei 12.830/13. Poden-

---

213 PIMENTEL JÚNIOR, Jaime; MORAES, Rafael Francisco Marcondes de. **Polícia Judiciária e Atuação da Defesa na Investigação Criminal**. São Paulo: Editora Verbatim, 2017, p. 105, 106 e 108.

do o mesmo ser um instrumento ou marco no sentido de que a partir dele a observância do contraditório e da defesa passam a ter mais densidade, ainda que por óbvio não a mesma do contraditório pleno previsto para a fase judicial.

3.4 O PROTAGONISMO DOS DIREITOS FUNDAMENTAIS EM DETRIMENTO DAS RAZÕES DE ESTADO

A Constituição Federal do Brasil no título dos princípios fundamentais, logo no seu artigo 1, inciso III, consagra a dignidade da pessoa humana, tratada pelos constitucionalistas como valor axiológico central do Estado Democrático de Direito, insculpido no artigo 1, *caput*.[214] Dessa forma, Paulo Bonavides afirma que:

> A dignidade da pessoa humana, desde muito, deixou de ser exclusiva manifestação conceitual daquele direito natural metapositivo, cuja essência se buscava ora na razão divina, hora na razão humana, conforme professavam em suas lições de teologia e filosofia os pensadores

---

214 Art. 1º A República Federativa do Brasil, formada pela união indissolúvel dos Estados e Municípios e do Distrito Federal, constitui-se em Estado Democrático de Direito e tem como fundamentos: [...]III - a dignidade da pessoa humana; [...]. BRASIL. **Constituição Federal de 1988**. Brasil, 1988. Disponível em: http://www.planalto.gov.br/ccivil_03/constituicao/constituicao.htm. Acesso em: jan/2019.

dos períodos clássico e medievo, para se converter, de último, numa proposição autônoma do mais subido teor axiológico, irremediavelmente presa à concretização dos direitos fundamentais. [215]

Em um Estado que se pretenda "democrático de direito", é primordial de que para sê-lo, deve buscar a proteção dos direitos fundamentais bem como dos direitos humanos, sendo evidente, que todo o sistema normativo deve ser relido de acordo com a nova ordem constitucional. Nesse modelo de Estado é imperioso haver o protagonismo dos direitos fundamentais sobre as razões de Estado, pois é justamente nesses direitos que as razões de Estado encontram seus mais rígidos limites. Sarlet aponta a dignidade da pessoa humana como intimamente vinculada aos direitos fundamentais e aos direitos humanos, afirmando que se trata de:

> Um dos postulados sobre o qual se assenta o direito constitucional contemporâneo [...] mesmo que tal reconhecimento virtualmente se encontra vinculado limitado à previsão do texto constitucional, já que, forçoso admiti-lo, que o projeto normativo, por mais nobre e fundamental que seja, nem sempre en-

---

215 BONAVIDES, Paulo. Prefácio. *In:* SARLET. Ingo Wolfgang. **Dignidade (da Pessoa) Humana e Direitos fundamentais na Constituição Federal de 1988.** 10.ed. Porto Alegre: Livraria do Advogado 2015, p. 16.

contra eco na práxis, ou quando assim ocorre, nem sempre igual para todos. [216]

Vale dizer, em que pese à dignidade da pessoa humana ser valor axiológico central da nova ordem constitucional, e a mesma estar ligada a primazia dos direitos fundamentais e humanos, na *praxis*, nem sempre é o que acontece e o que é pior, muitas vezes ocorre de forma desigual. Ou seja, dignidade da pessoa humana apenas de alguns humanos, o que é criticado por Sarlet no sentido de que:

> Não se deverá olvidar que a dignidade – ao menos de acordo com o que parecer ser a opinião largamente majoritária – independe das circunstâncias concretas, já que inerente a toda e qualquer pessoa humana, visto que, em princípio, todos – mesmo o maior dos criminosos – são iguais em dignidade, no sentido de serem reconhecidos como pessoas – ainda que não se portem de forma igualmente digna nas suas relações com seus semelhantes, inclusive consigo mesmo. [217][218]

---

216 SARLET. Ingo Wolfgang. **Dignidade (da Pessoa) Humana e Direitos fundamentais na Constituição Federal de 1988.** 10. ed. livraria do advogado. Porto Alegre: Livraria do Advogado 2015, p. 28.

217 SARLET. Ingo Wolfgang. **Dignidade (da Pessoa) Humana e Direitos fundamentais na Constituição Federal de 1988.** 10. ed. Porto Alegre: Livraria do Advogado 2015, p. 53.

218 SARLET. Ingo Wolfgang. **Dignidade (da Pessoa) Humana e Direitos fundamentais na Constituição Federal de 1988.** 10. ed. Porto Alegre: Livraria do Advogado 2015, p. 70.

Sarlet lembra que o conceito de dignidade da pessoa humana está em constante processo de construção, mas que deve haver a busca de um conceito minimamente objetivo em face da exigência de certo grau de segurança e estabilidade jurídica. E propõe a dignidade da pessoa humana como sendo:

> A qualidade intrínseca e distintiva reconhecida a cada ser humano que o faz merecedor do mesmo respeito e consideração por parte do Estado e da comunidade, implicando nesse sentido um complexo de direitos e deveres fundamentais que assegurem a pessoa tanto contra todo e qualquer ato de cunho degradante e desumano, como venham a lhe garantir as condições existenciais mínimas para uma vida saudável, além de propiciar e promover sua participação ativa e corresponsável nos destinos da própria existência e da vida em comunhão com os demais seres humanos, mediante o devido respeito aos demais serem que integram a rede da vida.[219]

Após trazer tal significado, o referido autor menciona que "tal proposta conceitual, de outra parte, há de ser sempre testada à luz da relação entre a dignidade

---

219 SARLET. Ingo Wolfgang. **Dignidade (da Pessoa) Humana e Direitos fundamentais na Constituição Federal de 1988.** 10. ed. Porto Alegre: Livraria do Advogado 2015, p. 71.

Constitucionalização da Investigação Policial 165

da pessoa humana e os direitos fundamentais"[220], visto ser no âmbito dessa relação (dinâmica e recíproca) que o conteúdo da dignidade da pessoa humana e dos direitos fundamentais há de ser concretizado "de modo a produzir as consequências necessárias na esfera jurídica".[221]

José Afonso da Silva dispõe que o conceito clássico de Estado de Direito abrange três características: a) submissão (dos governantes e dos cidadãos) ao império da lei; b) separação de poderes; c) garantia dos direitos fundamentais.[222] Os direitos fundamentais são os direitos considerados básicos para qualquer ser humano, independentemente de condições pessoais específicas. São direitos que compõem um núcleo intangível de direitos dos seres humanos submetidos a uma determinada ordem jurídica, a fim de que tenham uma vida justa e digna, além de ser um poderoso escudo de proteção contra o poder estatal, impedindo sua aplicação de forma desarrazoada ou desproporcional.

Uma vez exposto que a nova ordem Constitucional de 1988, ao menos no plano normativo, estabeleceu o Estado Democrático de Direito, com a dignidade da pessoa humana, como princípio e valor a ser observa-

---

220 SARLET. Ingo Wolfgang. **Dignidade (da Pessoa) Humana e Direitos fundamentais na Constituição Federal de 1988.** 10. ed. Porto Alegre: Livraria do Advogado 2015, p. 71.

221 SARLET. Ingo Wolfgang. **Dignidade (da Pessoa) Humana e Direitos fundamentais na Constituição Federal de 1988.** 10. ed. Porto Alegre: Livraria do Advogado 2015, p. 71.

222 Cf. SILVA, José Afonso da. **Curso de Direito Constitucional Positivo.** São Paulo: Malheiros, 2006, p. 113.

do com primazia, bem como os direitos fundamentais elevados à condição de cláusulas pétreas. Com isso, é de fácil constatação que no Estado democrático-constitucional a democracia se funde com a tutela dos direitos fundamentais, podendo ser o Estado controlado em sua atividade administrativa e legislativa pelo órgão do Judiciário.

A própria disposição topográfica dos artigos e títulos da Constituição deixa de forma clara a primazia dos direitos fundamentais em detrimento das razões de Estado. De forma inédita na história das constituições brasileiras, os direitos de garantias fundamentais vêm dispostos no Titulo II "dos direitos e garantias fundamentais" que se inicia no artigo 5º da CRFB/88, e somente no Título III da Constituição vem "Da organização do Estado". [223]

É obvio que os direitos fundamentais não são absolutos, podendo ser limitados e flexibilizados. Todavia, restringir os direitos fundamentais só é permitido quando compatível com os ditames constitucionais e desde que sejam respeitados os princípios da razoabilidade e da proporcionalidade. Para a jurisprudência alemã que foi acolhida pelo Supremo Tribunal Federal, o princípio da proporcionalidade se subdivide nos subprincípios da adequação, da necessidade e da proporcionalidade em sentido estrito e é parâmetro de controle das restrições que são levadas a cabo pelo Estado em

---

223 BRASIL. **Constituição Federal de 1988**. Brasil, 1988. Disponível em: http://www.planalto.gov.br/ccivil_03/constituicao/constituicao.htm. Acesso em: jan/2019.

Constitucionalização da Investigação Policial 167

relação aos direitos fundamentais dos cidadãos. Nesse sentido com Konrad Hesse:

> A limitação de direitos fundamentais deve, por conseguinte, ser adequada para produzir a proteção do bem jurídico, por cujo motivo ela é efetuada. Ela deve ser necessária para isso, o que não é o caso, quando um meio mais ameno bastaria. Ela deve, finalmente, ser proporcional em sentido restrito, isto é, guardar relação adequada com o peso e o significado do direito fundamental. [224]

A afirmação de Hesse de que havendo um meio mais ameno e sendo aplicado, portando, meio mais gravoso feriria a exigida proporcionalidade, nos leva a refletir sobre a utilização banal da prisão no que tange ao sistema de justiça criminal. Ficando evidente que inclusive em aspectos constitucionais, tal banalização, bem como interpretações extremamente restritivas que retiram e muitas vezes anulam a densidade constitucional dos direitos fundamentais afetam diretamente ao Estado Democrático de Direito.

A presente pesquisa, dentre outros fatores, apresenta que há razões históricas, razões econômicas e práticas que hipertrofiam o poder punitivo estatal em detrimento dos direitos fundamentais, o que gera

---

224 HESSE, Konrad. Elementos de Direito Constitucional da República Federal da Alemanha. Porto Alegre: Sergio Antonio Fabris, 1998, p. 256.

a não concretização da própria Constituição. Bello[225] bem diagnostica, no sentido de que essa ideia de que a norma transformaria a realidade, em verdade, se constitui em um fetiche jurídico constitucional. Aqui mencionamos que compreendemos a relevância de não só apresentar possíveis causas que impedem eventual concretização, mas, sobretudo verificar se há elementos teóricos que permitam ao operador do Direito – mais especificamente o Delegado de Polícia no âmbito da investigação preliminar, através de uma hermenêutica jurídica constitucional adequada – que se comporte de outra forma, muitas vezes contramajoritária ao pensamento punitivista dominante, todavia mais harmonizada com o Estado Democrático do Direito.

Quando nos referimos em pesquisar se há elementos teóricos que permitam outra prática estatal, notadamente na investigação policial, temos no já mencionado garantismo jurídico de Ferrajoli[226] uma importante ferramenta, no sentido de possibilitar a efetiva concretização de um protagonismo dos direitos fundamentais, visto como efetiva limitação do poder punitivo estatal.

Conforme já visto, por diversos fatores, o Estado tende a se hipertrofiar para realizar suas razões, com ainda mais força na fase de investigação, até hoje apon-

---

225 BELLO, Enzo. Cidadania, alienação e fetichismo constitucional. In: M.M.'A.B. LIMA; E. BELLO (coords.), **Direito e marxismo**. Rio de Janeiro, Lumen Juris, 2010, p. 15.

226 FERRAJOLI, Luigi (Clb.). **Direito e razão:** teoria do Garantismo penal. São Paulo: Revista dos Tribunais, 2002, p. 25.

Constitucionalização da Investigação Policial 169

tada como inquisitiva. O que faz pulsar o Estado de Polícia fazendo com que o Estado lance mão de regimes de exceção permanentes como um paradigma de governo e controle social, conforme bem diagnosticado por Agamben.

Temos que diante desse cenário complexo e difícil, Ferrajoli[227] apresenta o garantismo jurídico penal, que, em que pese suas limitações, é uma proposta teórica robusta a ser adotada no sistema jurídico penal, para que busque a concretização do Estado de Direito que em seu próprio conceito traz a ideia de proteção e tutela dos direitos fundamentais, limitando o poder punitivo estatal.

Machado bem define que "o garantismo apresenta-se como importante base teórica para uma nova sistemática penal e, por consequência, à fundação de outro modelo jurídico de investigação preliminar, mais alinhado a um viés de redução de danos/das dores".[228] A palavra "garantismo" aparece na Itália nos anos 1970, no âmbito do direito penal, embora a proposta de Ferrajoli[229] seja a de um sistema de garantia dos direitos fundamentais que imponham limites ao poder estatal. Desta forma, o garantismo assume a feição de Estado Constitucional de Direito.

---

227 FERRAJOLI, Luigi (Clb.). **Direito e razão:** teoria do Garantismo penal. São Paulo: Revista dos Tribunais, 2002, p. 25.

228 MACHADO, Leonardo Marcondes. **Introdução crítica à investigação preliminar.** Belo Horizonte: D'Plácido, 2018, p. 91.

229 FERRAJOLI, Luigi (Clb.). **Direito e razão:** teoria do Garantismo penal. São Paulo: Revista dos Tribunais, 2002, p. 26.

A "teoria geral do garantismo" exige do magistrado e dos operadores do direito, não uma sujeição irrefletida à lei, mas sim uma interpretação e aplicação das normas conforme a constituição, sendo esse tipo de postura totalmente necessária à contenção nas normativas de emergência e regimes de exceção, que muitas vezes são construídos midiaticamente e fazem com que o Estado se hipertrofie enfraquecendo o Estado de Direito. Nesse sentido, o garantismo de Ferrajoli é um sistema de proteção dos direitos fundamentais, uma proposta sólida do ponto de vista teórico e uma ferramenta importante de contenção do poder punitivo, do Estado de Polícia e das posturas de exceção.

Cadermatori bem define como "uma teoria embasada na centralidade da pessoa, em nome de quem o poder deve constituir-se e a quem o mesmo deve servir".[230] De forma que, de fato a dignidade da pessoa humana e os direitos fundamentais são a base do ideal garantista, apresentado como ferramenta de proteção e ao mesmo tempo de legitimação do Estado de Direito. Norberto Bobbio faz o prefácio da primeira edição do livro "Direito e Razão" de Ferrajoli e afirma que o:

> [...] 'sistema geral do garantismo jurídico' acaba por se confundir com a construção das colunas mestras do Estado de Direito, que tem por fundamento e fim a tutela das liberdades do indivíduo frente às variadas formas de exercício

---

230 CADERMATORI, Sérgio. **Estado de Direito e Legitimidade:** uma abordagem garantista. 2.ed. Campinas, 2007. p. 92.

Constitucionalização da Investigação Policial 171

arbitrário de poder, particularmente odioso no direito penal. [231]

Salo de Carvalho[232] aponta o garantismo como "parâmetro de racionalidade, justiça e legitimidade da intervenção punitiva", e menciona que no que tange ao plano da teoria do direito, subordina a prática penal à "revisão crítica da teoria da validade das normas e do papel do operador jurídico".[233] O garantismo penal trabalha com o minimalismo penal, o próprio Zaffaroni[234] cita a afirmação de Ferrajoli que "em uma sociedade bem mais democrática e igualitária seria necessário um direito penal mínimo, como único meio de evitar males maiores (a vingança, pública ou privada, ilimitada)", e que nesse viés o poder punitivo teria uma dupla função: a de prevenção do delito e a prevenção das reações desproporcionais. O sistema garantista de Ferrajoli apresenta uma série de limites constitucionais ao poder punitivo, relativos ao processo penal, à pena e ao delito. Essa teoria apresenta o decálogo axiomático garantista penal, chamado de os dez axiomas básicos de Ferrajoli, "técnicas de minimização do poder punitivo", [235] apresentados de forma bem sintética da seguinte forma:

---

231 FERRAJOLI, Luigi. **Direito e Razão:** teoria do garantismo penal. 4 ed. São Paulo: Revista dos Tribunais, 2014, p. 7.

232 CARVALHO, Salo de. **Pena e Garantias.** 3 ed. Rio de Janeiro: Lumen Juris, 2008, p. .96.

233 CARVALHO, Salo de. **Pena e Garantias.** 3 ed. Rio de Janeiro: Lumen Juris, 2008, p. .96.

234 ZAFFARONI, E. Raúl; BATISTA, Nilo; ALAGIA, Alejandro e SLOKAR, Alejandro. **Direito Penal Brasileiro:** Teoria Geral do Direito Penal. 3.ed. Rio de Janeiro: Revan, 2006, p. 645.

235 MACHADO, Leonardo Marcondes. **Introdução crítica à investigação preliminar.** Belo Horizonte: D'Plácido, 2018, p. 96.

> Garantias relativas à pena. Princípios do Direito Penal: 1 –"*nulla poena sine crimine*" (Retributividade); 2 – "*nullum crimen sine lege*" (Legalidade); 3 - "*nulla lex* (poenalis) *sine necessitate*" (Necessidade); 4- "*nulla necessites sine injuria*" (Lesividade); 5- "*nula injuria sine actione*" (materialidade ou da conduta); 6 –"*nulla actio sine culpa*" (Culpabilidade); 7- "*nulla culpa sine judicio*" (jurisdicionaridade); 8- "*nullum judicium sine accusatione*" (princípio acusatório); 9- "*nulla accusatio sine probatione*" (ônus da prova); 10 – "*nulla probatio sine defensione*" (Contraditório). [236]

Nesse ponto, vale refletir que, constantemente, se aponta o inquérito policial como arcaico e retrógrado,[237] todavia paira a dúvida: o inquérito policial é arcaico em si, ou arcaica é a interpretação autorreferente dissociada da Constituição de 1988? Constata-se a necessidade de se colocar em prática uma possível hermenêutica processual constitucional adequada, contemporânea, que ultrapasse paradigmas retrógrados e autoritários, incompatíveis e portando desde já inaplicáveis diante da nova ordem constitucional que exige uma nova prática investigativa. João Canuto Mendes de Almeida menciona como sendo de fundamental importância a

---

236 FERRAJOLI, Luigi. Direito e Razão: teoria do garantismo penal. 4.ed. São Paulo: Revista dos Tribunais, 2014, p. 91.

237 TOVO, Paulo Cláudio. O Inquérito Policial em sua verdadeira dimensão. Porto Alegre: Livraria do Advogado, 1995, p. 147.

Constitucionalização da Investigação Policial

fase preliminar, na qual se insere o inquérito policial, com o fim de "proteger inculpados", o referido autor fala em dar à defesa "a faculdade de dissipar as suspeitas, de combater os indícios, de explicar os fatos e de destruir a prevenção no nascedouro; propicia-lhe meios de desvendar prontamente a mentira e de evitar a escandalosa publicidade do julgamento".[238]

A pergunta que se impõe nesse momento é: Há base constitucional em uma ordem democrática, que prevê o direito ao contraditório "aos acusados em geral" (art. 5, LV da CRFB/1988) em processos administrativos e criminais, para a afirmação de que a natureza do inquérito como "procedimento inquisitivo" veda qualquer tipo de contraditório na fase preliminar? Ou há base legal e constitucional que permita outra prática que insira o contraditório no inquérito policial? Caso a resposta seja negativa, como a grande maioria dos processualistas penais ainda sustentam, como a defesa terá oportunidade de dissipar suspeitas, explicar os fatos e combater os indícios de forma minimamente satisfatória?

É evidente que a questão não é simples, justamente por isso, é também um dos elementos da presente pesquisa. Autores de renome na Doutrina Processual Penal continuam afirmando que não há contraditório na fase preliminar. Todavia, como bem afirma Nicolitt[239], devem ser garantidos os direitos do acusado em manter-se em silêncio e não gerar provas

---

238 MENDES DE ALMEIDA, João Canuto. **Princípios Fundamentais do Processo Penal.** São Paulo: Revista dos Tribunais, 1973, p. 11.

239 NICOLITT, André Luiz. **Manual de processo penal.** 5.ed. São Paulo: editora Revista dos Tribunais, 2014, p. 171.

contra si mesmo, tendo em vista uma dupla função, as quais: garantista, com fins de preservar o indiciado; e utilitarista, por ser capaz de assegurar a eficácia da investigação.

Umas das bases argumentativas fortes se dá no sentido de que, para se afirmar que realmente há contraditório no inquérito policial, teria que se viabilizar a participação da defesa técnica em todos os atos da investigação, realização de perícias, oitivas de testemunhas, assim, como a presença do investigado na realização desses atos caso o mesmo desejasse estar presente. Similar ao que acontece no contraditório judicial. [240] O artigo 155 do Código de Processo Penal Brasileiro[241] fala em provas produzidas em "contraditório judicial" para convicção do Juiz. Uma questão a ser observada é que na Constituição Federal de 1988, o contraditório não é previsto apenas no processo judicial, impondo sua observância também nos processos administrativos nos termos do artigo 5º, inciso LV. [242] Importante mencionar o que diz Hoffmann sobre o assunto:

> [...] nada impede o etiquetamento do inquérito policial como processo admi-

---

240 NICOLITT, André Luiz. **Manual de processo penal.** 5.ed. São Paulo: editora Revista dos Tribunais, 2014, p. 171.

241 Art. 155. O juiz formará sua convicção pela livre apreciação da prova produzida em contraditório judicial, não podendo fundamentar sua decisão exclusivamente nos elementos informativos colhidos na investigação, ressalvadas as provas cautelares, não repetíveis e antecipadas.

242 Aos litigantes, em processo judicial ou administrativo, e aos acusados em geral são assegurados o contraditório e ampla defesa, com os meios e recursos a ela inerentes

Constitucionalização da Investigação Policial

nistrativo *sui generis*. Apesar da resistência em utilizar o termo *processo* na seara não judicial, a verdade é que, nada obstante não haver na fase policial um litígio com acusação formal, existe sim controvérsia a ser dirimida (materialidade delitiva e autoria). Apesar de não existirem partes, vislumbram-se imputados em sentido amplo; e os atos sucessivos, tanto os intermediários como o final, afetam o exercício de direitos fundamentais, existindo inegavelmente uma atuação de caráter coercitivo que representa certa agressão ao estado de inocência e de liberdade. Não há como negar que, com a decretação de prisão em flagrante, indiciamento, apreensão de bens e requisição de dados no bojo do inquérito policial, ocorre interferência na esfera de garantias do cidadão. Ainda que não se possam catalogar tais restrições de direitos como sanções, a realidade é que do inquérito policial podem advir severas consequências para o imputado, seja por decisão do delegado de polícia ou do juiz. Mesmo que se insista em rotular o inquérito policial como procedimento, o fato é que esse método de exercício de poder deve ser modulado para garantir o respeito a direitos, numa verdadeira processualização do procedimento. [243]

Uma hermenêutica processual penal constitucional que forneça um delineamento do que seja uma devida investigação criminal. Isto é, uma investigação criminal regrada e balizada: legal, convencional e constitucionalmente, sendo encarada como instrumento de proteção de direitos fundamentais como limitação ao poderoso poder investigativo como início da persecução punitiva e potencialmente promotora de intensas dores. Nessa esteira, exigir que o contraditório na investigação preliminar tenha a mesma intensidade do contraditório judicial, sob pena de não ser considerado contraditório, nos parece uma interpretação que limita ao extremo um direito fundamental do investigado, não sendo a mais adequada em um Estado Democrático de Direito, em que pese renomados autores sustentarem essa posição.

O próprio Supremo Tribunal Federal, guardião e intérprete da Constituição, já decidiu, em entendimento expressado e consolidado no verbete da Súmula Vinculante nº 5 no sentido de que "a falta de defesa técnica por advogado em processo administrativo disciplinar não ofende a Constituição", portando já relativizou essa intensidade do contraditório em relação ao contraditório judicial. Outra argumentação no sentido de que

---

243 HOFFMANN, Henrique. Há sim contraditório e ampla defesa no inquérito policial. **Revista Consultor Jurídico**, 1 de novembro de 2016. Disponível em: https://www.conjur.com.br/2016-nov-01/academia-policiasim-contraditorio-ampla-defesa-inquerito-policial Acesso em: 20 jan. 2019.

Constitucionalização da Investigação Policial

o contraditório pode ser observado e se afirmar que há contraditório ainda que não na mesma plenitude do judicial, diz respeito à eficácia horizontal dos direitos fundamentais. Essa eficácia, em síntese, define que os direitos fundamentais além de terem que ser observados e respeitados pelo Estado, devem ser também pelos particulares em suas relações. É o caso, por exemplo, de um condomínio que multa um condômino por infração as regras condominiais e antes de lançar a multa deve notificar o condômino para que apresente defesa.

Reparemos que nem de longe se pode afirmar que a observância do contraditório nesse âmbito deva ser igual a judicial no sentido de obrigatoriedade de defesa técnica em todas as etapas e atos. Nesse sentido Didier Júnior[244] menciona que em verdade o contraditório tem duas dimensões: a formal e a substancial. A acepção formal é o direito a ciência e participação e a acepção substancial é o direito de influir no conteúdo da decisão pleiteando provas, produzindo-as e argumentando. Dessa maneira, é uníssona a Jurisprudência dos Tribunais e trazemos a colação entendimento consolidado também no Superior Tribunal de Justiça:

> DIREITO CIVIL. RECURSO ESPECIAL. CONDOMÍNIO. AÇÃO DE COBRANÇA DE MULTA CONVENCIONAL. ATO ANTISSOCIAL (ART. 1.337, PARÁGRAFO ÚNICO, DO CÓDIGO CIVIL). FALTA DE PRÉVIA COMUNI-

---

244 DIDIER JÚNIOR. Fredie. **Curso de Direito Processual Civil**. Salvador: Juspodivm. 2012, p. 57.

CAÇÃO AO CONDÔMINO PUNIDO. DIREITO DE DEFESA. NECESSIDADE. EFICÁCIA HORIZONTAL DOS DIREITOS FUNDAMENTAIS. PENALIDADE ANULADA. 1. O art. 1.337 do Código Civil estabeleceu sancionamento para o condômino que reiteradamente venha a violar seus deveres para com o condomínio, além de instituir, em seu parágrafo único, punição extrema àquele que reitera comportamento antissocial, verbis: 'O condômino ou possuidor que, por seu reiterado comportamento anti-social, gerar incompatibilidade de convivência com os demais condôminos ou possuidores, poderá ser constrangido a pagar multa correspondente ao décuplo do valor atribuído à contribuição para as despesas condominiais, até ulterior deliberação da assembleia'. 2. Por se tratar de punição imputada por conduta contrária ao direito, na esteira da visão civil-constitucional do sistema, deve-se reconhecer a aplicação imediata dos princípios que protegem a pessoa humana nas relações entre particulares, a reconhecida eficácia horizontal dos direitos fundamentais que, também, deve incidir nas relações condominiais, para assegurar, na medida do possível, a ampla defesa e o contraditório. Com efeito, buscando concretizar a dignidade da pessoa humana nas relações privadas, a Constituição Federal, como vértice axiológico de todo o ordenamento, irradiou a incidência dos direitos fundamentais também nas relações particulares, emprestando máximo efeito aos valores constitucionais. Precedentes do STF. 3. Também foi a conclusão tirada das Jornadas de Direito Civil do CJF: En. 92: Art. 1.337: As sanções do art. 1.337 do novo Código Civil não podem ser aplicadas sem que se garanta direito de defesa ao condômino nocivo. 4. Na hipótese, a assembleia extraordinária, com quórum qualificado, apenou o recorrido pelo seu comportamento nocivo, sem, no entanto, notificá-lo para fins de apresentação de defesa. Ocorre que a gravidade da punição do condômino antissocial, sem nenhuma garantia de defesa, acaba por onerar consideravelmente o suposto infrator, o qual fica impossibilitado de demonstrar, por qualquer motivo, que seu comportamento não era antijurídico nem afetou a harmonia, a qualidade de vida e o bem-estar geral, sob pena de restringir o seu próprio direito de propriedade.

> 5. Recurso especial a que se nega provimento. Acórdão Vistos, relatados e discutidos os autos em que são partes as acima indicadas, acordam os Ministros da QUARTA TURMA do Superior Tribunal de Justiça, por unanimidade, negar provimento ao recurso especial, nos termos do voto do Sr. Ministro Relator. Os Srs. Ministros Raul Araújo, Maria Isabel Gallotti (Presidente), Antonio Carlos Ferreira e Marco Buzzi votaram com o Sr. Ministro Relator. [245]

O princípio e a observância do contraditório se perfazem de forma substancial e material com a necessidade de ciência e participação do investigado, de modo que em tópico próprio, mais à frente no presente trabalho iremos pesquisar se há viabilidade ou não da realização prática de um "contraditório mitigado" no inquérito policial. Assim, notadamente diante de uma interpretação à luz da Constituição Federal de 1988 e da Lei nº 12.830/13, que definiu regras importantes para a investigação criminal conduzida pelo Delegado de Polícia, bem como estabeleceu a previsão legal e o conceito de indiciamento no artigo 2º, § 6º.

---

245 BRASIL. Superior Tribunal de Justiça. **Recurso especial nº 1.365.279 – SP (2011/0246264-8)**. Recorrente: Condomínio Edifício São Tomás Advogado: João Alves da Silva e outro(s). Recorrido: Jurandy Carador. Relator: Ministro Luis Felipe Salomão. Brasília, 25 de agosto de 2015. Disponível em: https://ww2.stj. jus.br/processo/revista/documento/mediado/?componente=I-TA&sequencial=1434493& num_registro=201102462648&data=20150929&formato=PDF. Acesso em: jan./2019.

Constitucionalização da Investigação Policial

Salienta-se que a imposição de um novo paradigma de investigação policial no Estado Democrático de Direito não se resume a possibilidade ou não do contraditório, impondo vários outros aspectos, como a superação do entendimento de um suposto princípio do *in dubio pro societate* na fase preliminar que relativizaria a presunção de inocência, para a imposição de observância absoluta dessa garantia fundamental. Especialmente no que tange aos seus aspectos no sentido de que ao Delegado de Polícia, só cabe representar por uma prisão provisória em casos extremamente necessários, tendo como fundamento a cautelaridade e não o *in dubio pro societate*, o mesmo princípio deve permear a mente e a prática jurídica do Delegado de Polícia quando da apreciação de uma duvidosa situação flagrancial de uma prisão que lhe é apresentada. Nas palavras de Machado:

> Aqui reside o potencial contramajoritário da investigação preliminar. A sua função evitadora de sofrimento desnecessário em relação a um processo penal carregado de signos sociais negativos [...] nesse viés a instrução preliminar deve ser tida como "indispensável a justiça penal", forte na garantia da inocência contra-acusações infundadas, verdadeiro mecanismo de contenção processual penal. [246]

---

246 MACHADO, Leonardo Marcondes. **Introdução crítica à investigação preliminar.** Belo Horizonte: D'Plácido, 2018, p. 108.

Nesse ponto há de acontecer uma reflexão dos operadores do direito no sentido de que investigados e réus devem ser, dentre outras coisas poupados ao máximo do espetáculo público (processo penal do espetáculo), devendo agir na contenção do espetáculo e não na promoção do mesmo. Como é o que ocorre corriqueiramente nas grandes investigações policiais, em que a exposição de presos e detalhes da investigação por muitas vezes acarretam danos irreversíveis, mesmo em caso de absolvição posterior.

Frise aqui, que não é nada fácil ser contramajoritário, notadamente diante de uma possível sanha midiática em casos de repercussão, em que a sociedade e o clamor público passam a "impor" uma resposta, fazendo com que o profissional do direito, notadamente o Delegado de Polícia, que não goza das mesmas garantias da Magistratura e do Ministério Público, se veja em enorme e colossal pressão social para divulgação dos fatos. Há de se evoluir no que tange as garantias da carreira com o fim de que o mesmo tenha ainda mais garantias para zelar pela contenção do espetáculo, e pelo fim constitucional de uma investigação, que é o de contenção do poder estatal e preservação dos direitos fundamentais.

Chamamos atenção quanto à prática do Delegado de Polícia, que em um Estado Democrático de Direito, deve zelar pela observância da dignidade da pessoa humana e dos direitos fundamentais em seu dia a dia. O qual, em caso de prática de crime aplica o poder punitivo no que tange as medidas impostas pela Lei e pela

Constitucionalização da Investigação Policial 183

Constituição na fase policial (exemplo: Recolhimento à prisão), sem se abster de olhar os limites de atuação do Poder de Polícia. Limites esses, que Ferrajoli apresenta aos operadores do direito com o seu sistema do garantismo penal.

Reparemos, por exemplo, no terceiro axioma, no sentido de que não há lei penal sem necessidade, destaca-se aqui como informador da subsidiariedade minimalista, no sentido que o direito penal só se faz necessário se outro ramo do direito não for suficiente, o que somado ao quarto axioma, de que não há necessidade sem ofensa ao bem jurídico, traz a questão da tipicidade material, vale dizer, casos em que a lesividade não se faz presente, na esteira da fragmentariedade do Direito Penal. Tais axiomas imporiam a total desnecessidade, ilegalidade e inconstitucionalidade, uma vez que violando o direito fundamental, de uma prisão em caso de notório crime de insignificância ou bagatela. Machado bem se refere ao sistema de garantias de Ferrajoli e aos dez axiomas no sentido de que:

> Por óbvio, todas essas ideias servem também para uma nova estruturação do modelo de investigação preliminar. Afinal de contas, a investigação representa justamente a fase inicial de exercício do sistema de persecução criminal. Logo, o garantismo penal pode e deve servir, respeitados os seus limites teóricos e consciente do seu âmbito libertário, a um movimento de maior tutela dos

direitos fundamentais na investigação criminal. [247]

Como fora referido, em um Estado Democrático de Direito, centrado na dignidade da pessoa humana em que o Estado foi feito para atuar em favor do homem e não o homem em favor do Estado deve haver o protagonismo dos direitos fundamentais desde a fase policial. Os axiomas de Ferrajoli se mostram como boa base e chave interpretativa na contenção do poder punitivo do Estado, que pode relativizar direitos, uma vez que não há direito fundamental absoluto, notadamente para os que praticam crimes, devendo-se buscar investigação acusatória e democrática.

---

247 MACHADO, Leonardo Marcondes. **Introdução crítica à investigação preliminar.** Belo Horizonte: D'Plácido, 2018, p. 97.

Capítulo IV

A FUNÇÃO MATERIALMENTE CONSTITUCIONAL DO DELEGADO DE POLÍCIA E A LEI 12.830/13

4.1 A NECESSÁRIA CONSTITUCIONALIZAÇÃO E RELEITURA DA INVESTIGAÇÃO POLICIAL

Para pensarmos uma investigação acusatória e democrática, há que se pensar de forma crítica e buscar como ferramenta uma melhor hermenêutica constitucional, mecanismos que possibilitem delineá-la com as mudanças necessárias ao que tem sido escrito em grande parte dos manuais de processo penal, que atualmente teorizam a investigação preliminar e o inquérito policial. Conforme Gizlene Neder.

> O campo do direito tem-se mostrado pouco criativo em termos de propostas alternativas ao dogmatismo tecnicista que se encrustou na formação jurídica realizada nas faculdades de direito no país. Evidentemente, pela posição estratégica importante que ocupa o direito no campo político, mormente no que diz respeito à construção de uma cidadania ativa, com garantia de direitos etc., pensar, historicamente os diferentes projetos é fundamental. [248]

Não obstante, mesmo com os impactos de estarmos há mais de três décadas sob a égide do Estado Democrático de Direito com a promulgação da Constituição Federal de 1988, que tem como traço fundamental o valor axiológico da dignidade da pessoa humana, parece que não foi promovido ainda os devidos ajustes e impactos na doutrina processual penal, notadamente no que tange à investigação policial, ao inquérito policial e à Polícia Judiciária. A presunção de inocência não mais orienta parte dos legisladores, julgadores, doutrinadores e operadores do direito, que preferem defender a celeridade das punições e o encarceramento a qualquer custo, a despeito de se ter ou não comprova-

---

248 NEDER, Gizlene. **Iluminismo Jurídico-Penal Luso-Brasileiro:** Obediência e submissão. 2.ed. Rio de Janeiro: Revan, 2017. p.142.

Constitucionalização da Investigação Policial

da a culpa de modo indubitável. Muito se fala em ampla defesa e contraditório, esses dois princípios estão presentes nas casas legislativas, nos tribunais, notadamente nos livros, entretanto, percebe-se a preocupação de distanciá-los do inquérito policial, relegando-o o status de mero procedimento inquisitorial, desprovido de ilegalidades, havendo apenas meras irregularidades.

Nesse ponto falamos de uma necessária constitucionalização do inquérito policial, de sua finalidade e de algumas características, além da própria Polícia Judiciária investigativa, no sentido de que se ajustem à nova ordem democrática após a Constituição Federal de 1988. Interessante, nesta altura, trazermos a reflexão de Daniel Sarmento e Claudio Pereira de Souza Neto sobre a constitucionalização do Direito:

> A constitucionalização do Direito envolve dois fenômenos distintos, que podemos chamar de 'constitucionalização inclusão' e de 'constitucionalização releitura'. [...] A constitucionalização releitura liga-se a impregnação de todo o ordenamento pelos valores constitucionais. Trata-se de uma consequência de propensão dos princípios constitucionais de projetarem uma eficácia irradiante, passando a nortear a interpretação da totalidade da ordem jurídica. Assim, os preceitos legais, os conceitos e institutos dos mais variados ramos do ordenamento, submetem-se a uma

> filtragem constitucional: passam a ser lidos a partir da ótica constitucional, o que muitas vezes impõe significativas mudanças na sua compreensão e aplicação concretas. [249]

O conceito de inquérito policial não é encontrado claramente em nenhum dos artigos da Constituição Federal e nem mesmo do Código de Processo Penal, embora este último apresente capítulo nominado de Inquérito Policial, não traz um conceito claro. Sendo que o mais próximo que se chega de uma conceituação do inquérito policial é na parte final do artigo 4º do referido Código, onde se afirma que ele terá por fim a apuração das infrações penais e da sua autoria, definição essa muito superficial. Diante disso, a conceituação do inquérito policial é realizada pelos doutrinadores.

Conforme vimos, parte dos doutrinadores ainda conceitua inquérito policial da mesma forma, qual seja, um procedimento administrativo, inquisitivo, destinado a fornecer provas para acusação. Sendo certo que, conforme ressalta Castro[250], *"o inquérito policial tem sido conceituado de forma equivocada"*, lido de forma unidirecional, voltado apenas para a busca de um cul-

---

249 SOUZA NETO, Cláudio Pereira; SARMENTO, Daniel. **Direito Constitucional:** Teoria, História e Métodos de Trabalho. Belo Horizonte: Fórum, 2017. p. 44.

250 CASTRO, Henrique. Inquérito policial tem sido conceituado de forma equivocada. **Revista Consultor Jurídico.** 2017. Disponível em: https://www.conjur.com.br/2017-fev-21/academia-policia--inquerito-policialsido-conceituado-forma-equivocada Acesso em: 20 jan. 2019.

pado, para a acusação, quando seu objetivo principal em um Estado Democrático é o de garantir direitos individuais e a dignidade da pessoa humana, durante a busca da verdade relativa (verdade possível de ser reconstruída), a ser estabelecida pela investigação, de forma imparcial.

Pacelli[251] chega a mencionar que a Polícia Judiciária deveria chamar-se Polícia Ministerial, em evidente adoção de um paradigma clássico no sentido de que a função investigativa da Polícia é unilateral, vinculada ao Ministério Público, que é parte acusatória, como se nenhum vínculo existisse entre a investigação e a defesa do indiciado. Esse equívoco de conceituação desvaloriza o inquérito policial, e o que é pior, faz com que processualistas afirmem que nele sequer existam "nulidades" – o que reforça a lógica de um Estado autoritário que trata uma pessoa humana, quando investigada, como mero objeto. Repetindo de forma automática o mesmo pensamento da doutrina, formulado nas décadas de 1950 e 1960, ficando dessa forma evidente a necessária "constitucionalização releitura" nos conceitos do inquérito policial, sua concepção, bem como em algumas de suas características e finalidade. Carnelutti, sobre o inquérito policial e sua finalidade, faz a seguinte afirmação:

> [...] Por se tratar de procedimento dirigido pela autoridade policial, imparcial e desvinculada das pretensões de ambas

---

251 PACELLI, Eugênio. **Curso de processo penal.** 21. ed. São Paulo: Atlas, 2017, p. 43.

as partes na persecução criminal, somos inclinados a concluir que, em verdade, dentre todos os modelos apresentados, o inquérito policial se afigura naquele que, dentre todos os demais, mais se aproxima de uma isenta apuração dos fatos relacionados à notícia crime. Isto é de suma importância, pois, ao contrário do que prega parte da doutrina, a investigação criminal não busca comprovar a infração penal. Seu objetivo não é confirmar a tese acusatória, mas verificar a plausibilidade da imputação evitando processos desnecessários. [252]

O tema "Constitucionalismo" pode ser referido de diversas formas; não possui um conceito unívoco, todavia utilizaremos o conceito vinculado ao movimento jurídico político de limitação de poder do Estado, isto é, em relação à função de limitar poder, evitar o arbítrio. Nesse mesmo sentido, afirmam Souza Neto e Sarmento que "*o constitucionalismo moderno sustenta a limitação jurídica do poder do Estado em favor da liberdade individual*".[253] Importante ainda ressaltar que a Constituição Brasileira de 1988 possui traços essenciais, ligados à dignidade da pessoa humana, aos direitos fundamentais e à democracia, sendo que sobre tais

---

252 CARNELUTTI, Francesco. **Lições sobre o Processo Penal.** Campinas: Bookseller, 2004.

253 SOUZA NETO, Cláudio Pereira; SARMENTO, Daniel. **Direito Constitucional:** Teoria, História e Métodos de Trabalho. Belo Horizonte: Fórum, 2017. p. 72.

aspectos ligados à essência da Constituição, afirmam Souza Neto e Sarmento:

> Do ponto de vista histórico, a Constituição de 1988 representa o coroamento do processo de transição do regime autoritário em direção a democracia. Apesar da forte presença de forças que deram sustentação ao regime militar na arena constituinte, foi possível promulgar um texto que tem como marcas distintivas o profundo compromisso com os direitos fundamentais e a democracia... fundada na dignidade da pessoa humana [...]. [254]

No âmbito do Ordenamento Jurídico brasileiro, a dignidade humana tem valor absoluto, ou seja, faz parte dos pressupostos e é norteador da aplicação do próprio ordenamento. Nas palavras de Flávia Piovesan:

> O valor da dignidade humana impõe-se como núcleo básico e informador do ordenamento jurídico brasileiro, como critério e parâmetro de valoração a orientar a interpretação e compreensão do sistema constitucional instaurado em 1988. A dignidade humana e os direitos fundamentais vêm a constituir

---

254 SOUZA NETO, Cláudio Pereira; SARMENTO, Daniel. **Direito Constitucional:** Teoria, História e Métodos de Trabalho. Belo Horizonte: Fórum, 2017. p. 44. p. 170.

> os princípios constitucionais que incorporam as exigências de justiça e dos valores éticos, conferindo suporte axiológico ao sistema jurídico brasileiro. Os direitos e garantias fundamentais passam a ser dotados de uma força expansiva, projetando-se por todo universo constitucional e servindo como critério interpretativo de todas as normas do ordenamento jurídico nacional [...]. [255]

Sendo feita a devida constitucionalização, releitura da investigação policial, sob as lentes da dignidade da pessoa humana e dos direitos fundamentais, fica evidente que toda a atividade de investigação da Polícia Judiciária, bem como os juízos flagranciais feitos pelo Delegado de Polícia, devem sempre observar os princípios e valores constitucionais. Sendo totalmente retrógrada a visão no sentido de que os direitos constitucionais do conduzido/indiciado somente seriam plenos na fase judicial. Dentro dessa leitura constitucional da *persecutio criminis*, o investigado não pode mais ser visto pelo Estado como um mero objeto, mas sim como um sujeito de direitos garantidos não apenas no discurso, mas sobretudo na prática investigativa. Fauzi Hassan Choukr reforça essa ótica sob o prisma da dignidade da pessoa humana também na investigação criminal:

---

255 PIOVESAN, Flávia. **Direitos Humanos e o Trabalho**. São Paulo: Revista da AMATRA II, 2003, p. 315.

Constitucionalização da Investigação Policial

A dignidade da pessoa humana como fundamento maior do sistema implica a formação de um processo banhado pela alteridade, ou seja, pelo respeito à presença do outro na relação jurídica, advindo daí a conclusão de afastar-se deste contexto o chamado modelo inquisitivo de processo, abrindo-se espaço para a edificação do denominado sistema acusatório. Fundamentalmente aí reside o núcleo de expressão que afirma que o réu (ou investigado) é sujeito de direitos na relação processual (ou fora dela, desde já na investigação), e não objeto de manipulação do Estado. [256]

Conforme já referenciado, Ferrajoli menciona que o Direito Policial, que inclui o Direito de Polícia Judiciária, vem sendo informado pelas razões de Estado e de controle social e negligenciado academicamente, tratado com indiferença e desinteresse, constituindo um dos propósitos do presente trabalho expor essa indiferença, bem como chamar a atenção para sua importância, sua constitucionalização, a fim de melhor adequá-lo a uma ordem jurídica democrática, que tem como traços fundamentais a democracia, os direitos individuais e fundamentais e como valor axiológico máximo, a dignidade da pessoa humana.

---

256 CHOUKR, Fauzi Hassan. **Processo Penal de Emergência.** Rio de Janeiro: Lumen Juris, 2002, p. 21. [264] FERRAJOLI, Luigi (Clb.). **Direito e razão:** teoria do Garantismo penal. São Paulo: Revista dos Tribunais, 2002, p. 617.

David Queiroz [257] assevera que há uma situação de marcante contradição entre a Constituição e o Código de Processo Penal, pois enquanto aquela maximiza os direitos fundamentais e é repleta de valores democráticos, este, pelo menos no que tange ao inquérito policial, ainda mantém o resquício inquisitivo. Em relação ao assunto, Lênio Streck faz forte crítica ao que denomina de *"cultura manualesca"*, menciona o autor que *"os manuais- entendidos aqui, deixo claro, como modelos prêt-à-porters de disseminação da dogmática jurídica de baixa densidade – mudaram muito pouco nos últimos anos".*[258] Em pesquisa, constatou-se a veracidade desta crítica, tendo em vista que em consulta a diversos manuais escritos bem antes de 1988 sob a égide de regimes autoritários, no que tange aos dispositivos do Código de Processo Penal relativos à investigação preliminar, notadamente sobre o inquérito policial, muito pouco, quase nada mudou.

Machado bem ressalta que o constitucionalismo pós-guerra foi compelido a repensar o modelo de controle do poder estatal, a fim de preservar um núcleo de direitos fundamentais, tornando-o alheio ao decisionismo político. Inclusive aquele apoiado pelas maiorias menciona que *"nesse contexto ganha relevância a*

---

257 QUEIROZ, David. **A impermeabilidade do processo penal.** Florianópolis: Empório do Direito, 2017, p. 79.

258 STRECK, Lênio Luiz. O pan-principiologismo e o sorriso do lagarto. **Revista Consultor Jurídico.** 2012. Disponível em: www.conjur.com.br/2012-mar-22/senso-incomum-pan-principiologismo-sorriso-lagarto. Acesso em: 28.10.2018.

formulação garantista quanto ao âmbito do não decidí-vel".[259]

Ferrajoli[260] menciona que a primeira regra de qualquer pacto constitucional é deixar claro que nem tudo pode ser decidido pela maioria, não pode a maioria decidir pela supressão de direitos fundamentais da minoria ou de um cidadão sequer. Sob o prisma garantista de Ferrajoli, o Estado de Direito impõe um sistema de limites substanciais impostos a todos os poderes públicos para garantia dos direitos fundamentais.

Ingo Sarlet destaca a função hermenêutica do princípio da dignidade da pessoa humana no que tange ao âmbito da interpretação das normas definidoras de direitos e garantias fundamentais:

> [...] do ponto de vista de sua dimensão objetiva impõe-se seja ressaltada a assim chamada função instrumental, integradora e hermenêutica do princípio da dignidade da pessoa humana, na medida que o mesmo serve de parâmetro para aplicação, interpretação e integração, não apenas dos direitos fundamentais e das demais normas constitucionais, mas de todo ordenamento jurídico, [funcionando como critério material de hierarquização]

---

259 MACHADO, Leonardo Marcondes. **Introdução crítica à investigação preliminar.** Belo Horizonte: D'Plácido, 2018, p. 91.

260 FERRAJOLI, Luigi. **Direito e Razão:** teoria do garantismo penal. 4 ed. São Paulo: Revista dos Tribunais, 2002, p. 792.

> que costuma ser levada a efeito na esfera do processo hermenêutico, notadamente quando se trata de uma investigação sistemática [...] precisamente no âmbito dessa função hermenêutica do princípio da dignidade da pessoa humana, poder-se-á afirmar a existência não apenas de um dever de interpretação conforme a Constituição e os direitos fundamentais, mas acima de tudo – aqui também afinado com Juarez de Freitas – de uma hermenêutica que, para além do conhecido postulado *in dubio pro libertate*, tenha sempre presente o imperativo segundo o qual em favor da dignidade não deve haver dúvidas. [261]

Diante do exposto, é possível dizer que a hermenêutica jurídica visa a correta aplicação de uma norma, considerando seu verdadeiro sentido e alcance. Compreendendo-se a hermenêutica jurídica, é possível afirmar que a hermenêutica constitucional revela a interpretação da Constituição Federal em seu verdadeiro sentido e alcance, de modo a dar subsídio aos operadores de Direito. Deve-se destacar aqui a Constituição Federal como lei maior de um país, refere-se a uma norma hierárquica superior, devendo todas as demais leis e procedimentos a ela se adequar.

---

261 SARLET. Ingo Wolfgang. **Dignidade (da Pessoa) Humana e Direitos fundamentais na Constituição Federal de 1988.** 10. ed. Porto Alegre: Livraria Do Advogado, 2015, p. 103.

Cabe ainda mencionar que o Direito Constitucional está na era do pós-positivismo, também chamado de neopositivismo, que inaugurou uma nova hermenêutica, com o caráter de direitos da natureza do homem ressaltados. A moral passou a fazer parte dos estudos e interpretações relacionados ao assunto, podendo ser considerado como um marco filosófico do novo direito constitucional. Assim, os direitos fundamentais no pós-positivismo passaram a ser vistos como valores universais e atemporais, ganhando status de norma jurídica, todo julgamento deve levá-los em conta por força de Constituição. Legisladores, juízes e operadores de Direito devem, assim, obedecer aos preceitos constitucionais.

Sendo feita a devida constitucionalização releitura da investigação policial, sob as lentes da dignidade da pessoa humana e dos direitos fundamentais, fica evidente que toda a atividade de investigação deve sempre observar os princípios e valores constitucionais, sendo totalmente retrógrada a visão no sentido de que os direitos constitucionais do conduzido/indiciado somente seriam plenos na fase judicial. Como bem afirma Lênio Streck, a Constituição representa o *"topos hermenêutico que conformará a interpretação jurídica do restante do sistema"*[262], devendo dessa forma a investigação policial e a função do Delegado de Polícia serem vistas como *"instrumentos de efetivação de garantias constitucionais"*[263], sendo certo que as novas

---

262 STRECK. Lênio Luiz. **Hermenêutica jurídica e(m) Crise:** uma exploração hermenêutica da construção do direito. 11 ed. Porto Alegre: Livraria do Advogado, 2014, p. 345.

263 LOPES JÚNIOR, Aury. **Direito Processual Penal.** 9. ed. São Paulo: Saraiva, 2012, p. 69.

democracias constitucionais, como a do Brasil, devem ter uma política criminal que tenha *"a função de assegurar a plenitude dos direitos fundamentais nos casos concretos"*. [264]

Nesse contexto, os princípios ganharam no pós-positivismo uma maior importância, passando a ser considerados como normas jurídicas que são prioritárias no momento de um julgamento ou na construção de uma lei, havendo uma aproximação também entre o direito e moral. Têm-se os princípios constitucionais como pontos fundamentais da nova hermenêutica. Bem assevera Nicolitt[265]que na era do neoconstitucionalismo, não mais se admite uma teoria geral do processo que não reconhece as idiossincrasias do Direito Processual Penal e que dificulta a implantação e o atendimento dos valores constitucionais. No mesmo sentido é a afirmação de Machado:

> [...] não há, de fato, mais lugar para os atores jurídicos de filiação irrestrita e exclusiva aos códigos, especialmente ao processual penal de 1941, num ambiente democrático. A postura exegeta fundada na cartilha autoritária de Francisco Campos revela um modelo ultrapassado de jurista que não se coaduna com o ideal garantista emancipador

---

264 PRADO, Geraldo. Crônica da Reforma do Código de Processo Penal Brasileiro que se inscreve na disputa política pelo sentido e função da Justiça Criminal. ***In:*** **COUTINHO, Jacinto Nelson de Miranda;**

265 NICOLITT, André. **Manual de Processo Penal.** 5 ed. rev. Atal e ampl. São Paulo: Revista dos Tribunais, 2015, p. 47-50.

Constitucionalização da Investigação Policial

> que se espera dos agentes estatais. (delegados, juízes, promotores etc.) num Estado de Direito [...] apesar de tudo isso, a dogmática processual penal clássica, de base civilista, não parece muito preocupada em denunciar as incompatibilidades manifestas entre a estrutura inquisitorial do Código de Processo Penal de 1941 e o modelo formalmente acusatório da Constituição de 1988. Sem dúvidas, o sintoma mais evidente da ausência de uma teoria crítica, de viés libertário, que fosse realmente comprometida com noções básicas da democracia processual. Realmente não houve por aqui a devida e necessária constitucionalização e convencionalização do direito processual penal. [266]

Desse modo, ratifica-se a necessidade de uma constitucional releitura do Processo Penal, especialmente, em relação ao inquérito policial, que, conforme demonstrado durante todo o estudo, tem sido apontado pelos autores críticos, como lesivo aos direitos individuais pelas características inquisitivas que ainda são trazidas em sua prática. Giacomolli nos leciona no sentido de que:

> Uma leitura convencional e constitucional do processo penal, a partir da constitucionalização dos direitos hu-

---

266 MACHADO, Leonardo Marcondes. **Introdução crítica à investigação preliminar.** Belo Horizonte: D'Plácido, 2018, p. 111 e 121.

manos, é um dos pilares a sustentar o processo penal humanitário. A partir daí, faz-se mister uma nova metodologia hermenêutica (também analítica e linguística), valorativa, comprometida com a ético-política, dos sujeitos do processo e voltada ao plano internacional de proteção dos direitos humanos. [267]

David Queiroz corrobora com esse pensamento e bem destaca a necessidade de se realizar uma:

Devida acoplagem constitucional, adequando a investigação a base de princípios que sustentam a noção de processo, como a "garantia constitutiva dos direitos fundamentais, próprias do paradigma do Estado Democrático de Direito, significaria delimitar os poderes dos responsáveis pela investigação, reduzindo as práticas autoritárias e, quiçá, contribuindo para a formação de um paradigma cultural autoritário. Com isso, a função de filtro da fase preliminar, tão desprestigiada, poderia ser erigida a local de destaque, aprimorando a aplicação da lei penal. [268]

---

267 GIACOMOLLI, Nereu José. **O devido processo penal:** Abordagem conforme a Constituição Federal e Pacto San José da Costa Rica. 3 ed. São Paulo. Atlas, 2016, p.13.

268 QUEIROZ, David. **A impermeabilidade do processo penal.** Florianópolis: Empório do Direito, 2017. p. 81.

Dentro dessa leitura constitucional da *persecutio criminis*, extrai-se que o investigado não pode mais ser visto pelo Estado como um mero objeto da investigação, mas sim como um sujeito de direitos que não podem ser interpretados de maneira restritiva. Deve-se adotar uma postura constitucional desde o início da investigação criminal, não se pode criar um muro de contenção na eficácia plena dos direitos fundamentais entre a instrução preliminar e o processo penal propriamente dito, sob pena de jamais alcançarmos um resultado realmente justo.

Nesse ponto faz-se necessário mencionar que a entrada em vigor da Lei 13.964, de 24 dezembro de 2019, conhecida como Pacote Anticrime, acarretou a alteração de 16 artigos do Código de Processo Penal, além de outros dez dispositivos do Código Penal e também inovações na legislação extravagante de natureza penal e processual penal. Uma das novidades trazidas foi o Juízo das Garantias, que, a princípio, teria o condão de reforçar o sistema acusatório no processo penal brasileiro, como se depreende da leitura do artigo 3º-A "o *processo penal terá estrutura acusatória, vedadas a iniciativa do juiz na fase de investigação e a substituição da atuação probatória do órgão de acusação*". Colocou-se o Juiz das Garantias como um filtro entre a investigação preliminar e o processo penal, não só com a finalidade de preservar a imparcialidade do julgador, mas também com a função de garantir o controle da legalidade da investigação criminal, visando a salvaguarda dos direitos individuais.

O Ministro do STF Luiz Fux proferiu decisão liminar suspendendo a figura do Juiz de Garantias, em síntese, entendeu que padece de inconstitucionalidade formal por violação ao artigo 96 da CF e inconstitucionalidade material por não haver dotação orçamentária, o que violaria o art. 169 da CF. Em que pese o Ministro ter entendido que, além de ser norma processual e também norma de organização judiciária, parece-nos que é norma processual penal geral que apenas tem efeitos que se relacionam com organização judiciária, portanto, ausente a inconstitucionalidade formal. Já na questão da dotação orçamentária, a nova Lei, em que pese poder acarretar mais despesas para sua efetiva implementação, não trouxe novos cargos de juízes e servidores, não impõe despesas específicas, não havendo em nosso sentir inconstitucionalidade material, a questão ficou para debate no plenário. Em nossa posição a figura do Juiz de Garantias terá sua constitucionalidade confirmada e entrará em vigor, tratando-se portanto de uma questão de tempo.

Importante destacar ainda o art. 3-B que menciona o juiz das garantias como o responsável pelo controle da legalidade da investigação criminal e pela salvaguarda dos direitos individuais cuja franquia tenha sido reservada à autorização prévia do Poder Judiciário.

Resta evidente do aludido dispositivo, que a nova figura do juiz de garantias será instituída com o objetivo de reforçar o sistema acusatório e preservar a imparcialidade do juiz da futura instrução processual buscando evitar uma contaminação diante da investigação policial de matriz inquisitiva. Reparemos aqui já um

Constitucionalização da Investigação Policial 203

sintoma: a investigação continua sendo vista como autoritária, como um "problema" que pode "contaminar" o processo, sendo o Juiz de garantias instituído como uma espécie de "muro" entre as duas fases, que ao invés de se harmonizarem como um único procedimento desdobrado em fases, coloca o Juiz de Garantias como um ponto de ruptura entre elas.

Entendemos como um avanço tal figura, na medida que diante da grande concentração de poder que existe na fase investigatória, difícil, notadamente nas investigações mais complexas, com utilização de invasivas técnicas especiais de investigação, que um juiz mantenha sua imparcialidade de forma plena. Uma investigação complexa, como por exemplo, nos casos de organização criminosa, via de regra, impõe constantes renovações de cautelares de meios de obtenção de prova, o que por sua vez gera contato direto e intenso entre o investigador e o Juiz. A Lei exige presença de requisitos fáticos e jurídicos específicos para que o Juiz possa fundamentar a decretação dessas medidas que, por sua vez, são extremamente invasivas e flexibilizam direitos fundamentais. Logo cabe ao investigador, argumentar e convencer o Juiz da necessidade dessas medidas. No âmbito da investigação policial quem o faz é o Delegado de Polícia, através de suas representações dirigidas ao Juiz, como por exemplo, representação por busca e apreensão domiciliar, quebra de sigilo bancário e fiscal, interceptações telefônicas e telemáticas, dentre outras previstas em Lei.

É comum que tais representações sejam, até pela sua importância, despachadas de forma presencial pelo Delegado junto ao Magistrado. Fácil constatar que, antes do processo tal Juiz já foi submetido a um certo grau de convencimento por diversas vezes ainda na fase preliminar, uma vez que só pode decretar tais medidas, após ter sido convencido de que os requisitos estão presentes. Embora requisitos de cautelares não se confundam com mérito, o Juiz é um ser humano que durante a investigação fica exposto a um intenso diálogo com o Delegado, daí a importância da releitura constitucional também da figura do Delegado de Polícia, que deve realizar o controle dos atos de investigação durante a realização da mesma e só levar para presença do Juiz, representações constitucionalmente refletidas no que tange a necessidade, que vê a prisão como uma hipótese excepcional e não como um rótulo de sucesso do seu trabalho que lhe confere produtividade e eficiência.

Fato é que a aprovação da Lei 13.964/2019, embora consideremos um avanço na figura do Juiz de Garantias traz um efeito colateral que é o de aumentar ainda mais o abismo entre a investigação preliminar e a ação penal, pois de certa forma reforça a equivocada ideia de que o inquérito policial é um mero procedimento administrativo inquisitorial e que merece ser depurado pelo Juiz das Garantias para não contaminar a instrução processual e não influenciar o Juiz que irá decidir no futuro processo penal. Mais uma vez o legislador perdeu uma oportunidade de fortalecer o inquérito policial e atuação do Delegado de Polícia, dar melhores contornos à realização de uma defesa possível já no inquérito policial, dentre outros fatores. Percebemos um certo fetiche jurídico com figura do Magistrado como se o mero fato de juridicamente o deixar responsável por controles fosse modificar a realidade e purificar a investigação. Ao invés de atacar o real problema que são as mentalidades inquisitivas que permeiam práticas no inquérito policial e reforçam interpretações jurídicas desprovidas de uma releitura constitucional, tenta-se crer que o fato de um Juiz diferente do Juiz da Instrução ser o que vai "controlar a legalidade da investigação" irá resolver o problema.

Entendemos que a opção pela figura do Juiz de Garantias não ocorreu por previsão constitucional, sendo equivocado afirmar que o mesmo surge no Processo Penal brasileiro por imposição da constituição. Em verdade foi uma opção legislativa em que se acredita reforçar um sistema acusatório previsto na Constituição, tanto assim o é, que de forma redundante, o legislador deixou agora de forma explícita no artigo 3-A que "o processo penal terá estrutura acusatória". Embora reconhecida por nós como avanço por efetivamente poder diminuir a possibilidade de contaminação, não há qualquer garantia de que o Juiz do Processo Penal, somente por não ter analisado cautelares na fase de investigação na instrução processual atuará com imparcialidade. Nesse sentido inclusive são as críticas de Américo Bedê Júnior e Gustavo Senna:

> "...é uma opção do legislador que claramente desejou minimizar risco da condenação de inocentes, pois é curial que não há nenhuma garantia que o

juiz do processo, apenas pelo motivo de ter tomado conhecimento do fato em momento posterior, decidirá com imparcialidade o caso concreto. Defender essa ideia como uma verdade absoluta, como essencial para o sistema acusatório, não passa, com todo respeito, de sofisma... Não há um único modelo de sistema acusatório. A utilização do Juiz de Garantias é uma faculdade, até porque, se fosse da essência do sistema e da imparcialidade, teríamos necessariamente, que considerar todas as condenações anteriores à novo lei como inconstitucionais, aos quais, por óbvio, não possuem essa mácula." [269]

Importante ressaltar, que a função do juiz de garantias, conforme assevera Nucci, é a salvaguarda dos direitos individuais, *"não de qualquer um, mas aqueles cuja franquia tenha sido reservada à autorização prévia do Poder Judiciário"*, isto é, o artigo 5º da CF/88 tutela uma série de outros direitos fundamentais e garantias individuais que devem ser observados já na investigação, cabendo ao Juiz de Garantias zelar por aqueles direitos diretamente vinculados à atuação do Poder Judiciário, direitos submetidos a cláusula de reserva de jurisdição, como domicílio, sigilo das comunicações telefônicas, sigilo bancário e fiscal, bem como prisão cau-

---

269 Souza, Renne do Ó, Lei Anticrime :comentários à Lei 13.964/2019 – 1 ed. São Paulo: Ed. D`Plácido, 2020.

Constitucionalização da Investigação Policial

telar, entre outros,[270] o que nos permite concluir, que há uma série outros direitos e garantias fundamentais que não são submetidos a cláusula de reserva de jurisdição, que por sua vez, merecem zelo e observação por parte daquele que preside a investigação, que no caso da investigação policial, é o Delegado de Polícia, através do inquérito. Logo, os autos do inquérito, somente chegam nas mãos do juiz de garantias em situações excepcionais nas quais direitos fundamentais específicos, submetidos a reserva de jurisdição, queira se flexibilizar e restringir.

Seja em maior ou menor grau, parece-nos notório que todo meio de obtenção de prova promove alguma restrição a direito fundamental do investigado. O juiz de garantias somente funcionará quando envolver matéria que exija prévia autorização judicial, daí a importância do Delegado de Polícia como carreira jurídica de Estado, pois a ele cabe na investigação policial a função de filtro de contenção interno no aparelho policial, pois toda investigação e demais meios de obtenção de prova devem, antes de durante sua realização estarem constantemente submetidos ao filtro da constitucionalidade e da legalidade e não somente aqueles submetidos a reserva de jurisdição em que atua o juiz de garantias.

Neste ponto, é importantes tecermos mais alguns breves comentários sobre alguns dispositivos específicos relativos a figura do juiz de garantias. Uma primeira observação é de que vários dispositivos que lhe atribuem

---

270 Nucci, Guilherme de Souza. Pacote Anticrime comentado: Lei 13.964. 1 Ed. Rio de Janeiro: Forense, 2020 – p.39/40.

competência nos incisos do artigo 3-B, são medidas que também podem e devem ser observadas pelo Delegado de Polícia, como por exemplo o inciso XV *"assegurar prontamente, quando se fizer necessário, o direito outorgado ao investigado e ao seu defensor de acesso a todos os elementos informativos e provas produzidos no âmbito da investigação criminal, salvo no que concerne, estritamente, ás diligências em andamento".*

Tal questão que já era definida na súmula vinculante 14 do STF e no Estatuto da Ordem dos Advogados do Brasil. Em verdade, esse dispositivo quer tão somente especificar a competência do Juiz de Garantias para análise e apreciação de eventual mandado de segurança, caso o Delegado de Polícia não observe tal direito fundamental. Mesmo raciocínio se segue no inciso XVI *"deferir pedido de admissão de assistente técnico para acompanhar a produção da perícia".* Esse dispositivo é relevante pois pacifica o entendimento no sentido de que a figura do assistente técnico é permitida na fase preliminar, o que sempre defendemos dentro da ótica da maior democraticidade da investigação, que por sua vez, deve observar o maior diálogo possível com a defesa tendo em vista os direitos constitucionais de presunção de inocência e ampla defesa, que na fase preliminar se compreende como a defesa possível de ser exercida.

Cabe ao Delegado apreciar e em caso de recusa, deve o mesmo fazê-lo de forma fundamentada, para que seja viabilizada a defesa exógena junto ao Juiz de Garantias, isto é, em um Estado Democrático de Direitos, decisões devem ser devidamente fundamentadas,

Constitucionalização da Investigação Policial

com maior razão as que restringem direitos, sendo totalmente retrógrada e não recepcionada pela Constituição de 1988 a visão de que pelo fato do inquérito ter a característica da discricionariedade, o Delegado de Polícia possa simplesmente indeferir pleitos da defesa com o despacho lacônico de "indefiro", residindo tal característica discricionária tão somente no fato de que, por conta da investigação ser dinâmica, não há como se observar um rito rígido na realização de diligências, sendo as previstas no artigo 6º do CPP como exemplificativas e que não precisam ser observadas na ordem topográfica, devem ser adequadas ao caso concreto.

Estender a discricionariedade a ponto do Delegado de Polícia não precisar sequer fundamentar decisões tomadas no âmbito do inquérito é uma visão míope, desconectada da Constituição, com profundo ranço inquisitivo em pleno Estado Democrático de Direito.

Parece-nos que, de forma semelhante ao que ocorreu em relação a audiência de custódia, ao invés de se fortalecer a figura do Delegado de Polícia concedendo-lhe maiores poderes de fiança e confiança jurídica em suas análises preliminares de legalidade e preservação da integridade do preso, que por força da Constituição já são submetidas a imediato controle Ministerial e Judicial, preferiu-se o caminho da audiência de custódia perante um Magistrado, como se só em juízo, diante de um Juiz, fosse possível um verdadeiro controle.

Frise-se aqui que somos favoráveis tanto a figura do Juiz de garantias bem como a realização da audiência de custódia, desde que vistos e classificados como um "duplo filtro" de contenção e controle em relação a privação de liberdade. O que se lamenta é que haja um certo desprezo legislativo e talvez até uma certa desconfiança em relação as análises realizadas pelo Delegado de Polícia. Em tese, justifica-se a audiência de custódia perante o Magistrado sob 2 aspectos: verificação da integridade física do preso (que é obrigação do Delegado de Polícia realizar já na análise da prisão em flagrante) e a necessidade da sua prisão, sendo essa última tida como mais importante pelo fato do Magistrado ter maiores poderes de soltura em relação a concessão de liberdades, o que evitaria encarceramentos desnecessários. Porém o que se lamenta é que tais institutos muitas vezes ao invés de serem classificados como "duplos filtros" e portanto saudáveis, são vistos e tidos como juridicamente justificados por conta de uma certa desconfiança em relação as análises do Delegado de Polícia (não o tratando como filtro e carreira jurídica de Estado) que, não relido constitucionalmente, acaba sendo visto como um gestor de práticas inquisitivas, do *in dubio pro societate*, garantidor da presunção de legitimidade das afirmações dos policiais que realizaram a prisão, gestor da solenidade da prisão em flagrante em que a figura da defesa técnica é praticamente inexistente ou figurativa, como se as delegacias fossem uma espécie de porão que as luzes constitucionais não são capazes de alcançar de forma plena. Esses sim são os verdadeiros motivos não falados e não escritos que justificaram que no Brasil não fosse considerado o Delegado de Polícia, nos termos do art. 7º, 5, do Pacto de

Constitucionalização da Investigação Policial

São Jose da Costa Rica ou a Convenção Americana sobre Direitos Humanos como *"outra autoridade autorizada por lei a exercer funções judiciais"* ou nos termos do art. 9º, 3 do Pacto Internacional sobre Direitos Civis e Políticos de Nova Yorque *"outra autoridade habilitada por lei a exercer funções judiciais"* a qual toda pessoa presa deve ser conduzida sem demora. O que já ocorre por imposição legal nos casos de prisão em flagrante e até mesmo em cumprimentos de mandado de prisão.

Como sabido, o inquérito é um procedimento formal. E por essa razão, tudo que for investigado deverá ser reduzido a termo e cada folha juntada aos autos deverá ser rubricada pela autoridade policial (art. 9º do CPP). O art. 12 do Código de Processo Penal sempre serviu de exemplo que reforça o caráter escrito do inquérito policial ao estabelecer que quando a denúncia e a queixa se basearem nele, este acompanhará as respectivas exordiais acusatórias. Entretanto, com o advento Lei 13.964/2019, a partir do momento em que o art. 3º-C, § 3º, do Código de Processo Penal, passar a produzir seus devidos efeitos, tal dispositivo precisará ser melhor analisado e certamente surgirão diferentes correntes interpretativas em relação a necessidade ou não de desentranhamento do inquérito após a decisão de recebimento da inicial acusatória pelo juiz de garantias. Uma primeira corrente no sentido de que os autos do inquérito somente podem acompanhar a denúncia ou queixa até a decisão do Juiz de Garantias sobre o recebimento ou não peça inicial, sendo que em caso de recebimento, deverá ser desentranhado e arquivado no cartório podendo acessa-lo somente a acusação e a defesa, sob a alegação de que a nova regra visa impedir que o julgador sofra algum tipo de influência daquilo que fora realizado no curso da investigação submetida ao controle do Juiz das Garantias. Nesse sentido parece caminhar Nucci quando dispõe:

> "... A mais significativa modificação, estranhamente não vetada pelo Poder Judiciário, é a separação dos autos da investigação dos demais elementos de prova. Esses autos servirão ao juiz de garantias para receber – ou rejeitar – a denúncia ou queixa. Depois disso eles seguem para o cartório, ficando somente a disposição do Ministério Público e da defesa. O Juiz da instrução processual não tomará conhecimento desses autos de investigação. Ressaltando-se por óbvio as provas irrepetíveis, como um laudo necroscópico, entre outras (provas antecipadas, por exemplo). Estabelece-se, agora, um sistema acusatório, vedando-se o acesso do juiz instrutor do processo aos autos da investigação"[271]

Seguindo na mesma linha de raciocínio, o referido autor interpreta que devido ao art. 3C § 3º vedar o acesso do Juiz da instrução criminal aos autos de investigação, com exceção somente as provas irrepetíveis ou antecipadas, o art. 155 do CPP – *"O juiz formará sua*

---

[271] Nucci, Guilherme de Souza. Pacote Anticrime comentado: Lei 13.964. 1 Ed. Rio de Janeiro: Forense, 2020 – p.48.

convicção pela livre apreciação da prova produzida em contraditório judicial, não podendo fundamentar sua decisão exclusivamente nos elementos informativos colhidos na investigação, ressalvadas as provas cautelares, não repetíveis e antecipadas." restaria atingido em sua aplicabilidade pois o Juiz da instrução processual penal não mais poderia utilizar qualquer elemento de informação na fundamentação da sua decisão, mesmo que fosse apenas para corroborar demais provas produzidas na fase de instrução em juízo, sustenta-se que é como se os autos da investigação para esse fim tivessem desaparecido, pois apenas ficam arquivados no cartório para acesso da acusação e da defesa. Nas palavras do autor:

> "Esse dispositivo afasta a aplicabilidade do art. 155 do CPP. Terminou essa fase. O Juiz formará sua convicção pela livre apreciação da prova produzida em contraditório judicial, não podendo fundamentar sua decisão nos elementos informativos colhidos na investigação, ressalvadas as provas cautelares, não repetíveis e antecipadas, para essa finalidade, desaparecem. Ficam arquivadas em cartório". [272]

O art. 155 do CPP já era alvo de parte da doutrina processual penal uma vez que permite que elementos de informação, não colhidos sobre o crivo do contradi-

---

272 Nucci, Guilherme de Souza. Pacote Anticrime comentado: Lei 13.964. 1 Ed. Rio de Janeiro: Forense, 2020 – p.48/49.

tório sejam utilizados, ainda que como argumento de reforço, as demais provas colhidas nos autos sob o crivo do contraditório. Outra parcela da doutrina já sustenta tal dispositivo é coerente por conta do Princípio da Verdade Real (ao qual temos severas críticas) e não vê problemas pois em verdade o Réu é condenado ou absolvido com base nas provas colhidas sobre o contraditório, sendo os elementos de informação utilizados apenas como uma espécie de argumento de reforço. Nesse sentido, Renato Brasileiro de Lima menciona que tem prevalecido nos Tribunais à interpretação no sentido de que *"tais elementos podem ser usados de maneira subsidiária, complementando a prova produzida em contraditório".* Ao inserir o advérbio "exclusivamente" no corpo do *caput* do art. 155 do CPP, a lei 11.690/08 acaba por confirmar posição jurisprudencial dominante". Corroborando essa posição temos, por exemplo, a decisão do STF no RE-AgR 425.734/MG, cujo trecho trazemos à colação: "[...] *Ao contrário do que alegado pelos ora agravantes, o conjunto probatório que ensejou a condenação dos recorrentes não vem embasado apenas nas declarações prestada em sede policial, tendo suporte também em outras provas colhidas na fase judicial* [...]".

Em que pese a posição de Nucci, ousamos divergir. Para melhor exposição de nossa posição transcreveremos o que diz a lei para depois refletirmos: *"Art. 3C, § 3º Os autos que compõem as matérias de competência do juiz das garantias ficarão acautelados na secretaria desse juízo, à disposição do Ministério Público e da defesa, e não serão apensados aos autos do processo en-*

viados ao juiz da instrução e julgamento, ressalvados os documentos relativos às provas irrepetíveis, medidas de obtenção de provas ou de antecipação de provas, que deverão ser remetidos para apensamento em apartado."

Conforme verificado, a lei apenas restringe a remessa dos autos que compõe matéria do Juiz de Garantias ao Juiz da instrução processual penal, isto é, matérias em que o mesmo foi chamado a decidir questões relativas a direitos fundamentais, cujas restrições levadas à efeito na fase de investigação, dependeram de análise judicial pois são matérias com cláusula de reserva de jurisdição. Parece muito amplo interpretar que todo o inquérito policial e peças produzidas "compõe matéria do Juiz de Garantias" (termos da lei), pois isso englobaria inclusive competências não listadas no art. 3B inserido no CPP pela Lei 13.964/19, como por exemplo um testemunho prestado à Polícia ou até mesmo uma confissão em sede policial. Entendemos que não há vedação legal a remessa dos autos de inquérito policial anexado a denúncia ou queixa, nos termos do artigo 12 do CPP, também ao Juiz da Instrução Processual Penal. O que há é a imposição legal para que seja autuado em apartado qualquer matéria a qual o Juiz de garantias foi chamado a decidir, como por exemplo quebras de sigilo bancário e fiscal, cautelares, interceptações telefônicas, dentre outras. Esse autos apartados ao inquérito policial são os que não poderão ser remetidos ao Juiz de Instrução. Não cabe ao interprete restringir o que a lei de forma expressa não restringiu. Apenas deve ser desentranhado os autos em apartado das matérias atinentes ao Juiz de garantias, bem como o art.155 do CPP permanece em vigor. Essa também é a posição de Rogério Sanches Cunha:

> "... pela simples leitura do dispositivo em comento (art. 3º-C, §3º), percebe-se que as matérias que não se inserem na competência do juiz das garantias, leia-se, que estão fora dos incisos do art. 3º -B, podem, sem problemas acompanhar a inicial acusatória, como por exemplo, oitivas na polícia, procedimento de inquérito civil, procedimento na esfera da infância e juventude etc. Logo, a confissão policial, por exemplo, mesmo com o sistema do Juiz de garantias, continuará instruindo o processo penal, permanecendo válida a Súmula 545 do STJ – "Quando a confissão for utilizada para a formação do convencimento do julgador, o réu fará jus à atenuante prevista no art. 65, III, "d", do Código Penal.". [273]

Conforme esclarecido acima o inquérito policial e suas peças, certamente chegarão ao conhecimento do Juiz da instrução processual penal. Cremos que inclusive peças produzidas nos autos apartados que continham questões com cláusula de reserva de jurisdição e portanto sujeitas ao Juiz de garantias acabarão, na prática forense, sendo levadas ao conhecimento do

---

273 Cunha, Rogério Sanches. Pacote Anticrime – Lei 13.964/2019: Comentários às alterações no CP, CPP e LEP – Salvador: Ed. Juspodium, 2020. P.100/101.

Juiz da Instrução processual penal pois a Lei não veda nem mesmo que acusação e defesa juntem fotocópias dos autos que foram apartados por determinação legal. Parece evidente que tanto acusação quanto defesa podem utilizar-se do lastro produzido pelos elementos de informação do inquérito com o fim de reforçar suas alegações em juízo, pois do contrário para que serviria tais autos ficarem à disposição da acusação e da defesa no cartório? Nesse sentido argumento Nucci:

> ""Resta um ponto duvidoso, previsto no §4 do art.3-C: "Fica assegurado às partes o amplo acesso aos autos acautelados na secretaria do juízo das garantias". Esse direito de amplo acesso aos autos da investigação leva exatamente a que? Somente para contrastar as provas até aí produzidas e o recebimento (ou rejeição) da denúncia ou queixa? Porém, surge um ponto. Se as partes têm livre acesso aos autos da investigação, por que não podem tirar fotocópias e incluir no processo principal? Será uma questão a ser decidida no caso concreto. Afinal, amplo acesso à prova pode significar amplo uso dessa prova"[274].

Rogério Sanches Cunha menciona que acusação e defesa poderão inclusive solicitar que os autos apartados, com matérias que foram submetidas ao Juiz de

---

274 Nucci, Guilherme de Souza. Pacote Anticrime comentado: Lei 13.964. 1 Ed. Rio de Janeiro: Forense, 2020 – p.49

Garantias, sejam anexados ao processo desde que seja demonstrada sua real necessidade:

> "... Mesmo em relação aos autos apartados, lendo e relendo os dispositivos do presente capítulo, não existe norma proibindo o interessado de requerer ao juiz da instrução sua juntada ao processo, devendo, contudo, demonstrar sua real necessidade..." [275]

Como fora dito acima, a Lei não veda que os autos do inquérito sigam anexados a denúncia ou queixa, chegando assim nas mãos do Juiz da Instrução processual penal. Caso seja demonstrada pelas partes, no caso concreto, uma real uma necessidade, até mesmo peças dos autos apartados que contém matérias decididas pelo Juiz de garantias podem chegar ao conhecimento Magistrado na 2ª fase. Aqui sustentamos que embora as partes tenham direito de acesso aos autos apartados, parece-nos não ser possível a juntada desses autos originais no processo penal, pois não faria sentido a Lei exigir o arquivamento na secretaria do cartório para depois ser permitido, por solicitação de uma das partes, que os autos originais fossem reanexados, seria uma forma de driblar a vontade da Lei. Esses autos conterão, além das peças de informação, decisões fundamentadas pelo Juiz de Garantias no que tangem as medidas de obtenção de provas na fase policial, não fazendo

---

[275] Cunha, Rogério Sanches. Pacote Anticrime – Lei 13.964/2019: Comentários às alterações no CP, CPP e LEP – Salvador: Ed. Juspodium, 2020. P.101.

sentido que tais decisões do Juiz de garantias cheguem as mãos do Juiz da Instrução Processual penal, vale dizer, as partes podem anexar fotocópias para reforçar seus argumentos perante o Juízo desde que demostrada a necessidade, mas não podem se valer de fotocópias das decisões do Juiz de garantias na primeira fase com o objetivo de influenciar as decisões do Juiz na posterior instrução Processual Penal. O que pode ser levado ao Juiz da Instrução Processual, são alegações probatórias das partes, que por sua vez, podem ser reforçadas com documentos, todavia não podem às partes alegar que o Juiz de garantias, diante das mesmas peças e argumentos, decidiu da maneira "A" ou da maneira "B". O objetivo da Lei é que um Juiz diferente decida com maior imparcialidade, não fazendo sentido que seja permitido as partes uma espécie de argumento de autoridade das decisões do Juiz de garantias para influencia-lo e convencê-lo. Essa sim nos parece a "contaminação" que a Lei deseja evitar, uma vez que o Juiz de garantias decidiu em um outro cenário, de matriz inquisitiva, cenário que se busca afastar durante a instrução processual penal.

Outro dispositivo que reforça que o Juiz da Instrução processual penal terá contato com as peças produzidas na investigação, seja o próprio inquérito policial e/ou fotocópias de peças dos autos apartados relativos a matérias decididas pelo Juiz de garantias é o art. 3-C,§ 2º "As decisões proferidas pelo juiz das garantias não vinculam o juiz da instrução, que, após o recebimento da denúncia ou queixa, deverá reexaminar a necessidade das medidas cautelares em curso, no prazo máximo de 10 (dez) dias". Como será feito esse reexame? Somente com base no alegado pelas partes no corpo de suas respectivas peças, estando o Juiz proibido de acessar o inquérito e quaisquer outras peças juntadas pelas partes, com exceção as provas não repetidas e antecipadas? Parece-nos evidente que não, até porque a redação da Lei reativou a celeuma doutrinária sobre o momento do recebimento da denúncia ao mencionar no art. 3-C que a atuação do Juiz de garantias "cessa com o recebimento da denúncia ou queixa na forma do art. 399 deste Código", pois há uma antinomia no Código de Processo Penal, sobre o momento do recebimento da denúncia, entre os artigos 396 e 399 do CPP. Dessa forma, a nova lei vai reativar o debate dessa antinomia, qual seja: o momento do recebimento da denúncia é antes da citação, na forma do art. 396 do CPP, ou por ocasião do art. 399 do CPP, já havendo resposta à acusação, possibilitando uma espécie de contraditório prévio antes do recebimento da denúncia? Antes da edição da Lei 13.694/19 tal debate estava pacificado em favor do artigo 396 do CPP, isto é, após o recebimento da denúncia era feita a citação com prazo para resposta a acusação. Tal debate tem relevância pois irá parametrizar até aonde vai a atuação do Juiz de garantias.

Uma primeira corrente já surgiu no sentido de que mesmo a nova Lei tendo mencionado expressamente o art. 399 do CPP deve prevalecer o art. 396 do CPP, pois não há o menor sentido em se conferir ao juiz de garantias a competência de receber a analisar a resposta a acusação prevista no artigo 396-A do CPP e até mesmo julgar o mérito uma vez que poderá absolver sumariamente na forma do art. 397 do CPP. Nesse sentido é a posição de Rogério Sanches Cunha:

> "Após o recebimento da inicial, que demanda apenas juízo de prelibação, a competência deveria ser, incontinenti, do juiz da instrução, responsável pelo juízo de delibação. Percebam que o legislador acabou inserindo entre as competências do juiz de garantias – criado para atuar somente até a viabilidade da acusação – o poder para decidir mérito. Será este mesmo magistrado que analisará a defesa escrita do denunciado (art. 396-A) do CPP, bem como o cabimento ou não da absolvição sumária (art. 397 do CPP). E que não se argumente que essa sua decisão (de mérito) não vincula o Juiz da instrução e julgamento, que, após o recebimento da denúncia ou queixa, deverá reexaminar a necessidade das medidas cautelares em curso, no prazo máximo de 10 (dez) dias (§2º). Esse argumento não resolve o problema. O reexame conferido ao juiz das instruções é das medidas cautelares apenas. Logo, onde está escrito "art.399 deste Código" devemos ler art. 396 do CPP, sob pena de desvirtuamento do sistema". [276]

---

276 Cunha, Rogério Sanches. Pacote Anticrime – Lei 13.964/2019: Comentários às alterações no CP, CPP e LEP – Salvador: Ed. Juspodium, 2020. P.101.

Repare que, prevalecendo esse entendimento, o Juiz da instrução processual terá que reexaminar a necessidade da manutenção ou não das medidas cautelares sem sequer ter recebido as alegações defensivas. Isso nos leva a conclusão que o mesmo deve ter contato com as peças produzidas na investigação para uma melhor análise, sob pena de ter que fazer um reexame apenas com base no corpo da peça inicial acusatória, em que a acusação, por óbvio, somente salientará os aspectos da investigação preliminar que lhes favoreçam. Reforça-se assim, que é saudável que mesmo acompanhe a denúncia e siga anexado no processo em juízo, com as ressalvas que já fizemos em relação aos autos apartados no que tange a matérias decididas pelo Juiz de Garantias.

Aqui mais uma vez ressaltamos a importância da releitura constitucional do inquérito policial e da figura do Delegado de Polícia. O inquérito policial com maior diálogo e participação da defesa conterá não somente os argumentos e peças favoráveis a acusação, incluindo também peças que podem ser utilizadas pela defesa e interpretadas a seu favor, como por exemplo: a oitiva do investigado em sede policial, testemunhas por ele apresentadas, eventual manifestação do assistente técnico da defesa e diligências requeridas pela defesa na forma do art. 14 do CPP, sendo que todo esse arsenal está disponível ao Juiz da instrução já no seu reexame inicial de manutenção ou não das cautelares decretadas pelo Juiz das garantias. Vale dizer, o inquérito conceituado de forma unidirecional como procedimento administrativo inquisitivo com finalidade única de produzir uma justa causa para acusação, não suporta uma releitura

Constitucionalização da Investigação Policial

constitucional, impondo que o mesmo seja visto como instrumento de investigação criminal oficial do Estado, realizado pela Polícia Judiciária, presidido pelo Delegado de Polícia, que por sua vez deve observar direitos e garantias individuais, com finalidade da busca da verdade para uma Justiça penal eficaz, seja essa verdade favorável para acusação ou para defesa.

Uma segunda corrente sustenta que agora por disposição expressa da Lei, deve se aplicar o recebimento da denúncia na forma do artigo 399 do CPP, incluindo assim na competência do Juiz de garantias tanto o recebimento da peça acusatória prevista no art.396 do CPP, como a análise de mérito no que tange a possibilidade da absolvição sumária prevista no art. 397 do CPP. Nesse sentido se posicionam Américo Bedê Júnior e Gustavo Senna:

> "Embora o nosso entendimento seja o de que o juiz de garantias não deveria atuar na fase do recebimento da denúncia, filiamo-nos àqueles que defendem que a insistência do legislador deve ter algum significado jurídico relevante. Logo, o juiz das garantias é o responsável, inclusive, por apreciar as hipóteses de absolvição sumária. O segundo juiz atuará na instrução e julgamento, e a fase de instrução só tem início após a rejeição da absolvição sumária..." [277]

---

277 Souza, Renne do Ó, Lei Anticrime :comentários à Lei 13.964/2019 – 1 ed. São Paulo: Ed. D`Plácido, 2020.

Em que pese os argumentos dessa segunda posição, no sentido de que deve ser observada a literalidade do legislador ao estabelecer que seja aplicado o artigo 399 do CPP, face a uma insistência do legislador, a aplicação literal do 399 do CPP traz um problema prático, pois dispõe o referido artigo que " *recebida a denúncia ou queixa, o juiz designará dia e hora para a audiência, ordenando a intimação do acusado, de seu defensor, do Ministério Público e, se for o caso, do querelante e do assistente.*", vale dizer, o referido artigo impõe uma outra atribuição ao juiz de garantias que não somente a de receber a inicial acusatória. Caso receba, deve marcar dia e hora para audiência de instrução, bem como ordenar intimações, sem sequer ter conhecimento da pauta do juiz da instrução.

Entendemos que sustentar que o Juiz de garantias pode receber a denúncia porém não deve marcar audiência seria uma aplicação em parte do artigo 399 do CPP, seria "fatiar" o artigo 399 do CPP entre os dois juízes, cabendo a primeira parte ao juiz de garantias (*recebida a denúncia ou queixa*) e a segunda parte ao Juiz da Instrução processual (*designará dia e hora para a audiência, ordenando a intimação do acusado, de seu defensor, do Ministério Público e, se for o caso, do querelante e do assistente.*), o que é estranho pois o artigo ordena que com o recebimento seja marcado de forma concomitante a audiência. Ou seja, teria que se considerar o oferecimento da peça acusatória e a resposta à acusação como um contraditório prévio anterior ao recebimento da denúncia, desconsiderando o art. 396-A do CPP, o que, concordando com as críticas de Rogério

Sanches Cunha, promove um desvirtuamento do sistema, possibilita que o Juiz de garantias julgue o mérito e, para além disso, faz com que a peça de resposta a acusação, com chance de absolvição sumária, seja analisada por um outro juiz cujo o objetivo da própria Lei é lhe conferir menor vínculo psicológico com a investigação com objetivo de lhe garantir maior grau de imparcialidade. Sendo um contrassenso, em nosso sentir, que a própria lei cujo objetivo maior é preservar a imparcialidade do Juiz da Instrução que julgará o mérito, retire da defesa a possibilidade de que esse mesmo juiz analise sua resposta a acusação com o fim de promover a absolvição sumária do acusado. Há ainda um outro problema, uma vez que o art. 3º, § 2º, menciona que o prazo de 10 (dez) para o reexame das medidas cautelares se inicia com o recebimento da denúncia ou queixa. Ora, o prazo de reexame do Juiz de instrução processual vai se iniciar somente quando receber os autos do Juiz de garantias? E como isso ocorrerá na prática? O Juiz da instrução prontamente ordenará dia e hora para audiência na forma do art. 399 do CPP e em até 10 (dez) dias depois vai exarar decisão fundamentada sobre manutenção ou não das cautelares? Ou seja, o legislador aqui parece ter andado mal ao reacender uma polêmica sobre o momento do recebimento da peça inicial acusatória, que já estava pacificado em torno do art. 396 do CPP.

Seja adotada uma ou outra posição, é impossível que o Juiz da Instrução reexamine cautelares "no escuro", sem nenhum contato com peças produzidas na investigação. Conforme ressaltado, não há vedação legal a juntada do inquérito policial no processo, que por força do art. 12 do CPP, seguirá anexado a denúncia ou queixa. A vedação impõe que os autos apartados contendo cautelares decididas pelo juiz de garantias sejam arquivados, portanto, desapensados do inquérito. Ainda assim, parece-nos provável e permitido que as partes, alegando real necessidade no caso concreto, juntem fotocópias de peças desses autos, com o fim de buscar manutenção ou revogação das cautelares pelo Juiz da instrução processual e por conta do princípio da liberdade das provas. Já expressamos nosso entendimento no sentido de que entendemos como absolutamente vedada apenas a juntada no processo das decisões do juiz de garantias ou referência a elas como argumento de autoridade para influenciar o juiz da instrução, não devendo o Juiz da instrução ter contato com fundamentos e argumentações das decisões do Juiz de garantias na fase preliminar.

É louvável que o legislador tenha se preocupado em positivar o sistema acusatório no processo penal brasileiro, como forma de garantir maior imparcialidade no julgamento da ação penal, todavia, não há qualquer imposição constitucional ou legal no sentido de que é vedado ao Juiz de instrução conhecer as peças e diligências produzidas durante a investigação, até porque, não há qualquer problema nisso, uma vez que todas poderão ser contraditadas na segunda fase durante a instrução. O objetivo da lei foi tão somente atribuir a um outro juiz, como menos vínculo psicológico com a investigação, a competência para julgar o mérito. Em

Constitucionalização da Investigação Policial 227

que pese eventual entendimento contrário, é exagerada e equivocada a ideia de que o mero contato com o inquérito policial anexado "contaminaria" o Juiz da instrução, que não decidiu uma questão sequer na fase preliminar. É tentar dar um alcance que a Constituição não exige e a lei não deu.

Assim, mesmo diante do avanço promovido pela Lei.13.964/19 com a figura do Juiz de garantias, permanece a importância do inquérito policial também na instrução processual penal. Devem os autores ter maior preocupação em dar-lhe uma roupagem constitucional, ao invés de promoverem sua demonização, interpretando-lhe como uma espécie de "bomba de contaminação" inquisitiva que deve ser extirpada do processo como se fosse um tumor maligno. Nos parece que autores que sustentam esse entendimento intitulando-se adeptos de uma leitura processual penal mais democrática, acabam em verdade por reforçar a permanência no inquérito policial de seus ranços autoritários originários de sua história de matriz inquisitiva. Vale dizer, há na Constituição uma série de remédios que já permitem a descontaminação do inquérito e com isso, através de sua releitura, sua utilização com todas as suas inegáveis vantagens, inclusive como filtro de processos penais temerários, acusações infundadas, associado a um ambiente para manejo da defesa já durante a produção dos elementos de informação, mas isso não parece interessar parte da doutrina que insiste na sua morte, sem no entanto oferecer de modo concreto e sólido uma outra alternativa melhor.

Deve ser entendido o jogo processual penal, como uma única partida de 2 (dois) tempos, que se inicia na investigação e termina no trânsito em julgado. Sendo que a Constituição é a regra maior que deve balizar as práticas em ambos os tempos. Em que pese o avanço na figura do Juiz de garantias, para preservação de maior imparcialidade por parte do Juiz da instrução, o mesmo não pode e não deve ser visto como uma espécie de "salvador" que carregará sobre si todas as marcas dos pecados da inquisitoriedade e com isso salvará o processo principal. Isso não ocorrerá! Há que se reler o inquérito, ele é que deve ser descontaminado de interpretações retrógradas sem amparo constitucional e não o Juiz. Mal comparando com nossos tristes tempos atuais de pandemia do coronavírus – Covid-19 é como se o inquérito fosse um paciente impregnado de vírus, incurável, potente transmissor da doença inquisitória e o Juiz de Garantias uma espécie de equipamento de proteção individual para evitar a contaminação do Juiz da Instrução Criminal, sem dar importância a uma vacina que já está disponível há mais de 30 (trinta) anos capaz de curar o paciente transmissor que é a Constituição Federal de 1988.

Por isso, nossa proposta no presente trabalho é estudar uma releitura da investigação policial que possa dar-lhe uma roupagem constitucional, a fim de conferir ao investigado, desde o início da persecução, os direitos e garantias fundamentais de forma mais ampla, democratizando o inquérito policial. Acrescente-se que a literalidade do novo artigo 3º do CPP revela que o juiz das garantias é responsável pela salvaguarda dos

Constitucionalização da Investigação Policial 229

direitos individuais cuja franquia tenha sido reservada à autorização prévia do Poder Judiciário, não obstante, a grande maioria das diligências e providências adotadas no curso do inquérito policial, malgrado restringirem direitos fundamentais, não são submetidas à autorização prévia do Juiz de garantias, por não guardarem pertinência com os direitos fundamentais ligados a cláusula de reserva de jurisdição. Continuará a cargo do Delegado de Polícia a missão de colocar-se como primeiro garantidor dos direitos e garantias fundamentais respaldando sua atuação na Constituição para que tenha segurança em aplicar os princípios constitucionais cabíveis durante a persecução penal na fase de inquérito policial, se valendo inclusive, da Lei 12.830/13 que embora tímida, se interpretada constitucionalmente, tem capacidade de promover avanços significativos em um marco de mudança mais visível e altamente desejável, É dentro dessa ótica que segue a sequência de desdobramento do presente trabalho.

4.2 PRINCÍPIOS CONSTITUCIONAIS IMANENTES DA DEVIDA INVESTIGAÇÃO CRIMINAL E A LEI 12.830/13

Neste tópico, abordaremos aspectos relevantes sobre a Lei Federal nº 12.830 de 20 de julho de 2013, a qual dispõe sobre a investigação criminal conduzida pelo Delegado de Polícia. A referida lei, expressamente, prevê que o Delegado de Polícia é a autoridade responsável pela presidência do inquérito policial. A palavra inquérito deriva do latim (*inquisitu, inquerre*) e significa inquisição, ou ato/efeito de procurar informações a respeito de algo, de inquirir. A Constituição Federal, em seu o art. 144, § 4º, adjudicou atribuições de polícia judiciária dos Estados à Polícia Civil, estruturada em carreira, institucionalizando como instrumento formal de polícia judiciária o inquérito policial. Sobre o referido dispositivo, afirmam Cabette e Sannini Neto:

> É incontestável a atribuição constitucional das Polícias Judiciárias, chefiadas por Delegados de Polícia de Carreira, para a investigação criminal, nos estritos termos do art. 144, I e IV, e §§ 1º e 4º, da CF. No âmbito estadual, a Constituição do Estado de São Paulo, em seu art. 140, § 3º, reconhece a "independência funcional" e a "livre convicção do Delegado nos atos de polícia judiciária" (o que é ainda reforçado em âmbito estadual no bojo da Lei Complementar Estadual nº 1.152/2011, com a nova redação dada pela Lei Complementar Estadual nº 1.249/2014, art. 1º, §§ 1º e 2º). Face a tais ditames constitucionais, é mister concluir que o Delegado de Polícia, no exercício de suas legítimas funções, deve ser dotado dos poderes necessários para o cumprimento de sua atividade-fim, tal qual preconiza a chamada

"teoria dos poderes implícitos", de origem anglo-saxônica. [278]

Na forma do artigo da Constituição, não restam dúvidas de que a instituição que tem vocação constitucional para a investigação criminal é a Polícia Judiciária, que desempenha função essencial à Justiça na busca da elucidação de fatos e estabelecimento da verdade. É ela a instituição responsável pela apuração de infrações penais devendo, por imposição constitucional, ser chefiada por Delegado de Polícia de carreira, bem como o inquérito policial, que é o principal instrumento de atuação dessa Polícia, presidido por este mesmo operador do direito (art. 144 da Constituição Federal e art. 2º, § 1º, da Lei 12.830/13), a quem incumbe dar direção as investigações, de acordo com o seu livre convencimento técnico e jurídico.

O art. 2º, § 1º, da Lei 12.830/13 deixa claro que o Delegado de Polícia é a Autoridade Policial a quem cabe a presidência dos autos de inquérito policial, com o desígnio de apurar as circunstâncias, materialidade e autoria das infrações penais. Os demais policiais são agentes da Autoridade, havendo, portanto, impedimento de que o inquérito policial, no que tan-

---

278 CABETTE, Eduardo Luiz Santos; SANNINI NETO, Francisco. Poder requisitório do delegado de polícia e sua abrangência no atual cenário normativo. In: Revista Síntese: Direito Penal e Processual Penal, v. 15, n. 90, fev./mar. 2015, p. 226-231. Disponível em: http://www.mpsp.mp.br/portal/page/portal/documentacao_e_divulgacao/doc_biblioteca/bibli_servicos_produtos/ bibli_boletim/bibli_bol_2006/RDP_90_miolo%5B1%5D.pdf. Acesso em: 27 jan. 2019

ge a apuração dos crimes não militares, seja presidido por outras instituições policiais ou outro operador do direito.

Sobre a Lei nº 12.830/13, dispõem Cabette e Sannini Neto:

> No dia 20 de junho de 2013, foi publicada a Lei Federal nº 12.830/2013, que dispõe sobre a investigação criminal conduzida pelo Delegado de Polícia. Destaque-se, de pronto, que o objetivo deste diploma normativo foi regulamentar – ou melhor, explicitar – algumas das atribuições da Autoridade de Polícia Judiciária, conferindo-lhe uma maior autonomia e independência na condução do inquérito policial. Contudo, diferentemente do que muitos pensam e argumentam, a inovação legislativa não teve por foco a carreira de Delegado de Polícia. Na verdade, a intenção do legislador foi reforçar a própria investigação criminal e, com isso, fortalecer a Justiça, diminuindo a sensação de impunidade, o que, sem dúvida, beneficia toda a sociedade. A partir da Constituição da República de 1988, muitas instituições ligadas à persecução penal ganharam força, especialmente o Poder Judiciário e o Ministério Público, que, por meio das prerrogativas estabelecidas ao longo do texto constitucional, passaram atuar

com ampla autonomia e independência funcional. Ocorre que, ao que nos parece, o legislador se esqueceu da porta de entrada do sistema criminal, vale dizer, a Delegacia de Polícia. O Delegado de Polícia é o primeiro agente estatal a dar um contorno jurídico aos fatos aparentemente criminais do cotidiano social, fazendo justiça quase que de maneira imediata, ora decretando a prisão em flagrante de criminosos, ora restituindo o *status libertatis* de pessoas detidas de maneira ilegal ou arbitrária. [279]

Sendo assim, constatada a prática de uma infração penal surge o poder de punir estatal visando submeter o criminoso à reprimenda. No entanto, para que o Estado exerça tal direito/dever, faz-se necessária a existência de um procedimento proposto com a finalidade de apurar a autoria/materialidade do fato criminoso e comprovar a culpa penal. Este procedimento, subdividido em duas fases (investigação preliminar e processo penal em juízo), é chamado de persecução penal.[282] Ainda que haja autorização legal no sentido de que, estando diante da infração penal, um particular reúna elementos relativos à materialidade/autoria delitivas e encaminhe-os à Autoridade Policial ou Ministério Público, a fim de que sejam tomadas as providências legais cabíveis, em regra, as investigações referentes aos fatos

---

279 CABETTE, Eduardo Luiz Santos; SANNINI NETO, Francisco. Poder requisitório do delegado de polícia e sua abrangência no atual cenário normativo. **Revista Síntese: Direito Penal e Processual Penal** 90,

criminosos são realizadas por órgãos oficiais, mais comumente pela polícia judiciária, através do inquérito policial. Cabette e Sannini Neto explicam:

> Demais disso, tendo em vista que a investigação criminal conduzida pelo Delegado de Polícia é responsável por subsidiar quase 100% das ações penais, tornou-se imprescindível a sua valorização. Em um momento em que a criminalidade está cada vez mais organizada, cabe ao Estado fortalecer suas instituições. Quando falamos de segurança pública, a primeira coisa que se destaca é o recrudescimento das leis penais, como se o direito penal fosse a solução para todos os nossos problemas. Por outro lado, pouco se fala no fortalecimento das polícias judiciárias, que desempenham papel extremamente relevante no correto exercício do direito de punir pertencente ao Estado. Infelizmente, nossos "especialistas" (sic) em segurança pública, bem como nossos governantes e legisladores, não se atentaram para o fato de que mais importante que a severidade da pena é a certeza da pena, o que só é possível por meio de uma escorreita investigação criminal. Foi dentro desse espírito, ainda que de maneira muito acanhada, que surgiu, por exemplo, a Lei nº 12.830/2013, reforçando o inquérito policial que constitui verdadeira garantia ao indivíduo. Nesse

sentido, são incisivas as palavras utilizadas pela Comissão de Constituição, Justiça e Cidadania, ao apreciar o tema em questão: Assim, o inquérito policial, ainda que visto como procedimento administrativo pré-processual, é um instrumento prévio e de triagem contra acusações levianas e precipitadas, uma verdadeira garantia do cidadão e da sociedade, tendo dentro dele uma significativa parcela de procedimento jurídico, vez que poderá ensejar prisão e outras providências cautelares que afetam os direitos individuais. Um inquérito policial bem elaborado presta-se tanto à justa causa para a subsequente ação penal quanto à absolvição do inocente. [280]

Essa atribuição para a investigação criminal, conferida à Autoridade Policial (Delegado), não é exclusiva, já que existem outros órgãos com poderes investigatórios, como por exemplo Comissões Parlamentares de inquérito e o Ministério Público (nos contornos e requisitos definidos pelo STF no Recurso Extraordinário (RE) 593727, com repercussão geral reconhecida). No entanto, parece-nos mais adequado que a investigação criminal deva ser própria da Autoridade Policial, já que se exercida pelo Ministério Público gera grande concentração de poder e desequilíbrio entre a acusação e a defesa, atingindo, de

---

280 CABETTE, Eduardo Luiz Santos; SANNINI NETO, Francisco. Poder requisitório do delegado de polícia e sua abrangência no atual cenário normativo. **Revista Síntese: Direito Penal e Processual Penal** 90, fev./mar. 2015, p. 226-231.

certa forma, uma outra característica importante do sistema acusatório que é a paridade de armas.

Com relação à exclusividade para a investigação criminal, mesmo no que diz respeito à Polícia Federal (para a qual é guardada exclusividade do exercício da função de Polícia Judiciária da União, o que não significa desempenhar todas as investigações em âmbito federal), não é deixada de lado a existência de órgãos diversos com poderes investigatórios, desde que legalmente previstos.[281] Todavia, em se tratando do ato de indiciar, vale dizer, de atribuir a autoria de determinada infração penal a determinado indivíduo no âmbito da investigação policial, trata-se de ato privativo do Delegado de Polícia, não podendo suportar influências externas (judicial e/ou ministerial. Sobre o indiciamento, expõe Dantas Júnior:

> O indiciamento privativo é prerrogativa e atribuição da Autoridade Policial, a qual deverá promovê-lo de forma essencialmente fundamentada, indicando a materialidade, autoria e circunstâncias do delito, com a devida apreciação técnico-jurídica do fato, conforme previsão do § 6º do art. 2º da Lei 12.830/2013, *in verbis*: Art. 2º As funções de polícia

---

281 CABETTE, Eduardo Luiz Santos. Nova lei 12.830/13 - investigação pelo delegado de polícia: primeiras impressões sobre a lei 12.830/2013 - investigação criminal conduzida pelo delegado de polícia. 2013. *In*: **JusBrasil.** Disponível em: https://eduardocabette.jusbrasil.com.br/artigos/121937943/nova-lei-12830-13investigacao-pelo-delegado-de-policia. Acesso em: 27 jan. 2019.

judiciária e a apuração de infrações penais exercidas pelo delegado de polícia são de natureza jurídica, essenciais e exclusivas de Estado. § 6º O indiciamento, privativo do delegado de polícia, dar-se-á por ato fundamentado, mediante análise técnico-jurídica do fato, que deverá indicar a autoria, materialidade e suas circunstâncias. O novo diploma legal ao tratar do indiciamento como ato privativo e exclusivo da autoridade policial encerrou de uma vez por todas com a chamada requisição de indiciamento, ou seja, é vedado ao Magistrado ou Promotor de Justiça exigir, por meio da requisição, que alguém seja indiciado pelo delegado de polícia. [282]

É vedado à Autoridade Policial indiciar um indivíduo apenas por simples suspeita. Para o indiciamento é *conditio sine qua non* a existência de indícios de autoria e materialidade do delito objeto da investigação policial. A Autoridade Policial tem o dever de fundamentar o ato de indiciamento, segundo o artigo 2º, § 6°, da Lei nº 12.830/13. [283] O indiciamento, nesse sentido, consiste

---

282 DANTAS JÚNIOR, Enéas de Oliveira. A investigação criminal à luz da lei 12.830/2013. *In:* **Revista da Ejuse**, n. 21, 2010, p. 334.

283 Art. 2º As funções de polícia judiciária e a apuração de infrações penais exercidas pelo delegado de polícia são de natureza jurídica, essenciais e exclusivas de Estado. [...]. § 6º O indiciamento, privativo do delegado de polícia, dar-se-á por ato fundamentado, mediante análise técnico-jurídica do fato, que deverá indicar a autoria, materialidade e suas circunstâncias.

no ato de convencimento pessoal da autoridade investigante, não cabendo, de forma alguma, ao promotor ou ao juiz a exigência de que alguém seja indiciado pela autoridade policial. Entretanto, havendo discordância jurídica pelo Ministério Público, é possível que ele denuncie qualquer suspeito, não estando preso à definição jurídica dada pela autoridade policial no inquérito. Ainda, segundo Dantas Júnior, *"é possível que o membro do Parquet denuncie qualquer suspeito envolvido na investigação criminal, competindo-lhe, requisitar do Delegado de Polícia, a identificação criminal e o relatório acerca da vida pregressa do indiciado"*.

Deve o Delegado de Polícia apontar os elementos de convicção existentes nos autos, no que diz respeito à autoria, materialidade e outras circunstâncias que o induziram a formalizar o indiciamento. Conforme já ressaltado, verificada a prática de um delito nasce o direito/dever de punir para o Estado. Entretanto, para que exista o direito de punir, o ato praticado pelo agente deve ser classificado como uma infração penal. Um fato é formalmente típico quando contraria a norma penal e, materialmente típico, quando a conduta criminosa gera lesão ou perigo de lesão a determinado bem jurídico penalmente tutelado, devendo ser valorada a conduta praticada e o resultado causado.

Nesse sentido, o Princípio da Insignificância impacta diretamente a tipicidade material do delito, já que é analisado de acordo com a lesão ou perigo de lesão ao bem jurídico. Também conhecido como Princípio da Bagatela, pode-se dizer que ele é um desdobramento

Constitucionalização da Investigação Policial

do Princípio da Intervenção Mínima que determina que o Direito Penal deva ser aplicado apenas quando necessário, mantendo-se fragmentário e subsidiário. Em outras palavras, o Direito Penal apenas intervém quando as demais esferas restaram frustradas e quando presente lesão ou perigo de lesão ao bem jurídico tutelado pelo Direito Penal.

A Lei nº 12.830/2013, analisado o § 1º, do art. 2º, em nossa posição, possibilita ao Delegado de Polícia, aplicar, na fase inquisitorial, o Princípio da Insignificância, já que a averiguação também da tipicidade material passa a ser um dever deste e um direito do investigado. Apesar de não ser matéria pacífica, temos que a Lei nº 12.830/2013 consolida o entendimento de que a autoridade policial não se restringe apenas à análise formal da tipicidade, devendo perpassar pelos demais substratos da infração penal a fim de verificar a existência ou não de sua configuração. Somente diante de uma infração penal delineada é possível justificar eventuais medidas restritivas adotadas em sede policial. Sobre a possibilidade de o Delegado de Polícia aplicar o Princípio da Insignificância, aduz Brentano:

> Dito isso, resta claro que as atividades da autoridade policial não possuem cunho meramente administrativo, mas, sim, pré-processual, sendo o delegado de polícia o primeiro a realizar uma análise técnico-jurídica do caso concreto, devendo resguardar os direitos e garantias fundamentais daquele a quem se

atribui a prática de uma infração penal. Nesta condição, faz claro juízo de valor acerca dos fatos que lhe são apresentados, verificando não apenas a presença de indícios de autoria e materialidade, mas, também e principalmente, os elementos que compõem o crime, quais sejam: tipicidade, ilicitude e culpabilidade.

Portanto, estando o delegado de polícia diante de uma situação fática que permita a aplicação do princípio da insignificância, assim deverá proceder, seja deixando de lavrar o auto de prisão em flagrante, seja não instaurando inquérito policial, ou, ainda, deixando de indiciar o investigado, caso já em tramitação o procedimento policial, decisão, porém, que deverá ser sempre fundamentada. A aplicação do princípio da bagatela, já na fase policial, evita constrangimentos desnecessários ao investigado, decorrentes da adoção de providências de polícia judiciária por fato materialmente atípico, faltando justa causa para tanto. Além disso, a lavratura de um auto de prisão em flagrante e a instauração de um inquérito policial geram altos custos decorrentes da movimentação da máquina estatal, os quais, suportados pela coletividade, poderiam ser evitados com a adoção do princípio da insignificância pelo delegado de polícia. [284]

Saliente-se que entendemos ser salutar que em seu despacho/decisão pela inexistência de infração penal, deve o Delegado de Polícia mencionar os contornos e requisitos da decisão do Supremo Tribunal Federal, em que tal princípio foi reconhecido em nosso ordenamento pela jurisprudência da Corte Suprema, pois desta forma, restará evidente que pautou sua decisão em total consonância com o ordenamento jurídico, eis que o Supremo Tribunal Federal é o guardião e interprete último de nossa Bíblia Política. O STF fixou como requisitos: mínima ofensividade da conduta, nenhuma periculosidade social da ação, reduzido grau de reprovabilidade do comportamento e inexpressividade da lesão jurídica provocada. Em que pese haver críticas doutrinárias no sentido de que tais critérios são redundantes e acabam por trazer para análise da tipicidade que é objetiva, critérios subjetivos, alguns envolvendo condições pessoais do agente que são analisadas propriamente na culpabilidade, entendemos que o Delegado de Polícia, na fundamentação de seu despacho, analisando caso a caso, deve deixar claro os critérios que foram utilizados em sua interpretação, atentando-

---

284 BRENTANO, Gustavo de Mattos. A aplicação do princípio da insignificância pelo delegado de polícia. 2018. *In:* **Revista Consultor Jurídico.** Disponível em: https://www.conjur.com.br/2018-fev-28/gustavo-brentano-usoprincipio-insignificancia-delegado. Acesso em: 27 jan. 2019.

-se inclusive que tipicidade material não está necessariamente vinculada a pequeno valor do objeto material do delito, não pode, por exemplo, a pretexto de aplicar a princípio da insignificância, não aplicar a disposição prevista no art. 155 § 2º do CP, qual seja, o furto privilegiado, em que o criminoso é primário e é de pequeno valor a coisa furtada.

Assim, caso a Autoridade Policial não constate a tipicidade material acerca do delito a ser apurado, poderá descrever tal situação em seu relatório final, usando-a como fundamento e justificativa para não indiciar um indivíduo por fato que entende ser materialmente atípico. Das análises até aqui feitas, necessária se faz a menção aos princípios pertinentes à devida investigação criminal e a Lei nº 12.830/2013 que serão abordados nos tópicos a seguir.

4.2.1 Princípio da Devida Investigação Criminal (implícito constitucional e corolário do devido processo legal)

Como visto até o presente, não há nenhum dispositivo legal na legislação brasileira que delibere sobre o conceito de investigação criminal. Embora façam referência, a Constituição Federal, o Código de Processo Penal e a Lei nº 12.830/13 não articulam precisamente sobre o que vem a ser a atividade de investigação criminal. Desta forma, não há conceito taxativo de investigação criminal, do ponto de vista normativo. Da leitura desses dispositivos legais é possível concluir que a investigação criminal tem como desígnio a apuração das infrações penais e que tal encargo é atribuição precípua da Polícia Judiciária. O ponto de partida da persecução penal é a investigação criminal, ou seja, é início da atividade de verificação de determinado fato, supostamente criminoso.

A devida investigação criminal implica no respeito à Constituição e aos direitos individuais por parte do Estado, vez que os direitos/garantias fundamentais limitam o que deve ou não ser feito numa investigação criminal. O texto constitucional é cristalino ao aludir que, via de regra, a apuração de infrações penais e a execução dos encargos de Polícia Judiciária competem à Polícia Federal e às Polícias Civis, conservando às Polícias Militares, o policiamento ostensivo e a preservação da ordem pública. Assim, as atribuições dos órgãos de segurança pública estão elencadas de forma que não admitem margem para dúvidas de qual é a função de cada instituição, de modo que a atividade de investigação criminal pertence à polícia judiciária.

A regra prevista no *caput* do art. 4° do Código de Processo Penal – "a polícia judiciária será exercida pelas autoridades policiais no território de suas respectivas circunscrições e terá, por fim, a apuração das infrações penais e da sua autoria" – e as regras inseridas no art. 2° *caput* e § 2° da Lei nº 12.830/13 – "as funções de polícia judiciária e a apuração de infrações penais exercidas pelo delegado de polícia são de natureza jurídica, essenciais e exclusivas de Estado" e "ao delegado de polícia, na qualidade de autoridade policial, cabe a condução da investigação criminal por meio de inquérito policial ou outro procedimento previsto em lei, que tem como objetivo a apuração das circunstâncias, da materialidade e da autoria das infrações penais", respectivamente – mantêm afinidade harmônica com a Constituição Federal, pois corroboram com a condução da investigação criminal pela polícia judiciária. Segundo Barbosa:

Verifica-se, portanto, a razão de os órgãos do sistema de Justiça criminal terem explicitadas as suas funções e serem todas consideradas como essenciais à administração da Justiça, inclusive a função investigativa da polícia judiciária, na qual, após a Constituição de 1988, passou a ser dirigida por um delegado de polícia de carreira, bacharel em Direito, cargo acessível por concurso público, exatamente como as demais carreiras jurídicas que integram o sistema de Justiça criminal. Salienta-se que a polícia judiciária não obstante estar alocada na Carta Política, no capítulo sobre Segurança Pública, se insere

Constitucionalização da Investigação Policial   245

no título V (Da Defesa do Estado e das Instituições Democráticas), o que não a exclui da função precípua de ser uma garantidora dos direitos fundamentais do investigado e, por isso, em especial a polícia judiciária [...] Diante dessa necessária democratização da Justiça penal, notadamente dos órgãos nela atuante, a fundante independência natural que emerge das funções desempenhada pelos órgãos, e por isso, juiz natural, promotor natural, defensor natural e delegado natural. Nos dedicaremos ao último.[285]

Em outras palavras, a atividade investigativa policial será realizada pelas instituições que carregam as atividades de Polícia Judiciária em seu bojo. Como nos ensina Nicolitt, a Polícia Judiciária, por compor o sistema de Justiça criminal, é a *"protagonista da investigação criminal que exerce função essencial à Justiça, como garantia implícita na Constituição"*.[286] Nesse sentido, as atividades desempenhadas pelas Polícias Judiciárias ligam-se à Justiça Penal de forma direta e à segurança pública de forma indireta. Mesmo diante

---

285 BARBOSA, Ruchester Marreiros. Delegado natural é princípio basilar da devida investigação criminal. 2015. *In:* **Revista Consultor Jurídico.** Disponível em: https://www.conjur.com.br/2015-out-06/academia-policiadelegado-natural-principio-basilar-investigacao-criminal. Acesso em: 28 jan. 2019.

286 NICOLITT, André. Manual de Processo Penal. 5 ed. rev. Atal e ampl. São Paulo: Revista dos Tribunais, 2015, p. 47-50.

dos comandos constitucionais que definem as atribuições dos órgãos estatais, o Supremo Tribunal Federal firmou o entendimento de que o Ministério Público pode conduzir investigações de natureza criminal, por meios próprios, sendo que, como visto anteriormente, inexiste comando legal que autorize tal inferência. Sobre tal entendimento, brilhantes são as considerações de Hoffmann e Nicolitt:

> Por mais importante que seja o discurso combate à criminalidade, não têm o condão de autorizar a subversão da divisão constitucional de atribuições. A sanha utilitarista não pode jogar por terra garantias que não foram conquistadas do dia para a noite. Daí sempre termos sustentado que a investigação direta pelo Ministério Público é algo que não se pode admitir. Todavia, surpreendentemente não foi esse o caminho trilhado pelo STF, em que pese o alerta do vencido ministro Marco Aurélio no sentido de ser "inconcebível é um membro do Ministério Público colocar uma estrela no peito, armar-se e investigar [...] prejudicando o contraditório e inobservando o princípio da paridade de armas". A maioria entendeu pela possibilidade de investigação pelo Parquet. A partir da decisão da Corte Suprema, cessaram os debates no meio jurídico, cujo alarde resumia-se praticamente à tese

primeira de poder ou não o MP investigar. Porém, o aspecto mais importante do julgado foi negligenciado, a saber, os limites e condições para a investigação direta do Ministério Público. [287]

São limites da investigação direta do Ministério Público a prevalência da requisição da instauração de inquérito sobre a deflagração de investigação, a excepcionalidade e subsidiariedade da apuração, a condução sob sua direção e até sua conclusão, a incoerência de *bis in idem*, consideração aos princípios e regras que norteiam o inquérito policial, bem como o respeito ao limite legal da investigação criminal brasileira. Apesar de muito se discutir sobre qual seria o órgão competente para efetuar investigações preliminares, defende-se a possibilidade de o Ministério Público realizar tais investigações em casos específicos. Todavia, resta evidente que, ao menos de forma clara e explícita, a investigação preliminar cabe à Polícia Judiciária, cabendo ao Ministério Público o controle externo da atividade policial (art. 129 e 144 da Constituição Federal de 1988), logo é precipuamente função das Polícias Judiciárias.

Sem prejuízo, a Constituição previu a possibilidade de outros órgãos realizarem atos de investigação diversos, como ocorre com o Ministério Público nos

---

287 HOFFMANN, Henrique; NICOLITT, André. Investigação criminal pelo Ministério Público possui limites. 2018. *In:* **Revista Consultor Jurídico.** Disponível em: https://www.conjur.com. br/2018-jul-30/opiniaoinvestigacao-criminal-mp-possui-limites. Acesso em: 28 jan. 2019.

inquéritos civis. Porém, no que tange a apuração de fatos criminosos, o protagonismo constitucional está na Polícia Judiciária, objetivando a obtenção de elementos que possam esclarecer sobre a possível necessidade de processo penal posterior. Deste modo, esta fase inicial da persecução penal é realizada por um ente imparcial, que não possui ligação direta com o processo, ou com as possíveis futuras partes, separando-se perfeitamente as funções do Estado.

Segundo Nunes[288], o inquérito policial obedece a procedimento proposto para agrupar os elementos necessários à apuração da autoria e materialidade de determinada infração penal. Inicia-se então a *persecutio criminis* através da Polícia Judiciária, sendo o Ministério Público o responsável por levar, através da denúncia, o fato delituoso e a sua autoria ao conhecimento do Juiz, pedindo a punição do criminoso. Não é possível, segundo o autor, negar a parcialidade do Ministério Público no momento da investigação criminal, já que é a parte acusatória no processo posterior (quando tratar-se de ação penal pública), o que feriria o princípio da paridade de armas necessária ao sistema acusatório, ora, como poderia o Ministério Público atuar em favor do investigado, se tem pela frente uma ação judicial? Cabette esclarece:

> Como já externado em outro trabalho, este autor não considera adequada a

---

288 NUNES, Marcelo Alves. **Duração razoável da investigação criminal:** uma garantia fundamental do investigado. Dissertação (Mestrado), Uninove, 2013, p. 120.

investigação criminal conduzida pelo Ministério Público por uma série de questões de ordem puramente jurídica, as quais se enumera a seguir sem adentrar em desenvolvimento que não cabe neste momento: a) O óbice da *legalidade* consistente no fato concreto de que não existe lei alguma que regule essa espécie de investigação. É indefensável pretender que uma Resolução (Resolução 13/06 do

Conselho Nacional do Ministério Público) possa fazer as vezes de "lei" processual penal, a qual é de competência privativa da União através de "Lei Federal" (artigo 22, I, CF). Portanto, não se pode admitir que um órgão estatal de tamanha relevância e dignidade atue à margem da lei e da Constituição, ou seja, atue "marginalmente". E não se pode imaginar que eventual arrimo constitucional para esse suposto poder investigatório ministerial seja suficiente para que o órgão o coloque em prática sem uma lei que o regulamente. É sabido, até por um jejuno primeiro anista de Direito, que a Constituição Federal não é Código de Processo Penal. Se essa atribuição pode ser extraída do texto constitucional, então se deve primeiro promulgar uma lei que regulamente a investigação ministerial para depois poder realizá-la de forma legítima. b) A questão da *imparcialidade*, consistente no fato de que em um sistema acusatório ideal é desejável que sejam separadas as quatro funções da persecução penal, quais sejam: investigação, acusação, defesa e julgamento. Então é desejável que um órgão isento faça a investigação, outro formule a convicção sobre a denúncia ou não, outro exercite a plena defesa e um último profira a decisão do caso. A confusão de funções cria desequilíbrio e exige do homem (v. G. Do Promotor) aquilo que somente se pode esperar de deuses. E tem sido muito comum que o mesmo Promotor que investiga formule a peça acusatória e siga no processo até o fim. Note-se, inclusive, que isso entra em colisão com disposição expressa do Código de Processo Penal vigente. Segundo o artigo 252, II, CPP, o Juiz fica impedido de processar e julgar uma causa onde tenha atuado anteriormente na qualidade de Autoridade Policial. Pois bem, as mesmas normas de impedimento e suspeição servem para o Ministério Público nos termos do artigo 258, CPP. Portanto, se o Promotor era Delegado do mesmo caso, não pode nele atuar. Por que poderia investigar na qualidade de Promotor e ele mesmo acusar? Seria a Súmula 234 do STJ um permissivo, na medida em que afirma que a 'participação' do membro do Ministério Público na fase investigatória não o impede ou torna suspeito para a denúncia? A resposta óbvia é que não. A Súmula trata somente da participação, pois que o Ministério Público sempre 'participa' da fase investigatória (v. G. Manifestações em pedidos de prazo durante todo o andamento do feito; manifestações em prisões provisórias e outras medidas cautelares; requerimentos de diligências ou cautelares na fase investigatória; eventuais acompanhamentos de diligências policiais tais como interrogatórios e oitivas de testemunhas juntamente com o Delegado que preside o feito; acompanhamento facultativo previsto na Lei de interceptações telefônicas quanto a essas diligências etc.). Mas, 'participar' não é o mesmo que 'conduzir' ou 'presidir', muito menos ser a Autoridade Policial ou alguém que atua tal e qual. Essas parecem ser as duas principais motivações jurídicas para o impedimento de uma investigação ministerial no atual estado da arte da legislação brasileira. Não obstante, se algum dia for satisfeita a legalidade, ou seja, promulgando-se uma legislação autorizadora e reguladora da Investigação Ministerial, não se vê qualquer óbice a que mais um órgão atue na repressão à criminalidade. Agora, um requisito que se considera imprescindível é que o Promotor que investiga não seja o mesmo que formula o juízo de convicção para a acusação ou arquivamento e muito menos o que prossiga no processo. [289]

Em outras palavras, segundo o autor supracitado, nem mesmo a Súmula 234 STJ colocou fim à discussão, vez que ela somente assevera não haver impedimento de atuação no processo por parte de Promotor que participou da investigação (sendo que participar é diferente de atuar diretamente). Além disso, cumpre destacar que o Inquérito Policial funda uma garantia ao investigado, ao passo que impede que um inocente seja submetido a processo desnecessário e garante que a máquina do Poder Judiciário não seja acionada em vão, evitando o dispêndio de recursos financeiros e humanos por parte do Estado.

---

289 CABETTE, Eduardo Luiz Santos. Nova lei 12.830/13 – investigação pelo delegado de polícia: primeiras impressões sobre a lei 12.830/2013 – investigação criminal conduzida pelo delegado de polícia. 2013. *In:* **JusBrasil.** 2013. Disponível em: https://eduardocabette.jusbrasil.com.br/artigos/121937943/nova-lei-12830-13investigacao-pelo-delegado-de-policia. Acesso em: 27 jan. 2019.

Constitucionalização da Investigação Policial 253

Demonstra-se imprescindível que as investigações preliminares sejam efetuadas por um órgão oficial e imparcial, com atribuições previstas na Constituição Federal, tornando o inquérito policial, na prática, o melhor instrumento na apuração de infrações penais e sua autoria. Isso porque, outros meios investigatórios não se cercam das mesmas garantias ao investigado e sobretudo por outras instituições não contarem com uma previsão legal e constitucional expressa para investigar. Um devida investigação criminal é aquela realizada de modo imparcial, sendo imperativo, sob pena de caracterizar abuso de poder estatal, que seja feita por órgão com atribuição constitucional, baseada na legalidade e que tem sua realização pautada em observância aos direitos e garantias fundamentais do investigado, que por sua vez, devem ter sua a máxima aplicabilidade possível já na fase investigatória.

4.2.2 Princípio da Inamovibilidade relativa do Delegado de Polícia e do Delegado natural

O Processo Penal brasileiro, conforme já explicitado, é dividido em duas fases, sendo uma administrativa/investigativa e a outra judicial (instrução criminal em juízo destinada à verificação da culpa). A fase investigativa é formal e substancialmente administrativa, porém com finalidade judiciária e é direcionada à apuração do crime, sendo dirigida, em regra, pela Polícia Judiciária. O Delegado de Polícia durante a investigação exerce juízos valorativos e assim como o juiz, deve ser dotado de imparcialidade e independência. De acordo com o art. 5º, LIII, da Constituição Federal, ninguém será processado ou sentenciado senão pela autoridade competente, sendo garantido o tratamento isonômico, preservada a dignidade da pessoa humana, evitando-se perseguições dentro do Estado Democrático de Direito. No entanto, a partir da verificação que o inquérito policial é um meio de realização do procedimento preliminar investigatório, urge a concretização do Princípio do Delegado de Polícia Natural como meio de o Estado empreender esforços contra abusos, desvios de poder ou excessos, bem como eventuais favorecimentos de classes mais poderosas com maior influência política, já na fase investigatória.

Algumas garantias são asseveradas à atividade investigativa da Polícia, como a essencialidade das funções de Polícia Judiciária e apuração das infrações penais, autoria e materialidade, dentre elas: o livre convencimento técnico-jurídico do presidente da investigação, a isenção e imparcialidade nas investigações, a garantia do Delegado de Polícia Natural e sua inamovibilidade relativa, entre outras. Destaca-se o art. 2º, §§ 4º e 5º da Lei nº 12.830/2013[290]. Em outras palavras, a

---

290 Art. 2º As funções de polícia judiciária e a apuração de infrações penais exercidas pelo delegado de polícia são de natureza jurídica, essenciais e exclusivas de Estado. [...]. § 4º O inquérito policial ou outro procedimento previsto em lei em curso somente poderá ser avocado ou redistribuído por superior hierárquico, mediante despacho fundamentado, por motivo de interesse público ou nas hipóteses de inobservância dos procedimentos previstos em regulamento da corporação que prejudique a eficácia da investigação. § 5º A remoção do delegado de polícia dar-se-á somente por ato fundamentado.

garantia de um processo/procedimento justo e posto nos limites legais (considerando o caráter democrático estabelecido pela investigação criminal) impõe a concretização do Princípio do Delegado Natural. Portanto, a regra é que a designação do delegado com atribuição para ponderar a matéria/investigar seja anterior ao fato a ser apurado e o exercício de suas atribuições seja alheio às influências externas e permanente, de modo que garanta a independência, imparcialidade e eficácia da investigação.

Defendemos a aplicação do princípio do Delegado Natural, como forma de garantir a independência funcional do Estado-Investigação, presentado pela Autoridade Policial, sendo necessário conferir ao delegado de polícia as prerrogativas de inamovibilidade à similitude do que ocorre com o juiz natural. Trata-se de uma garantia individual importante, prevista na Constituição Federal, ou seja, o juiz natural (previamente designado em lei, antes do cometimento do crime, para julgar o criminoso, não sendo possível a escolha de um juiz específico para o caso), entretanto, sabemos que esse entendimento não é majoritário.

Essa inamovibilidade não significa a absoluta impossibilidade de movimentação da autoridade de polícia judiciária, mas a colocação de rígidos limites à sua remoção, sendo a baliza fundada no real interesse público. O fato é que a remoção não pode se dar com base em fundamentos fraudados ou genéricos a pretexto de realização do "interesse público". A expressão "interesse público" é vaga, devendo ser aferida no caso concreto. Para que seja possível tal aferição e fiscalização da real motivação do ato administrativo, a fundamentação deve conter os critérios que foram utilizados, onde a autoridade administrativa responsável pelo ato de remoção, deixa expresso os motivos do ato, sendo possível verificar se os motivos e critérios preenchem ou não de forma satisfatória a expressão "interesse público". Acrescente-se que a Lei Federal nº 12.830, de 20 de junho de 2013 dispõe no seu artigo 2º, § 5º que a remoção do delegado de polícia dar-se-á somente por ato fundamento. Entretanto, a despeito da referida norma, na ausência da previsão de critérios objetivos, os atos de remoção de autoridades policiais continuam sendo "fundamentados" apenas como sendo *de interesse da administração*", de forma genérica, o que em verdade corresponde a verdadeira ausência de motivação e burla do texto legal. O Delegado de Polícia deve ter sua independência e imparcialidade protegidas, é um operador do direito que não pode ter sua atuação pautada pelo interesse da administração ou do governo e sim na legalidade e na Constituição. Deve tomar diretrizes e decisões sempre tendo em mente que a instituição que integra pertence o Estado e não ao governo ou ao governante Daí a relevância da própria lei 12.830/13 assegurar e explicitar no art. 2º que *"As funções de polícia judiciária e a apuração de infrações penais exercidas pelo delegado de polícia são de natureza jurídica, essenciais e exclusivas de Estado."*

A preocupação maior reside no fato de se evitar que investigações sejam retiradas da presidência de autoridades, de forma indireta, ou seja, por transferências sem justo motivo, visando atender interesses que se distanciam da moralidade administrativa e do real interesse público.

A remoção arbitrária do delegado fere de morte a pretensa prerrogativa da inamovibilidade e afasta outras garantias que, por sua vez, podem refletir em direitos dos sujeitos da investigação, seja vítima ou autor. Nesta direção, cita-se decisão judicial, proferida na comarca de Jales no interior de São Paulo, reconhecendo o princípio do delegado natural como direito fundamental da sociedade e das pessoas investigadas, e a imprescindibilidade de libertar o delegado de qualquer espécie de pressão política[291]

> "Para fins, pois, de garantia do interesse público nas investigações criminais, subtraindo os delegados das pressões internas e externas, é possível dizer que hoje já exista o princípio do delegado natural. Isso lhes assegura uma independência tal, que poderão investigar, com tranquilidade, não apenas aquela parcela majoritária da população que é desprovida de recursos materiais e poder político, mas todo e qualquer cidadão que infrinja a lei penal, a casta intocável dos poderosos. Não poderão ser destacados do inquérito policial a que presidem, nem ser desrespeitosamente designados para outra

---

291 (Processo 001985-98.2014.8.26.0297, Comarca de Jales/SP, Juiz de Direito Fernando Antônio de Lima, DJ 02/10/2014).

delegacia de polícia, quando atuam nos lindes do interesse público (...) Passa a constituir direito fundamental da sociedade e das pessoas investigadas não só o acesso ao princípio do juiz natural e do promotor natural, mas também do delegado natural, com a correlata e importante garantia da inamovibilidade. A investigação criminal, etapa fundamental da persecução penal, cerca os agentes políticos por ela responsáveis das garantias de independência necessárias ao fomento da cidadania e dos princípios republicanos".

Na lição de Márcio Adriano Anselmo, "*o princípio do delegado natural garante a tranquilidade do investigador que, utilizando os meios legalmente admitidos, assegurando as garantias democráticas, tem a missão de buscar a verdade possível. A autonomia investigativa do delegado e a sua independência em relação à defesa e à acusação garante a inércia do Judiciário durante a fase pré-processual. De tal modo, verifica-se a importância da Polícia Judiciária, enquanto função essencial à justiça, no fortalecimento do sistema acusatório*"[292].

Espera-se, portanto, que ao art. 2, § 5º lei 12.830/13 "*a remoção do delegado de polícia dar-se-á somente por*

---

292 ANSELMO, Márcio Adriano; BARBOSA, Ruchester Marreiros; GOMES Rodrigo Carneiro; HOFFMANN, Henrique; MACHADO, Leonardo Marcondes. Investigação Criminal pela Polícia Judiciária Rio de Janeiro: Lumen Juris, 2016.

ato fundamentado", seja dada uma devida leitura conforme a Constituição. A inamovibilidade, ainda que relativa, do Delegado de Polícia, deve servir como forma de garantia da sua autonomia e da desejada continuidade das investigações em curso, de forma imparcial. Vale dizer, uma leitura que reflita a vontade constitucional de que a Polícia Judiciária cumpra sua função de apurar as infrações penais, através da investigação policial instrumentalizada pelo inquérito policial presidido pelo Delegado de Polícia, que por sua vez deve ser dotado de poderes, deveres e garantias na busca da verdade possível, atuando com respeito à legalidade e aos direitos e garantias individuais, visando a elucidação do fato para a realização de uma justiça penal eficaz.

Para que o Estado-Investigação promova apurações isentas e imparciais, é preciso que a autoridade de polícia judiciária não decida sob o temor de injustas represálias, não devendo se sujeitar a vicissitudes sociais, econômicas e políticas. E uma das formas mais comuns de retaliação é justamente por meio da remoção, de tal forma, que a inamovibilidade relativa, atende ao conceito do Constitucionalismo na sua vertente de limitação do poder estatal, uma vez que veda ao Estado a escolha de um investigador "*ad hoc*", vedando assim uma possível "escolha a dedo" de quem vai investigar e o que e a quem pode ou não investigar.

A observância do princípio do delegado natural evitaria as remoções injustificadas de autoridades policiais, garantindo a tranquilidade do investigador que, utilizando os meios legalmente admitidos, agiria com maior segurança em busca da verdade dos fatos. O que por sua vez, como já fora dito, além de garantir maior imparcialidade nas investigações, representa maior garantia para os sujeitos da investigação (investigados e vítimas) além de uma saudável limitação ao Estado-investigador que, para efetuar uma remoção, teria que motivá-la em razões de interesse público.

A motivação de um ato administrativo não se confunde com seus motivos, pois é a explanação destes. Todo ato administrativo deve ter seus motivos devidamente tornados públicos, com a indicação dos fatos e dos fundamentos jurídicos, de forma explícita, clara e congruente, de forma a viabilizar o controle jurídico e social das decisões. Em que pese remoções de delegados serem atos discricionários, discricionariedade não se confunde com arbitrariedade. Na discricionariedade é permitido ao administrador fazer um juízo de valor a fim de averiguar a conveniência e oportunidade do ato. Essa permissão dada ao administrador não deve ser confundida com arbitrariedade, pois essa análise subjetiva e valoração dos fatos ainda são sujeitas aos moldes da lei, visto que, ainda que a lei não feche todo o conteúdo, ela dá o contorno de como deverá ser feita essa análise por parte do administrador. Aqui no caso específico, a conveniência e oportunidade do ato de remoção ficam adstritas ao interesse público relacionado diretamente com a atividade investigatória, como por exemplo uma: comprovada ineficiência e improdutividade na realização da atividade investigatória, que por sua vez é muito dinâmica.

Conforme já ressaltado, não há mais lugar para motivações administrativas com a mera utilização de termos genéricos que sirvam a qualquer hipótese. Exige-se que a decisão esteja lastreada em elementos concretos. Meras ilações ou conjecturas generalistas não autorizam que a administração pública, alegando da conveniência e oportunidade, pratique verdadeiras arbitrariedades.

É indispensável que o administrador aponte, de maneira efetiva, as circunstâncias fáticas que justifiquem a medida, sob pena de manifesta ilegalidade. Não satisfazem parâmetros unicamente subjetivos. Há que se perquirir a presença de indicadores palpáveis da exigibilidade da medida adotada, a não ser que se queira substituir a discricionariedade pela arbitrariedade. Nesse sentido caminhou o Superior Tribunal de Justiça ao julgar o recurso em mandado de segurança – STJ, RMS 37.327:

> "O interesse do serviço que autoriza a excepcional remoção *ex officio* é o interesse concreto, demonstrado, comprovado, fundado em motivos reais e palpáveis. Admitir que as remoções possam ser operadas com base em justificações abstratas de interesse público – que já constitui em si um conceito jurídico indeterminado por excelência – equivaleria a admitir a prática de ato administrativo à total revelia de justificação legítima, o que conduziria à im-

possibilidade de sindicar a sua juridicidade.[293]

Ainda sob a ótica da atuação administrativa estatal, motivar é explicar as razões fáticas e jurídicas da Administração para prática de ato administrativo de forma suficiente para se conferir legitimidade substancialmente legal de tal atividade pública.

Nas lições de Marcello Caetano, "*os motivos devem aparecer como premissas donde se extrai logicamente a conclusão, que é a decisão*". *Isto é, se há contradição entre a fundamentação e a decisão, essa incongruência não pode deixar de influir na validade do ato*".[294]

A fundamentação, portanto, pode ser entendida como uma exposição enunciadora das razões ou motivos da decisão, ou então como recondução do decidido a um parâmetro valorativo que o justifique: no primeiro sentido, privilegia-se o aspecto formal da operação, associando-a à transparência da perspectiva decisória; no segundo, dá-se relevo à idoneidade substancial do ato praticado, integrando-o num sistema de referência em que encontre bases de legitimidade.

A autonomia investigativa do Delegado, bem como a sua independência em relação à defesa/acusação, assevera a inércia do Poder Judiciário durante a etapa pré-processual. Fortalece-se o próprio sistema acusatório com a inserção da função de "investigar"

---

293 STJ, RMS 37.327, Rel. Min. Herman Benjamin, DJ 20/08/2013.

294 CAETANO, Marcello. Princípios fundamentais do direito administrativo, p. 124-125.

Constitucionalização da Investigação Policial

dentre as essenciais para realização da Justiça. Muito se ressalta no sistema acusatório a necessária separação entre as funções de "acusar", "julgar" e "defender", preocupando-se a maioria dos autores apenas em concentrar seus estudos e pesquisas em garantias e prerrogativas para que essas funções sejam realizadas de forma satisfatória, deixando em segundo plano a função de "investigar" que integra o jogo processual penal e a Justiça penal uma vez que caracteriza a sua primeira fase. Eventual restrição a direitos fundamentais do investigado dar-se-á frente ao interesse maior da persecução penal e da coletividade, porém dentro de limites legais e constitucionais e não por fatores seletivos. Na investigação existem regras claras que devem ser obedecidas, um singelo exemplo está no art. 22 do Código de Processo Penal. O Delegado de Polícia possui atribuição para apurar os fatos ocorridos dentro de sua circunscrição, podendo realizar diligência em outra circunscrição dentro da mesma comarca. Diligência em comarca diversa necessita de expedição de carta precatória, vale dizer, existem delimitações legais claras na atividade investigativa e no seu alcance, inclusive territorial.

Acrescente-se que a investigação policial somente poderá ser avocada, segundo o art. 2º, § 4º, da Lei nº 12.830/2013, se consubstanciado o motivo de interesse público ou se presentes as hipóteses de inobservância dos procedimentos previstos em regulamento da corporação que embarace a eficácia da investigação. O Ordenamento Jurídico Brasileiro, da mesma forma que ocorre com o juiz, com o promotor e com o defensor, nos termos do Princípio da Autoridade Natural, positivo, por meio da Lei nº 12.830/2013, o entendimento do Delegado Natural como autoridade pública presidente do inquérito policial. Sendo assim, a discricionariedade excessiva que existia em relação a qual autoridade teria atribuição para realizar os procedimentos investigativos, bem como a possibilidade de designação de um Delegado diverso daquele com atribuição original, passou a ser restringida pelo Princípio do Delegado Natural positivado no aparelho jurídico brasileiro. Por conseguinte, a remoção da autoridade policial só ocorrerá por ato fundamentado, de acordo com o disposto do art. 2º, § 5º, da Lei nº 12.830/2013. A remoção arbitrária do Delegado atinge outras garantias, além da prerrogativa da inamovibilidade relativa, inclusive dos sujeitos da investigação, conspurcando o Princípio do Delegado Natural. Sobre o assunto, preconiza Hoffmann:

> Cumpre sublinhar que, assim como nas fundamentações judiciais, não há mais lugar para motivações administrativas que se limitem à mera cópia de dispositivos legais ou utilização de termos genéricos que sirvam a qualquer hipótese. Exige-se que a deliberação esteja lastreada em elementos concretos. Meras ilações ou conjecturas desprovidas de base empírica não autorizam que a administração pública afete a esfera de direitos do servidor público. [...] Pois bem. Dentre os diversos atos administrativos, destaca-se a remoção, que tra-

duz o deslocamento do servidor para outra lotação, a pedido ou de ofício pela administração pública. A decisão do administrador em remover algum servidor público deve ser tomada *cum grano salis*, por afetar não só a vida profissional do agente, mas principalmente sua esfera particular, não se olvidando que a família, base da sociedade, deve contar com especial proteção do Estado (artigo 226 da Constituição Federal). [...] Para que o Estado-investigação promova apurações isentas e imparciais, é preciso que a autoridade de polícia judiciária não decida sob o temor de injustas represálias, não devendo se sujeitar a vicissitudes sociais, econômicas e políticas. E uma das formas mais comuns de retaliação é justamente por meio da remoção. Nesse panorama, surgiu a Lei 12.830/13. [...] só há que se falar em remoção do delegado de polícia de uma delegacia a outra se restar inequivocamente demonstrado, mediante detalhada fundamentação, o interesse público da medida. Não se trata de favor pessoal, senão de instrumento de preservação da liberdade e independência da autoridade policial no exercício da função, que gera reflexos em um dos bens jurídicos mais caros

> ao cidadão, qual seja, a liberdade. [...] Essa inamovibilidade não significa a absoluta impossibilidade de movimentação da autoridade de polícia judiciária, mas a colocação de rígidos limites à sua remoção, sendo a baliza fundada no interesse público. Aliás, não há inamovibilidade absoluta nem mesmo para o magistrado ou membro do Ministério Público. O fato é que a remoção não pode se dar com fundamentos fraudados ou genéricos. [295]

Conforme ressaltado, com o reconhecimento de prerrogativas, o Delegado de Polícia terá maior segurança no exercício de suas funções, ficando menos suscetível a eventuais pressões internas e/ou externas. Ser investigado por um Delegado natural, dotado de autonomia e independência, acaba por revelar-se verdadeiro direito fundamental, vedando-se a designação de um Delegado de Exceção, especificamente para investigar determinado fato ou pessoa, muitas vezes com uma finalidade já predefinida pelo Governante que o designou, razão pela qual a inamovibilidade relativa do Delegado de Polícia traduz uma garantia do cidadão, muito além de uma mera prerrogativa do cargo, até porque, como já fora mencionado, em um sistema

---

295 HOFFMANN, Henrique. Inamovibilidade é prerrogativa do delegado e garantia do cidadão. 2015. *In:* **Revista Consultor Jurídico.** Disponível em: https://www.conjur.com.br/2015-out-27/academia-policiainamovibilidade-prerrogativa-delegado-garantia-cidadao#_ftnref12. Acesso em: 28 jan. 2019.

constitucional democrático, cabe muitas vezes ao Delegado de Polícia um papel contramajoritário, devendo suportar pressões, zelando pela escorreita aplicação do direito e garantindo os direitos fundamentais já na fase pré-processual.

4.2.3 Princípio da Duração Razoável da Investigação Criminal

Neste tópico abordaremos algumas considerações acerca do direito à duração razoável do processo, inserido na Constituição Federal de 1988, em seu art. 5º, inciso LXXVIII, incluído pela Emenda Constitucional nº 45, de 08 de dezembro de 2004, intitulada "Reforma do Judiciário". Será explicitado ainda, que não existem fatores objetivos para a verificação do cumprimento desse direito, mas que sua observância depende de cada caso concreto observados os princípios constitucionais e processuais. No âmbito jurídico, o Poder Judiciário não consegue dar a celeridade desejada aos casos que lhe são propostos.

O problema é ainda mais grave quando se entra na seara do Direito Penal, tendo em vista que está em jogo o direito fundamental à liberdade do indivíduo e não há uma decisão transitada em julgado no Judiciário para resolver o processo, pois um processo muito demorado, além de gerar prolongamento de sofrimento para o eventual inocente, diminui consideravelmente a eficácia do processo e da punição de um eventual culpado. Para tentar resolver o problema da demora jurisdicional, o Ordenamento Jurídico brasileiro, em 2004, foi contemplado com a Emenda Constitucional nº 45/2004. A referida Emenda Constitucional instituiu a garantia da duração razoável do processo, no entanto, tal garantia já existia nas normas da Convenção Americana de Direitos Humanos, ou Pacto de San José da Costa Rica, através do Decreto 678/1992. Sobre o mesmo tema, importantes também as palavras de Nunes:

> Sobre a natureza jurídica da norma, pode até parecer exagerada, a priori, a alocação do direito à duração razoável do processo no seleto elenco dos direitos fundamentais, ao lado do direito à vida, à integridade e liberdade pessoal, à liberdade de pensamento e expressão. Contudo, não se pode desprezar que um processo judicial ou administrativo pode levar uma pessoa ou empresa à ruína financeira, aspecto que se agrava sobremaneira no processo penal, por envolver, além da liberdade do indivíduo, seu nome e família, enfim, sua dignidade. [296]

Ao indivíduo, em regra, é proibida a autotutela, não pode fazer justiça com as próprias mãos. O Estado

---

296 NUNES, Marcelo Alves. **Duração razoável da investigação criminal: uma garantia fundamental do investigado.** 2013. 120 p. Dissertação (Mestrado), Uninove, 2013. Disponível em: http://bibliotecatede.uninove.br/handle/tede/1237. Acesso em: 27 jan. 2019.

assumiu o dever de solucionar os conflitos e garantir a concretização do direito que seria obtido pelo emprego da força àquele que busca sua intervenção. Não basta apenas garantir apenas o livre e irrestrito acesso ao Judiciário aos litigantes a fim de que defendam seus direitos. Deve-se, respeitadas as garantias fundamentais do processo, garantir também a apreciação da demanda em tempo razoável.

O legislador pretendeu dar celeridade sem que se perca a qualidade das decisões, bem como dos demais direitos processuais elencados em favor do réu na Constituição Federal de 1988 e no Código de Processo Penal. Em outras palavras, foi por meio da Emenda Constitucional nº 45/2004 que a Constituição Federal auferiu, no inciso LXXVIII do art. 5º, a inclusão do Princípio da Razoável Duração do Processo. O princípio objetiva promover a celeridade processual, baseando-se na efetividade da tutela jurisdicional, pois muitas vezes os resultados que se esperam do processo são demasiadamente demorados, fazendo com que a sua finalidade se perca ou se mostre sem a devida efetividade. Sobre o assunto Edson Luís Baldan bem leciona que:

> A persecução penal apresenta dois momentos distintos: o da investigação e o da ação penal. Embora dotada de dois instantes, a persecução em si é, em si, una, indivisível. Daí que a cláusula do devido processo legal (*due process of law* ou do *giusto processo*) deva ungir a ação estatal durante esse todo indivi-

> sível. Por esse raciocínio, não só o acusado (na fase judicial), mas também o imputado (na fase preliminar de investigação ou, mesmo, aquém desta) deve gozar, na plenitude da garantia individual do devido processo legal. [297]

Por vezes, essa excessiva demora na prestação da tutela jurisdicional torna vulnerável a efetividade do processo, prejudicando/ferindo o Princípio do Devido Processo Legal. Basicamente, a intempestividade da tutela jurisdicional majora a dúvida e afeta a segurança jurídica. Assim, se de um lado está o Processo Penal que se beneficia da duração razoável, de acordo com a norma inserida pela Emenda Constitucional nº 45/2004, do outro, estão os inquéritos policiais, que se arrastam por meses e até anos sem solução, fadados ao arquivamento e/ou extinção de punibilidade. Não existe determinação expressa na legislação brasileira indicando um prazo certo à duração razoável do processo ou da investigação criminal. A doutrina, há tempos, exige que os códigos de processo definam o que vem a ser uma duração razoável para maior clareza. Inobstante a aplicação imediata do princípio vem sendo realizada pelos Tribunais e pela jurisprudência dos Tribunais Superiores.

Nesse sentido o Superior Tribunal de Justiça – STJ – possui diversas decisões trancando investigações cri-

---

297 BALDAN, Édson Luís. Devida investigação legal como derivação do devido processo legal e como garantia fundamental do imputado. **In: KHALED JR. Salah (coord.). Sistema penal e poder punitivo:** estudos em homenagem ao prof. Aury Lopes Jr. Florianópolis: Empório do Direito, 2015, p. 169-178

Constitucionalização da Investigação Policial

minais que se arrastavam no tempo, ferindo a duração razoável:

> PENAL. PROCESSUAL PENAL. HA-BEAS CORPUS. "SEGREDO DE JUSTIÇA". IMPETRAÇÃO QUE OBJETIVA O **TRANCAMENTO DE INQUÉRITO POLICIAL INSTAURADO HÁ 08 (OITO ANOS). DURAÇÃO DESARRAZOADA DO INVESTIGATÓRIO, AINDA QUE AMPLO O ESPECTRO DO SEU OBJETO. EVIDENCIAÇÃO DE CONSTRANGIMENTO ILEGAL.** AUSÊNCIA DE FORMAÇÃO DE CULPA. CONCESSÃO DA ORDEM, NO TOCANTE A PEDIDO ALTERNATIVO. FIXAÇÃO DE PRAZO PARA CONCLUSÃO DO APURATÓRIO. 1. Menciona-se, na inaugural, instauração e superposição de IPLs com o mesmo objeto, desde 05 de julho de 2005 e 11 de janeiro de 2007, inclusive com a prisão preventiva do paciente, já revogada, dentre outros constrangimentos associados ao episódio em causa, sem que haja sido formalizada a culpa do paciente, relacionada, se o caso e somente em tese, ao espectro das investigações. Fala-se, ainda, da possibilidade de ocorrência do evento prescricional em relação a todas as supostas condutas delituosas objeto

dos IPLs. 2. Exsurge da impetração fato incontroverso traduzido na perpetuação de investigação policial, porquanto inconclusa, sem formação de culpa porventura imputável ao paciente. Protrai-se, desarrazoadamente, inquérito policial – por 08 (oito) anos – que, apesar de seu largo espectro, não se coaduna com a duração aceitável do feito, sendo crível que da sua perpetuação configuram-se negativas a garantias e direitos vários do paciente. 3. Impõe-se a cessação imediata dos deletérios efeitos decorrentes da continuidade do investigatório policial em comento, para além de prazo razoável e exigível de seu termo, com a formalização – ou não – da culpa do paciente, desencadeando-se, se for o caso, a correspondente persecução penal. 4. A manter-se o procedimento investigatório sem conclusão por tantos anos – quase uma década! – advirá, quase que certamente, a prescrição de todas as condutas possivelmente delituosas, prejudicando, dessarte, a aplicação da lei penal. 5. Fixação de prazo improrrogável de 30 (trinta) dias, ao menos em relação à situação fático-jurídica do paciente, para a conclusão dos

Constitucionalização da Investigação Policial

inquéritos policiais, sob pena de apuração de responsabilidade penal ou funcional da autoridade policial. [298]

Outro caso que pode ser apresentado que bem ilustra a violação de direitos, e o trancamento do inquérito, por inércia do Estado, foi julgado pelo Superior Tribunal de Justiça no ano de 2008:

> HABEAS CORPUS PREVENTIVO. TRANCAMENTO DE INQUÉRITO POLICIAL. AUSÊNCIA DE JUSTA CAUSA. ESTELIONATO CONTRA ENTE PÚBLICO E FALSIDADE IDEOLÓGICA. ALEGAÇÃO DE QUE OS FATOS INVESTIGADOS JÁ FORAM OBJETO DE OUTRO INQUÉRITO POLICIAL, ARQUIVADO A PEDIDO DO MPF. FRAUDE NA OBTENÇÃO DE FINANCIAMENTOS CONCEDIDOS PELO FINAM E PELA SUDAM E DESVIO DE RECURSOS. NÃO APURAÇÃO DE QUALQUER FATO QUE PUDESSE AMPARAR EVENTUAL AÇÃO PENAL, TANTO QUE NÃO OFERECIDA A DENÚNCIA. **EXCESSO DE PRAZO. INVESTIGAÇÃO QUE DURA MAIS DE 7 ANOS. CONSTRANGIMENTO ILEGAL EXISTENTE.**

---

298 TRF-5 - HC: 80871220134050000, Relator: Desembargador Federal Marcelo Navarro, Data de Julgamento: 05/09/2013, Terceira Turma, Data de Publicação: 11/09/2013.

ORDEM CONCEDIDA. 1. Alega-se, em síntese, que o constrangimento ilegal advém da manutenção das investigações no Inquérito Policial 521/01, em trâmite na Polícia Federal do Estado do Maranhão, em que se apuram os crimes de estelionato e falsidade ideológica, supostamente cometidos pelos pacientes em detrimento da extinta Superintendência de Desenvolvimento da Amazônia (SUDAM), uma vez que os mesmos fatos foram investigados pela Polícia Federal de Tocantins, tendo sido arquivado o procedimento, a pedido do Ministério Público Federal, por inexistência de irregularidades. Ademais, flagrante o excesso de prazo, pois a investigação perdura por mais de 7 anos, sem que tenha sido oferecida a denúncia. 2. O trancamento do Inquérito Policial por meio do Habeas Corpus, conquanto possível, é medida de todo excepcional, somente admitida nas hipóteses em que se mostrar evidente, de plano, a ausência de justa causa, a inexistência de qualquer elemento indiciário demonstrativo de autoria ou da materialidade do delito ou, ainda, a presença de alguma causa excludente de punibilidade. 3. Na hipótese, a investigação tem objeto idêntico ao de outro Inquérito Policial instaurado

Constitucionalização da Investigação Policial 275

no Estado de Tocantins, que, após diversas diligências e auditorias, inclusive da Receita Federal, concluiu pela inexistência de fraude na obtenção ou desvios na aplicação dos recursos do FINAN geridos pela SUDAM pelas empresas geridas pelos pacientes, bem como de que não houve emissão de notas frias, pois os serviços foram efetivamente prestados. 4. Segundo ressai dos autos, notadamente do relatório do Departamento da Polícia Federal do Maranhão (fls. 82/89) e da própria decisão que não acolheu o pedido de trancamento da Ação Penal, a investigação lá conduzida objetiva esclarecer exatamente a suposta falsificação/apresentação/utilização de notas fiscais emitidas pela empresa HAYASHI e CIA LTDA., em favor da NOVA HOLANDA AGROPECUÁRIA S/A, com a finalidade de justificar despesas, em tese, fictícias, desta última junto à SUDAM, em razão de financiamento anteriormente obtido para a implantação de projeto. Tal questão restou elucidada no anterior IPL do Estado do Tocantins, que, após analisar a mesma documentação, concluiu serem infundadas as suspeitas levantadas contra o projeto Nova Holanda em relação à fraude para obtenção de recursos e desvios em sua aplicação. 5. No caso, passados mais de 7 anos desde a instauração do Inquérito pela Polícia Federal do Maranhão, não houve o oferecimento de denúncia contra os pacientes. É certo que existe jurisprudência, inclusive desta Corte, que afirma inexistir constrangimento ilegal pela simples instauração de Inquérito Policial, mormente quando o investigado está solto, diante da ausência de constrição em sua liberdade de locomoção (HC 44.649/SP, Rel. Min. LAURITA VAZ, DJU 08.10.07); entretanto, não se pode admitir que alguém seja objeto de investigação eterna, porque essa situação, por si só, enseja evidente constrangimento, abalo moral e, muitas vezes, econômico e financeiro, principalmente quando se trata de grandes empresas e empresários e os fatos já foram objeto de Inquérito Policial arquivado a pedido do Parquet Federal. 6. Ordem concedida, para determinar o trancamento do Inquérito Policial 2001.37.00.0050230 (IPL 521/2001), em que pese o parecer ministerial em sentido contrário. [299]

A respeito dos julgados supracitados, constata-se que, em decorrência da omissão da jurisprudência e da

---

299 STJ - HC: 96666 MA 2007/0297494-5, Relator: Ministro NAPO-LEÃO NUNES MAIA FILHO, Data de Julgamento: 04/09/2008, T5 - QUINTA TURMA, Data de Publicação: --> DJe 22/09/2008.

Constitucionalização da Investigação Policial

doutrina pátrias vem-se defendendo o emprego dos critérios adotados pelo Tribunal Europeu de Direitos Humanos. De acordo com o referido tribunal, é concebida a duração razoável do processo conforme a complexidade da causa, a conduta das partes e a maneira de agir do juiz/autoridades que colaboram no processo. Como mais um exemplo de julgado nesse sentido, apresenta--se um caso em que foi verificada a ausência de fundamentação na requisição do parquet para a abertura do inquérito e ausência de justa causa para a investigação, findando em excesso de prazo:

> HABEAS CORPUS SUBSTITUTIVO DE RECURSO ORDINÁRIO. DESCABIMENTO. COMPETÊNCIA DO SUPREMO TRIBUNAL FEDERAL E DESTE SUPERIOR TRIBUNAL DE JUSTIÇA. MATÉRIA DE DIREITO ESTRITO. MODIFICAÇÃO DE ENTENDIMENTO DO STJ, EM CONSONÂNCIA COM O DO STF. INQUÉRITO POLICIAL INSTAURADO PARA APURAR SUPOSTO CRIME DE HOMICÍDIO. INDICIAMENTO. NÃO OCORRÊNCIA. TESES DE AUSÊNCIA DE FUNDAMENTAÇÃO NA REQUISIÇÃO DO PARQUET PARA A ABERTURA DO INQUÉRITO E AUSÊNCIA DE JUSTA CAUSA PARA A INVESTIGAÇÃO. AUSÊNCIA DE CONSTRANGIMENTO ILEGAL. **EXCESSO DE PRAZO. INVESTIGAÇÃO QUE DURA QUASE 7 ANOS. NOTÓ-**

RIO CONSTRANGIMENTO ILEGAL. WRIT NÃO CONHECIDO. ORDEM DE HABEAS CORPUS CONCEDIDA, DE OFÍCIO. 1. O Excelso Supremo Tribunal Federal, em recente alteração jurisprudencial, retomou o curso regular do processo penal, ao não mais admitir o habeas corpus substitutivo do recurso ordinário. Precedentes: HC 109.956/PR, 1ª Turma, Rel. Min. MARCO AURÉLIO, julgado em 07/08/2012, DJe de 10/09/2012; HC 104.045/RJ, 1ª Turma, Rel. Min. ROSA WEBER, julgado em 28/08/2012, DJe de 05/09/2012. Decisões monocráticas dos ministros LUIZ FUX e DIAS TOFFOLI, respectivamente, nos autos do HC 114.550/AC (DJe de 27/08/2012) e HC 114.924/RJ (DJe de 27/08/2012). 2. Sem embargo, mostra-se precisa a ponderação lançada pelo Ministro MARCO AURÉLIO, no sentido de que, "no tocante a habeas já formalizado sob a óptica da substituição do recurso constitucional, não ocorrerá prejuízo para o paciente, ante a possibilidade de vir-se a conceder, se for o caso, a ordem de ofício." 3. No caso, o Tribunal de origem, no julgamento do writ originário, em 10/03/2009, entendeu que a requisição do Parquet para a instauração do Inquérito Policial nº

037-00349/2007, de 30/01/2007, encontra-se devidamente fundamentada, bem como reconheceu, com base nos elementos dos autos, que há justa causa para se iniciar a investigação do crime previsto no artigo 121, § 2º, IV, do Código Penal, em que os Pacientes, até aquele momento, foram ouvidos, simplesmente, na condição de ‹envolvidos›, não havendo, sequer, indiciamento formal. 4. Com efeito, impedir que o poder constituído realize a colheita de elementos probatórios na busca da verdade real, constitui-se medida excepcional, não evidenciada, de plano, na hipótese. 5. Por outro lado, tendo em vista que já se passaram quase 07 (sete) anos sem que tenha sido concluído o inquérito, tampouco realizadas diligências que tendam a desvelar a suspeita levantada em face dos suspeitos, notório o constrangimento ilegal contra os Pacientes, a ensejar o trancamento do referido inquérito policial, em razão do evidente excesso de prazo para seu encerramento, sem prejuízo de abertura de nova investigação, caso surjam novas razões para tanto. Precedentes. 6. Writ não conhecido. Ordem de habeas corpus concedida, de ofício, para determinar o trancamento do Inquérito Policial nº

037-00349/2007, da 37ª Delegacia Policial da Ilha do Governador/RJ. [300]

Nota-se um padrão, demonstrando-se que uma eventual demora para a instrução probatória pode ser justificada pela complexidade do caso. A fim de que se cumpra o Princípio da Duração Razoável do Processo, o STJ vem adotando medidas que visam à celeridade processual, sendo que o excesso de prazo não se caracteriza tão somente com fulcro na soma aritmética dos prazos legais do procedimento, podendo ser dilatado quando a complexidade do caso concreto estabelecer.

Portanto, a necessidade de diligências que demandem mais tempo para a análise e ordenação dos atos são apontados como fatores que identificam uma causa como complexa, justificando razoável delonga no procedimento. Desta forma, a fim de que ocorra real atendimento ao Princípio da Duração Razoável do Processo, deve-se analisar a razoabilidade do tempo gasto em cada caso concreto. Não restam dúvidas da necessidade de um Processo Penal mais democrático e digno, que assegure efetivamente os direitos e garantias fundamentais processuais, além de ser julgado em prazo razoável e sem dilações inconvenientes.

Pode-se afirmar que uma devida constitucionalização releitura do inquérito policial produz reflexos no sistema jurídico e impõe a observância de certos princípios imanentes à função investigativa que, por

---

300 STJ - HC: 209406 RJ 2011/0133329-8, Relator: Ministra LAURITA VAZ, Data de Julgamento: 17/12/2013, T5 - QUINTA TURMA, Data de Publicação: DJe 03/02/2014.

sua vez, se coligam com a ideia da existência de uma devida investigação criminal corolário da garantia do devido processo legal. Resta evidente, que o princípio da duração razoável do processo se irradia, enquanto direito fundamental, também para a investigação criminal, não podendo o inquérito policial se arrastar no tempo de maneira injustificada. Aqui falamos portanto de um princípio da duração razoável da investigação criminal, derivado da duração razoável do processo, que em verdade é o próprio direito fundamental que tem o investigado e as vítimas de que a investigação criminal seja concluída em tempo razoável conforme a peculiaridade do caso concreto. Entendemos factível e desejável que o Delegado de Polícia observe tal direito fundamental, devendo dar celeridade às investigações para que se concluam dentro do prazo razoável, bem como deve relatar inquéritos que estejam sem vetores investigativos e com a duração acima do razoável. Deve então solicitar o arquivamento apontando no seu relatório final a ausência dos vetores investigativos e o excesso de prazo da investigação. Não é razoável que, sem existir maior complexidade no caso concreto, pessoas tenham seu sofrimento prolongado e possam ser investigadas por longo e desarrazoado prazo até a prescrição do delito. Tal postura do Delegado já na fase policial, além de zelar pelo direito fundamental previsto na Constituição, ainda traz o positivo efeito colateral de enxugar a máquina investigativa de procedimentos que não chegariam a lugar nenhum. As investigações criminais conduzidas pelo Delegado de Polícia, devem ser interpretadas à luz da Constituição, o que gera um conceito de uma devida investigação criminal, consonante a ideia do estabelecimento de regras mais claras e irradiadas pela Constituição. Uma devida investigação criminal que funcione como "muro de contenção" do Estado Policial, que não pode promover "devassas" violando direitos fundamentais. [301] A diferença entre investigação e devassa se dá justamente nos limites e na observância dos direitos fundamentais durante a atividade investigatória. O Estado tem a função constitucional de apurar as infrações penais, todavia, a mesma Constituição lhe proíbe de fazer uma devassa ao lhe impor a observância de direitos fundamentais, vale dizer, a investigação é constitucional e a devassa é inconstitucional. Estados democráticos de direito investigam, já Estados Policiais autoritários promovem devassas, daí a importância da Constitucionalização da investigação policial.

4.3 O INDICIAMENTO COMO MARCO PARA O INÍCIO DO "CONTRADITÓRIO POSSÍVEL OU MITIGADO" NA INVESTIGAÇÃO POLICIAL

Aqui neste ponto apresentamos uma análise discursiva dos votos efetuados pelos Exmo. Ministros do Supremo Tribunal Federal, quando da votação do verbete da Súmula Vinculante 14, momento que teceremos algumas considerações. Fez-se uma análise documental de todo o debate travado em 02/02/2009, que foi

---

301 ZAFFARONI. Eugênio Raúl. **O inimigo do Direito Penal.** 3ed. Rio de Janeiro: Revan, 2017, p. 169.

Constitucionalização da Investigação Policial 283

publicado no DJ 59, divulgado em 26/03/2009 e publicado em 27/03/2009 pela Coordenadoria de análise de jurisprudência do Supremo Tribunal Federal, disponível no site do STF. Trata-se de um documento de 82 páginas que, para melhor compreensão do posicionamento amplamente dominante no âmbito dos debates e das votações, compilamos, *ipsi literis,* trechos mais relevantes dos argumentos utilizados pelos Ministros em seus votos, que esclarecem a questão que se encerrou com a edição do verbete da "Súmula Vinculante 14". [302] André Luiz Bermudez Pereira assevera que:

> Ponto interessante de debate relaciona-se ao direito de citação e ao conhecimento prévio da acusação, ligando-se ao direito ao contraditório e plenitude de defesa, bem como direito à prova. Sendo o procedimento inquisitorial, parte-se da premissa que inexiste direito de defesa na investigação criminal. Tal assertiva mostra-se equivocada, ao menos em parte. É certo que, por não haver uma acusação formal ou mesmo relação processual instaurada, não há a efetiva citação do suspeito. Em verdade, enquanto não advir o ato de indiciamento, não há que se falar em preten-

---

302 É direito do defensor, no interesse do representado, ter acesso amplo aos elementos de prova que, já documentados em procedimento investigatório realizado por órgão com competência de polícia judiciária, digam respeito ao exercício do direito de defesa.

são de defesa, pois carece de indicativo de autoria. Contudo, a partir do ato de indiciamento por parte do Delegado de Polícia, através do qual o Estado formalmente aponta o suspeito do crime, surge ao indiciado uma gama de possibilidades de exercício de defesa, seja exercício endógeno do direito de defesa (nos autos do procedimento, e aqui a defesa assumirá caráter positivo e negativo), seja o exercício exógeno do direito (por intermédio do manejo de remédios constitucionais). [303]

Conforme afirmado anteriormente, tem-se que compatibilizar os direitos e garantias fundamentais do investigado, sem tornar a investigação criminal ineficaz. Interessante mencionar que essa preocupação consta expressamente no voto no Ministro Carlos Britto que falou em ponderar os direitos e garantias fundamentais individuais, com o que ele denomina de "Justiça penal eficaz"; cita Dworkin e Alexy no critério de ponderação entre princípios:

[...] aqui a matéria é multiplamente constitucional, porque estão em jogo, segundo discussões já travadas, direitos individuais, como o da ampla defesa, exercício da profissão de advogado, investigação criminal mediante aber-

---

303 PEREIRA, André Luiz Bermudez. **A investigação criminal orientada pela teoria dos jogos.** Florianópolis: Emais, 2018. p. 144.

Constitucionalização da Investigação Policial

tura de um inquérito policial. Todas essas matérias são de berço, de matriz constitucional, explicitamente... Faço na Turma uma ponderação recorrente, o artigo 144 da Constituição se refere a Segurança Pública qualificando-a como "dever do estado, direito e responsabilidade de todos". Esta matéria, segurança pública, é entregue a alguns órgãos chamados de "segurança pública". Esses órgãos, como a Polícia Federal (pelo menos esse) e as Polícias Civis dos estados – estas últimas presididas pelo delegado de polícia, atuam mediante abertura de inquérito quando das investigações criminais[...] Quero dizer com isso que, de fato, a Constituição contrabalança a lista de direitos individuais, neles embutido o tema da ampla defesa e do contraditório com o dever do Estado de investigar criminalmente na perspectiva de detectar infrações penais e identificar respectivos autores. É o que a associação nacional dos procuradores da república invoca, citando Manoel da Costa Andrade, professor português, quando, corretamente a meu ver, indica que o Princípio da Justiça Penal eficaz, que podemos extrair do artigo 144 da Constituição Federal, é um vetor necessário de ponderação com

> os direitos e garantias individuais, também em matéria penal... Nesse ponto, parece-me que são dois princípios que me remetem necessariamente a Dworkin e Alexy... Ou seja, os princípios que colidem, no caso concreto, terão que ser aplicados mediante um juízo de ponderação ou otimização
> [...]. [304]

O voto do Ministro Cezar Peluso foi de certa forma emblemático, pois deixou claro que, na prática, o Delegado de Polícia, ao aplicar a súmula, fica autorizado a não dar acesso ao despacho que indique diligências que estão sendo realizadas, não tendo que dar ciência prévia ao advogado, o que comprometeria a investigação. Menciona ainda, que mesmo alguns elementos que já estejam concluídos poderiam ser retirados pelo Delegado de Polícia, quando indicassem a realização de outros futuros e que contraditório na investigação obviamente não deve ser entendido no sentido de que a polícia atue junto com os advogados, fazendo uma distinção sobre acesso aos autos do inquérito e acesso aos elementos de prova já coligidos e documentados aos quais os advogados teriam acesso, trabalhando a ideia, já referenciada neste trabalho, de um contraditório possível:

> [...] as autoridades policiais continuarão autorizadas a estabelecer seu pro-

---

304 BRITO, Carlos. **Súmula Vinculante n. 14**. 2006. Disponível em: http://www.stf.jus.br/portal/jurisprudencia/menuSumario.asp?sumula=1230 Acesso em: 28jan. 2018.

Constitucionalização da Investigação Policial | 287

> grama de investigação sem que os advogados lhe tenham acesso. O que não poderão evitar é apenas isso, e que me parece fundamental na súmula: os elementos já coligidos, mas que não apontem para outras diligências, que não impliquem conhecimento do programa de investigação da autoridade policial, que não cerceiem o Estado de nenhum modo no procedimento de investigação, esses não podem ser subtraídos do advogado. Então ele terá acesso, mas evidentemente a autoridade policial estará autorizada a separar os elementos do inquérito[...] Não é acesso aos autos do inquérito, é acesso aos elementos de prova já documentados, apenas isso. [305]

Interessante ressaltar aqui a função garantista da polícia judiciária através do Delegado de Polícia, pois, na prática, a ponderação mencionada entre o interesse da investigação, apontada como "justiça penal eficaz" no voto do Ministro Carlos Britto e os direitos fundamentais do investigado deve ser feita pelo Delegado de Polícia na ocasião da concessão do obrigatório acesso por parte do advogado. Isto é, deve analisar quais os documentos apontam para realização de diligências futuras, podendo apartar elementos dos autos do inquérito. Todavia, ressalte-se que, deve agir o De-

---

305 PELUSO, Cézar. **Súmula Vinculante n. 14**. 2006. Disponível http://www.stf.jus.br/portal/jurisprudencia/menuSumario.asp?sumula=1230 Acesso em: 28jan. 2018.

legado de forma totalmente imparcial e isenta, pois a devida investigação criminal deve buscar a realização da Justiça e não busca de "culpados", sendo certo que o atuar do delegado, por força constitucional, está submetido a controle externo pelo Ministério Público, bem como suas decisões estão no âmbito de alcance do Judiciário.

Destacamos neste ponto, que os constitucionalistas Daniel Sarmento e Claudio Pereira de Souza Neto, lecionam no sentido de que a ponderação de interesses entre normas e princípios constitucionais não é realizada somente pelo Poder Judiciário, ampliando o espectro de aplicação para toda Administração Pública (atos administrativos), Legislativo (Leis) e até mesmo por particulares, vendo nisso inclusive estreita ligação com o princípio democrático.[306] Fica evidente, por tudo até aqui refletido, que a atuação inquisitiva - concentradora de poder, baseada em uma investigação sem regras claras e com direitos mínimos do investigado e um Estado hipertrofiado - é uma atuação que não se coaduna com os direitos e garantias fundamentais e que fere de morte o Estado democrático de Direito. No voto do Ministro Marco Aurélio, após frisar a importância do acesso à defesa, seguiu a afirmação no sentido de que:

> Sob o ângulo da legislação, aponto a Constituição Federal, artigo 5º, inciso

---

306 SOUZA NETO, Cláudio Pereira; SARMENTO, Daniel. **Direito Constitucional:** Teoria, História e Métodos de Trabalho. Belo Horizonte: Fórum, 2017, p. 48.

XXXIII, que revela o direito a informação, direito, inclusive gratuito, o inciso, LIV, quando ao devido processo legal – e o entendo de forma abrangente; o inciso, LV, e o art. 133 nela contido, relativo à participação do profissional da advocacia para alcançar a almejada Justiça. No tocante ao Estatuto da Ordem, faço alusão aos artigos 6º parágrafo único e 7º, incisos XIII e XIV. Quanto ao Código de Processo Penal, nos artigos 9º e 14º e evoco, o que seria para alguns, obstáculo à aprovação do verbete, mas evoco em outra ótica, que é o artigo 20. [307]

O Ministro Celso de Mello, em seu voto, deixou claro que o tema é altamente relevante e que vinha salientando em várias decisões por ele proferidas no Supremo Tribunal Federal que não se pode ignorar nem transgredir garantias e direitos fundamentais que a Constituição Federal assegura a qualquer pessoa em investigação criminal ou processo penal. Além disso, afirmou o Ministro:

> Ninguém ignora, exceto os cultores e executores do arbítrio, do abuso de poder e dos excessos funcionais, que o

---

307 AURÉLIO, Marco. **Súmula Vinculante n. 14**. 2006. Disponível em: http://www.stf.jus.br/portal/jurisprudencia/menuSumario. asp?sumula=1230 Acesso em: 28jan. 2018

processo penal qualifica-se como instrumento de salvaguarda das liberdades individuais. Daí porque se impõe, as autoridades públicas, neste país, notadamente àquelas que intervêm nos procedimentos de investigação penal ou nos processos penais, o dever de respeitar, de observa, e de não transgredir limitações que o ordenamento normativo faz incidir sob o poder do Estado. Nem se diga, por absolutamente inaceitável, considerada a própria declaração constitucional de direitos, que a pessoa sob persecução penal (seja em juízo ou fora dele) mostrar-se-ia destituída de direitos e garantias. Esta Corte Suprema jamais poderá legitimar tal entendimento, pois a razão de ser do sistema de liberdades públicas vincula-se, em sua vocação protetiva, a amparar o cidadão contra eventuais excessos, abusos ou arbitrariedades emanadas do aparelho estatal... O respeito aos valores e princípios sobre os quais se estrutura, constitucionalmente, a organização do Estado democrático de Direito, longe de comprometer a eficácia das legislações penais, configura fator de irrecusável legitimação de todas as ações lícitas desenvolvidas pela Polícia Judiciária, pelo

Ministério Público, ou pelo próprio Poder Judiciário. [308]

Prosseguindo em seu voto, ainda ressaltou vasta doutrina, dentre elas os ensinamentos de Fauzi Hassan Choukr, Ada Pelegrini Grinover, Rogério Lauria Tucci, Roberto Maurício Genofre, Paulo Fernando da Silveira, Romeu de Almeida Salles Júnior e

Luiz Carlos Rocha, no sentido de que o indiciado é sujeito de direitos e "senhor" de garantias indisponíveis que o Estado não pode desconhecer, devendo os poderes conformarem-se ao que está no Ordenamento Positivo da República, entendendo pela essencialidade do direito de defesa. Em seguida é feita a afirmação de que:

> A prova penal, uma vez regularmente introduzida no procedimento persecutório, não pertence a ninguém, mas integra os autos do respectivo inquérito ou processo, constituindo, desse modo, acervo plenamente acessível a todos que sofram, em referido procedimento sigiloso, atos de persecução do Estado. [309]

Nesse trecho, o Ministro ressalta o princípio da comunhão da prova. Aqui colocamos umas indagações: Se o inquérito é realmente unilateral no sentido de ter como finalidade única preparar a ação penal a ser inter-

---

308 MELLO, Celso. **Súmula Vinculante**

309 MELLO, Celso. **Súmula Vinculante n. 14**. 2006. Disponível em: http://www.stf.jus.br/portal/jurisprudencia/menuSumario.asp?sumula=1230 Acesso em: 28 jan. 2018.

posta pelo Ministério Público, qual o sentido de serem juntadas nos autos provas ou indícios que nitidamente favoreçam a defesa? Ou seja, o próprio princípio da comunhão da prova[310] é um indicativo de que a investigação criminal deve ser conduzida com imparcialidade e isenção, sendo certo que na Polícia Judiciária a investigação é presidida pelo Delegado de Polícia, e conforme fora dito anteriormente, tem que guardar compromisso com o Estado de Direito e a Justiça, e não com a acusação ou defesa. O voto do ministro Gilmar Mendes menciona a controvérsia doutrinária e faz considerações sobre elas mencionando que:

> É certo que a aplicação do princípio do contraditório e da ampla defesa ao inquérito policial é fruto de muita controvérsia. Parte expressiva da doutrina (MIRABETE, Júlio Fabbrini, Processo Penal, Ed. Atlas, 1991, pag.75; e MARQUES, José Frederico, Elementos de Direito Processual Penal, Rio de Janeiro, Forense, 1961, v.I, pag.157) e da jurisprudência, c.f RE. 136.239/SP, Rel. Celso de Mello, 1ª Turma DJ 14/08/1992, entendem ser inaplicável a garantia do contraditório e da ampla defesa ao inquérito policial uma vez que não se tem aqui um processo compreendido como instrumento destinado a decidir litígio.

---

310 NEVES, Daniel Amorim Assumpção. **Novo Código de Processo Civil**. Lei 13.105/2015. Inovações, alterações e supressões comentadas. São Paulo: Método, 2015, p. 280.

Constitucionalização da Investigação Policial

Orientação mais extensiva é defendida, entre outros, por Rogério Lauria Tucci que sustenta a necessidade da aplicação do princípio do contraditório em todo o período da persecução penal, visando a dar maior garantia de liberdade e melhor atuação da defesa. Afirma Tucci que "a contraditoriedade da investigação criminal consiste num direito fundamental do imputado, direito esse que, por ser um elemento decisivo do processo penal, não pode ser transformado, em nenhuma hipótese, em mero requisito formal. (TUCCI, Rogério Lauria. Direitos e Garantias no Processo Penal Brasileiro, 2.ed., São Paulo: Revista dos Tribunais, 2004, Pag. 357-360). [311]

Na sequência de seu voto o Ministro Gilmar Mendes diz que a jurisprudência do Supremo Tribunal Federal tem se firmado para garantir, a um só tempo, a incolumidade do direito de defesa do indiciado/imputado e regular apuração dos fatos e documentos que sejam imprescindíveis as atividades persecutórias do Estado; afirmou o referido Ministro que:

[...] estamos a consolidar nesta súmula entendimento que confirma, mais uma vez, o firme compromisso deste Tribu-

---

311 MENDES, Gilmar. Súmula Vinculante n. 14. 2006. Disponível em: http://www.stf.jus.br/portal/jurisprudencia/menuSumario.asp?sumula=1230 Acesso em: 28 jan. 2018.

nal com a efetiva aplicação das garantias dos direitos fundamentais. Não se pode perder de vista que boa aplicação destas garantias configura elemento essencial do princípio da dignidade humana na ordem jurídica. Como amplamente reconhecido, o princípio da dignidade da pessoa humana impede que o homem seja convertido em objeto dos processos estatais. (cf. *Maunz-Durig. Grundgesetz Kommentar. Band I, Munchen: Verlag C.H.Beck*, 1990, 1.I 18)... Quando se fazem imputações vagas ou denúncias infundadas, dando ensejo a persecução criminal injusta, está-se a violar, também, o princípio da dignidade da pessoa humana, que, entre nós, tem base positiva no art. 1, III da Constituição. Na sua acepção originária, esse princípio proíbe a utilização ou a transformação do homem em objeto dos processos e ações estatais. O Estado está vinculado ao respeito e dever de proteção do indivíduo contra exposição a ofensas ou humilhações. [312]

Verifica-se na análise, que constam no acórdão afirmações relevantes feitas pelos Ministros do Supremo Tribunal Federal, que apontam no sentido de que a

---

312 MENDES, Gilmar. **Súmula Vinculante nº 14**. 2006. Disponível em: http://www.stf.jus.br/portal/jurisprudencia/menuSumario. asp?sumula=1230 Acesso em: 28 jan. 2018.

observância dos direitos fundamentais do investigado o qual se inclui a garantia do seu direito de defesa já na investigação criminal, é matéria constitucional e, portanto, devem ser assegurados pelo Estado já na fase de investigação, em observância às regras impostas pelo Estado Democrático de Direito assegurado na Constituição Federal de 1988, sob pena de não se violar apenas o direito fundamental do contraditório e da ampla defesa, como também a própria dignidade da pessoa humana.

O verbete da súmula 14 foi aprovado por ampla maioria sendo vencidos os votos dos Ministros Ellen Gracie que, em síntese, entendia não ser o tema urgente e de abrangência a ponto de merecer uma súmula e também que não seria oportuna a edição de uma súmula já que seu teor permaneceria de conteúdo interpretativo, sendo que *"uma súmula não pode ficar sujeita a interpretações"*[313], pois a súmula é um instrumento extremamente poderoso com o objetivo principal de estabelecimento de segurança jurídica, e Ministro Joaquim Barbosa, que, apesar de constar nos registros como presente na sessão, não constam no documento analisado as razões de seu voto.

Parece-nos, após a análise documental e discursiva dos votos dos Ministros do STF, que a jurisprudência do Supremo Tribunal Federal confirma incidência do contraditório possível e da maior amplitude da defesa

---

313 GRACIE, Ellen. Súmula Vinculante n. 14. 2006. Disponível em: http://www.stf.jus.br/portal/jurisprudencia/menuSumario.asp?sumula=1230 Acesso em: 28 jan. 2018.

do investigado no inquérito policial. O Delegado de Polícia é a autoridade designada pela Constituição Federal para presidi-lo e responsável por zelar pela concretização dos direitos constitucionais fundamentais do investigado/indiciado, confirmados no referido verbete da Súmula nº 14, bem como pelos demais direitos do indiciado que digam respeito à dignidade da pessoa humana. Dentre direitos fundamentais à serem observados estão ainda: direito ao silêncio, de acesso à família e advogado, de somente ser preso em flagrante delito ou por ordem judicial (o que por sua vez tem que obedecer a Lei e a Constituição), a proporcionalidade dos atos investigatórios diante dos fatos a serem apurados, notadamente dos meios mais invasivos de investigação que possam atingir a privacidade, direitos de imagem do preso ou investigado e realizar a atividade investigatória dentro de uma duração razoável. Enfim a função de se buscar a verdade com eficiência, todavia com respeito à dignidade da pessoa humana, o que deve ser concretizado através de uma atuação independente e imparcial, afastando-se de um direito repressivo, típico dos Estados autoritários.

Questão mais tormentosa é como delinear o melhor exercício efetivo desse contraditório possível, mitigado, bem como a possibilidade da defesa reagir, uma vez que os votos dos Exmos. Ministros em suas argumentações, apesar de mencionarem o "contraditório" e a ampla "defesa" na investigação, definiram no verbete apenas o acesso do advogado aos autos e aos elementos de prova já documentados. Nesse ponto, cabe ainda mencionar que a Lei nº 13.245/2016 promoveu alteração legislativa dando nova redação ao inciso XXI do artigo 7 do Estatuto da OAB.

O recente dispositivo não diz que o interrogatório é eivado de nulidade absoluta se não houver um advogado assistindo o indiciado/suspeito; fala em "clientes", ou seja, havendo advogado, caso seja vedado a ele assistir, há nulidade absoluta e contaminação dos indícios e provas que derivarem do interrogatório ou depoimento. Ressalte-se aqui a superação da doutrina que entende não ser possível falar em nulidade no inquérito policial e sim em mera irregularidade, por ser ele apenas uma peça de informação, bem como ressaltar a alínea "a" do referido dispositivo que menciona que no curso da apuração o advogado tem o direito de apresentar razões e quesitos.

Aqui lembramos que o mero fato de ser investigado em um inquérito policial já pode conduzir ao que se chama "penas da investigação", devido aos efeitos exógenos e possível exposição ao espetáculo midiático. É fato notório que um indiciamento representa um estigma na vida de qualquer pessoa e macula reputações. Uma vez noticiado em um jornal de grande circulação que a Polícia indiciou determinada pessoa, indubitavelmente tal pessoa já passa a ser vista com desconfiança social, com estigmas morais de grandes proporções. Por esse, dentre outros fatores, a Lei 12.830/13, passou a exigir fundamentação expressa por parte do Delegado de Polícia no ato de indiciamento.

Analisando o ato de indiciamento, previsto na referida Lei, à luz da Constituição Brasileira de 1988, verifica-se que o indiciamento é um ato administrativo e como tal deve ter algumas finalidades definidas. A finalidade mais evidente é a de servir de instrumento através do qual o Delegado de Polícia que preside a investigação e, portanto, presenta nesse momento o Estado investigador, exponha de forma técnica e fundamentada suas razões de convicção sobre a autoria e materialidade delitiva, saindo do âmbito de algo mais abstrato para algo mais concreto, tendo em vista que passa a mirar em pessoa (s) definida (s).

Todavia, qual seria a função de passar de algo abstrato para algo mais concreto, definindo através de um ato administrativo fundamentado a mudança da condição de suspeito para indiciado? Pensamos que em um Estado democrático de direito, não pode e não deve ser visto apenas como um ato punitivo pré-processual que promova os inevitáveis estigmas morais extraprocessuais, tal interpretação é totalmente autoritária e antidemocrática. Nesse ponto, o indiciamento serve como marco para a observância, em maior densidade, da efetividade do contraditório possível e mitigado, bem como da defesa no inquérito policial, uma vez que já estão bem delineados os fatos, a materialidade, bem como apontado expressamente quem foi o autor.

Lopes Júnior e Gloeckner lecionam que *"o indiciamento deve ser considerado uma carga para o sujeito passivo, mas marca também o nascimento de direitos inerentes à ampla defesa e a possibilidade de convenci-*

mento das acusações".[314] Vale dizer, sob essa ótica constitucional, o indiciamento se mostra um ato relevante, deixando para trás um viés autoritário da fase preliminar, e assumindo uma feição democrática e acusatória, tendo em vista que tutela os direitos fundamentais do investigado que a partir daí poderá exercer uma defesa mais adequada ainda em sede policial. Pois, sendo um "ato fundamentado", poderá a defesa desde já na fase pré-processual reagir as principais provas e argumentos apontados pelo Estado-investigador. Há entendimento que dentro de uma abordagem constitucional, o instituto do indiciamento deveria ser considerado acima de tudo como "meio de defesa", pois que um marco a partir do qual o direito de defesa deve ser exercido. [315]

Questão que também merece análise é o momento do indiciamento. Não há exigência legal sobre o momento em que deva ser realizado, examinando a lei, o mesmo deve ocorrer quando o Delegado de Polícia estiver convencido da existência dos elementos de autoria e materialidade, abrindo assim duas possibilidades: uma no momento imediatamente anterior ao do relatório, em que expressará sua convicção e outra já no ato do relatório final, ou seja, indicia ao já expressar sua convicção, a seguir detalharemos ambas:

> a) Ato de indiciamento fundamentado se daria em momento exatamente anterior ao relatório final, oportunizan-

---

314 LOPES JÚNIOR, Aury, GLOECKNER, Ricardo Jacobsen. **Investigação Preliminar no Processo Penal.** Saraiva. São Paulo. 2013, p. 435.

315 LOPES JÚNIOR, Aury, GLOECKNER, Ricardo Jacobsen. **Investigação Preliminar no Processo Penal.** Saraiva. São Paulo. 2013, p. 435.

do que a defesa produza elementos de prova que possam alterar ou influir na convicção do Delegado de Polícia e, até mesmo, redefinir possíveis novos rumos para investigação. Essa primeira possibilidade traz a vantagem de, caso o Delegado de Polícia altere ou modifique sua convicção, poderá proceder ao desindiciamento, denominado doutrinariamente como cancelamento ou destituição do ato de indiciamento, que possui o grande benefício de passar a constar nos bancos de dados criminais que o indiciamento foi cancelado. Júnior e Moraes se referem ao desindiciamento como ato que deve ser fundamentado pelo Delegado de Polícia que deve motivar e explicitar os motivos da alteração de convencimento, "seja por questões técnicas ou jurídicas, seja em razão da ciência de novas circunstâncias que afastem a ilicitude do fato ou a culpabilidade do investigado, ou ainda erro quanto à pessoa submetida ao indiciamento". [316]

Esse momento possui a grande vantagem de possibilitar o desindiciamento ainda em sede policial, de-

---

316 PIMENTEL JÚNIOR, Jaime; MORAES, Rafael Francisco Marcondes de. **Polícia Judiciária e Atuação da Defesa na Investigação Criminal**. São Paulo: Verbatim, 2017, p. 79.

vendo constar dos próprios registros policiais a ocorrência do mesmo. Dessa forma fica caracterizado que, ainda em sede policial, a defesa logrou êxito em demonstrar a inexistência de materialidade ou indícios de autoria e que, por isso, o Estado investigador deixou de considerar o indiciado como autor da infração penal investigada e lhe retirou esse rótulo. Da mesma forma que o indiciamento é um ato fundamentado de forma técnica e jurídica, o desindiciamento também deve sê-lo, podendo o Delegado, a depender do caso concreto, elaborar o relatório final solicitando o arquivamento ou redirecionar as investigações, utilizando-se inclusive de possíveis informações trazidas pela defesa.

b) Ato de indiciamento ocorreria no relatório final traria que o traria em seu bojo, momento em que poderia ser aberto prazo para defesa tomar ciência do seu conteúdo e se manifestar, Gabriel e Souza mencionam que nesta opção a defesa seria uma espécie de "defesa prévia" que poderá ser levada em conta pelo Promotor de Justiça, que, caso concorde, não deflagrará uma ação penal desnecessária e equivocada.

Uma das questões sobre o tema em estudo, que não localizamos por ocasião da pesquisa em nenhuma bibliografia, é como adotar a sistemática do indiciamento como marco para o exercício do contraditório possível e da defesa na investigação policial, quando a autoridade policial estiver diante de elementos que entenda suficientes para a representação da prisão preventiva, previstos no artigo 312 do Código de Processo Penal. Tal questão não nos parece tão simples, uma vez que é incoerente que um Delegado de Polícia represente pela prisão preventiva de alguém sem que esse alguém seja o indiciado, ou seja, sem que se tenha partido de um juízo de mera possibilidade para uma probabilidade mais palpável e concreta sobre a autoria e a materialidade.

Neste caso, entendemos e propomos que o indiciamento ainda tem muita relevância, no sentido de que, ao se deparar com elementos suficientes de autoria e materialidade apontando para o indiciamento, o Delegado de Polícia deve fazer um juízo valorativo sobre a necessidade ou não de representar pela prisão cautelar preventiva. Em caso de necessidade, efetua o indiciamento no corpo da representação, sendo a mesma o relatório final. Caso entenda pela desnecessidade da representação, por não estarem presentes os pressupostos da preventiva, e deve partir desse raciocínio como regra, uma vez que a prisão cautelar é exceção, deve promover o indiciamento e intimar a defesa para ter ciência de todo lastro colhido e oferecer defesa caso deseje. O artigo 14 do CPP é de grande utilidade nesse momento, uma vez que, inclusive, se refere à expressão "indiciado", podendo ser entendido o ato de indiciamento definido na Lei nº 12.830/2013 como um marco inicial do contraditório possível na investigação policial.

Ressaltamos, por fim, que tramita no Congresso Nacional, o projeto de Lei nº 366 de autoria do Senador Roberto Rocha, com o objetivo de alterar o código de processo penal, deixando ainda mais expresso o contra-

Constitucionalização da Investigação Policial

ditório e a participação da defesa no inquérito policial o qual reproduzimos abaixo com sua justificação. Interessante destacar que o projeto menciona o "direito a vista" para apresentar razões a partir do indiciamento; sendo assim, o indiciamento previsto no artigo 2, § 6º Lei 12.830/13 seria uma espécie de marco para o defensor do acusado poder tomar nota e requerer diligências, falando inclusive em suspensão do prazo do inquérito.

Beccaria, em sua obra clássica, Dos Delitos e Das Penas, já advertia que: *"Não há liberdade toda a vez que as leis permitem que em alguns eventos o homem deixe de ser pessoa e passe a ser coisa"*[317]. O indivíduo não pode ser "coisificado" na investigação, sendo demonstrado na pesquisa aqui realizada que grande parcela da doutrina processual penal parece não ter feito a devida "constitucionalização releitura" sobre o tema, repetindo de forma equivocadas afirmações da doutrina clássica da década de 1940, dentre elas é a impossibilidade de qualquer contraditório ou defesa mais efetiva no inquérito policial.

4.4 A FUNÇÃO DE CONTENÇÃO E O DELEGADO DE POLÍCIA INSERIDO COMO DISPOSITIVO DEMOCRÁTICO NO APARELHO POLICIAL DO ESTADO

Um dos reflexos importantes a ser analisado é o cargo de Delegado de Polícia, uma vez que há expressa

---

317 BECCARIA, Cesare Bonesana. **Dos delitos e das penas**. 3.ed. Tradução de Lúcia Guidicini, Alessandro Berti Contessa; revisão de Roberto Leal Ferreira. São Paulo: Martins Fontes, 2005, p. 38.

referência constitucional a ele no artigo 144, § 4º, da Constituição Federal, bem como em diversos dispositivos do código de processo penal, legislações processuais penais e na Lei 12.830/13 que regula a investigação por ele conduzida.

Como já fora referenciado, a importância da análise aumenta na medida em que, no Brasil, o cargo é privativo para bacharel em direito, após aprovação em concurso jurídico específico para o cargo, ocupando posição de chefia nas polícias investigativas. Não é novidade da Constituição de 1988 que o cargo deva ser ocupado por bacharel em direito, todavia com a exigência constitucional obrigatória da assunção de cargos públicos apenas após a aprovação em concursos públicos no artigo 37, II, há uma releitura que deve ser feita sobre a importância e relevância do cargo, notadamente em um Estado Democrático de Direito.

Entender o papel do Delegado de Polícia dentro da Polícia Judiciária nos tempos atuais depende de se compreender a evolução cultural e política da própria Polícia e suas funções em um Estado democrático. Hodiernamente, o Delegado de Polícia deve ser visto como o cargo/operador do direito que exerce a função de dispositivo[318] democrático inserido no aparelho policial, sendo a Polícia Judiciária um filtro de acusações infundadas e o Delegado de Polícia, como carreira jurídica, o gestor do cumprimento da legalidade e da observância dos direitos individuais durante a atividade investigativa e das funções de Polícia judiciária.

---

318 AGAMBEN, Giorgio. What is a destituent power?. **Environment and Planning D: Society and Space**, v. 32, n. 1, p. 65-74, 2014, p. 29.

Constitucionalização da Investigação Policial

305

O aparelho policial é, por sua natureza, de vocação repressora. Conforme visto ao longo da presente obra, existem heranças culturais e raízes do autoritarismo que sempre fizeram o uso da força e agigantaram as razões de Estado. Não à toa, os direitos fundamentais na Constituição de 1988 constituem um núcleo intangível da bíblia política, não podendo ser atingidos ou suprimidos pelo Estado ao sabor e desejo do poder político fruto de uma maioria de ocasião. Ao contrário são estrategicamente alocados para ficar longe dos humores políticos. Conforme visto, o Estado Policial e o Estado Democrático de Direito convivem, sendo o Estado Democrático de direito o dique de contenção do Estado Policial, que vai sempre pulsar e avançar contra os limites do Estado de Direito visando rompê-lo. É nesse sentido que é fundamental reler o Delegado de Polícia como "dispositivo" democrático inserido no aparelho policial e acionado sempre que ocorre a prática de uma infração penal, que naturalmente desajusta a ordem jurídica e faz pulsar o Estado Policial, que por sua vez precisa ser contido, sendo justamente os direitos e garantias fundamentais do núcleo intangível da Constituição, os principais alicerces desse dique de contenção, que conforme explicitado, é o Estado Democrático de Direito. Isto é, ocorrendo a infração penal, o Estado pode e deve reagir, todavia não de qualquer maneira, o Estado Democrático de Direito lhe impõe regras e limites.

Agamben conceitua dispositivo como *"qualquer coisa que tenha de algum modo à capacidade de capturar, orientar, determinar, interceptar, modelar, controlar e assegurar os gestos, as condutas, as opiniões e os discursos dos seres viventes"* (AGAMBEN, 2009, p. 40)

Vale dizer, dentro do aparelho policial, de vocação repressora, faz-se fundamental que esteja inserido em seu interior um dispositivo democrático, capaz de ser acionado para controlar as pulsões do Estado Policial, orientando e determinando uma investigação democrática nos moldes Estado Democrático de Direito, capaz de fazer contenção do Estado Policial e do autoritarismo, zelando pelos direitos fundamentais contido nos núcleo intangível da Constituição.

Aqui ressaltamos o caráter híbrido do cargo de Delegado de Polícia. Possui função policial, inserido na carreira policial, pois desempenha a atividade policial da Polícia Judiciária: cumpre mandados judiciais com o uso da força, preside as investigações e chefia a própria instituição policial responsável pela apuração das infrações penais. Todavia, além de ser carreira policial, também é carreira jurídica de Estado, devendo ser bacharel em Direito, aprovado para concurso público específico, sendo sua atividade também técnico-jurídica, como bem o define o artigo 2º da lei 12.830/13: "*As funções de polícia judiciária e a apuração de infrações penais exercidas pelo delegado de polícia são de natureza jurídica, essenciais e exclusivas de Estado*". [319]

A releitura constitucional do cargo atribuindo-lhe o caráter híbrido é a que mais se coaduna com o Estado Democrático de Direito, uma vez que, se é inegável que a polícia realiza as razões de Estado objetivando levar criminosos aos Tribunais através da atividade policial,

---

319 BRASIL. **Lei nº. 12.830 de 20 de Junho de 2013**. Brasil, 2013. Disponível em: https://www.planalto.gov.br/ccivil_03/_ato2015-2018/2016/lei/l13300.htm. Acesso em 08/07/2018.

não é menos inegável que isso somente é feito de forma adequada se forem observadas as garantias legais e constitucionais. O Delegado deve observar o princípio da legalidade no sentido de que os atos investigatórios somente podem ser realizados na forma da lei e zelar pelos direitos individuais durante a realização da atividade policial, funcionando como dispositivo democrático e de contenção dentro do Estado-investigador, que não pode realizar a persecução criminal de forma desmedida e sem regras a fim de buscar culpados.

Conforme já ressaltado, cabe ao Delegado de Polícia investigar e elucidar crimes, sendo importante para uma Justiça Penal eficaz, que criminosos sejam levados através da investigação criminal aos Tribunais, e após o processo penal, restando comprovada a culpa, sejam devidamente punidos. Todavia, o Estado Democrático de Direito exige que não pode ser qualquer investigação, qualquer processo ou qualquer punição, somente as "devidas": Uma devida investigação criminal que leve um acusado ao Tribunal para que seja submetido a um devido processo penal que atribua lhe atribua culpa e lhe imponha uma punição justa, isto é, baseada na lei e proporcional, que deve ser cumprida de acordo com o direito e respeito a dignidade da pessoa humana. Vale dizer, há uma série de direitos constitucionais que devem ser observados e, somente quando o são, uma punição é tida por justa. O Estado democrático de Direito não permite a coisificação de pessoas investigadas ou culpadas e nem antecipação de culpa. É típico do Estado Policial atropelar direitos fundamentais a fim de promover suas razões, desidratar ao máximo direitos fundamentais em nome de um suposto interesse público, transformando pessoas em coisas e mercadorias capazes de promover suas razões perante o grande público que irá consumi-la. Uma das formas mais comum de coisificação do investigado ou do preso é a espetacularização da investigação ou do próprio processo penal, sem sequer ter sido atribuído a culpa ao investigado/acusado, fazendo tabula rasa, dos direitos fundamentais à presunção de inocência, à imagem ao nome e à honra dentre outros previstos no artigo 5 da Constituição Federal de 1988 e desconsiderando o valor maior da Constituição que é a dignidade da pessoa humana.

Barbosa faz o seguinte alerta quanto a essa espetacularização midiática:

> [...] os dramas viraram mercadorias de consumo e as garantias constitucionais no processo, que deveriam ser efetivadas por aqueles órgãos, se transmudaram em obstáculos para a aquisição desse novo produto, diante do mercado da justiça midiática eminentemente de lógica utilitarista [...] transformando garantias fundamentais em mercadorias em um grande "shopping humano", onde tudo é comprável, vendável permutável. [320]

Casara reforça que há uma verdadeira indevida corrosão das garantias constitucionais no processo penal, em prol do desejo pela audiência, pelo entretenimento:

---

320 BARBOSA, Ruchester Marreiros; *et al.* **Investigação Criminal Pela Polícia Judiciária**. Rio de Janeiro: Ed. Lumen Iuris, 2016. p. 7.

Constitucionalização da Investigação Policial

[...] No processo penal voltado para o espetáculo não há espaço para garantir direitos fundamentais. O espetáculo, como percebeu Debord, "não deseja chegar a nada que não seja ele mesmo". A dimensão de garantia, inerente ao processo penal no Estado Democrático de Direito (marcado por limites ao exercício do poder), desaparece para ceder lugar à dimensão do entretenimento. [...] Para seguir o programa e atender ao enredo, construído a partir de um "desejo de audiência", a lei pode ser afastada. O espetáculo aposta na exceção: o respeito à legalidade estrita revela-se enfadonho e contraproducente; os direitos e garantias fundamentais [...]. [321]

Outro dispositivo inserido pela Lei 13.964/19 de grande relevância, que busca tutelar a imagem de pessoas presas, é o art. 3º-F do CPP. *O juiz das garantias deverá assegurar o cumprimento das regras para o tratamento dos presos, impedindo o acordo ou ajuste de qualquer autoridade com órgãos da imprensa para explorar a imagem da pessoa submetida à prisão, sob pena de responsabilidade civil, administrativa e penal".* Tal dispositivo merece aplausos por inserir no Código de Processo Penal uma preocupação com direitos fundamentais que, apesar de consagrados há mais de

---

321 CASARA, Rubens R.R. **Processo Penal do Espetáculo** – Ensaios Sobre o Poder Penal, a Dogmática e o Autoritarismo na Sociedade Brasileira. Empório do Direito, 2015. p. 12.

30 (trinta) anos na Constituição Federal de 1988, não eram observados na fase policial, onde investigações são espetacularizadas e aparecem nos telejornais como uma espécie de novela, em que o protagonista vilão é o investigado, que em nome do espetáculo público não é tratado com dignidade humana, nem como presumidamente inocente, tendo sua imagem utilizada como uma espécie de bem de consumo público.

É evidente que a indispensável liberdade de imprensa é consagrada na Constituição Federal de 1988. Qualquer país que se pretenda democrático, deve ter uma imprensa livre e atuante. O art. 220 da CF/88 a consagra e a protege. Todavia, o § 1º do referido dispositivo traz restrições a essa liberdade: *"Nenhuma lei conterá dispositivo que possa constituir embaraço à plena liberdade de informação jornalística em qualquer veículo de comunicação social, observado o disposto no art. 5, IV, V, X, XIII e XIV".* O mencionado inciso X do art. 5º tutela o direito à imagem, honra, vida privada e intimidade, revelando que a imprensa tem liberdade de informação e atuação, mas não tem direito de violar tais dispositivos, vale dizer, existe a liberdade, porém esta comporta restrições, sendo uma delas a proibição de utilização indevida de imagens das pessoas, incluindo os presos, uma vez que apesar de presos, em um Estado Democrático de Direito, continuam sendo pessoas humanas titulares de direitos e não coisas.

Quanto a esse dispositivo, apesar dos merecidos aplausos por refletir uma preocupação legislativa com os direitos constitucionais fundamentais do investiga-

Constitucionalização da Investigação Policial   311

do, também deve ser visto como "duplo filtro" para proteção e preservação de tais direitos. O primeiro filtro efetivo para contenção do espetáculo é o dirigente da investigação, que no inquérito policial, é o Delegado de Polícia. Tal dispositivo, de certa forma, incumbe ao Juiz de garantias um dever quase impossível, qual seja, o de "impedir" o acordo ou ajuste de qualquer autoridade com órgãos da imprensa para explorar a imagem da pessoa submetida à prisão, mencionando ainda que o juiz de garantias que não cumprir esse dever está sujeito a responsabilização civil, administrativa e penal. Como o juiz de garantias vai "impedir", por exemplo, que um investigador policial ou membro do Ministério Público se encontre com um repórter na calada da noite para lhe passar informações sobre a investigação e a futura diligência de prisão no endereço do investigado que, por conta de tal ajuste, certamente acabará com sua imagem explorada? O dispositivo, da forma que está redigido, revela também um fetiche jurídico em relação a figura do magistrado, como se o mesmo fosse dotado de poderes extra sensoriais e de adivinhação, pois cabe o mesmo "impedir" ajustes, sendo certo que caso o ajuste ocorra e a imagem venha a ser explorada, estaria o Juiz sujeito a punição disciplinar, civil e penal.

Para dar uma interpretação viável ao referido dispositivo, o verbo "impedir" deve ser interpretado e lido como um dever de zelo para que o ajuste não ocorra. "Impedir", na acepção da palavra, é não deixar acontecer e isso cabe, não só ao Juiz de Garantias, mas precipuamente ao primeiro filtro de contenção, ao Delegado de Polícia pois no caso das investigações policiais, por presidi-la, deve evitar vazamentos indevidos de informações e da própria imagem do preso/investigado. Cabe ao Delegado o controle de sua equipe e do manuseio das informações sigilosas decorrentes da investigação. Caso esse filtro falhe e o ajuste com os órgãos de imprensa acabem ocorrendo e a imagem do preso indevidamente explorada, cabe ao Juiz de garantias reprimir essa falha, por exemplo, extraindo cópias aos órgãos de corregedoria para apuração de suposta irregularidade, cumprindo assim com a sua função de "controle de legalidade" da investigação e atuando como segundo filtro caso o primeiro venha a falhar. O máximo alcance que pode ser dado ao verbo "impedir", no sentido de não deixar acontecer, em relação ao magistrado, é para incumbir-lhe um dever de zelo, não podendo ser responsabilizado caso a imagem do preso venha a ser ilegalmente explorada, porém sem qualquer tipo de dolo ou culpa do magistrado.

Essa função, de dispositivo democrático inserido no Estado-investigador, como filtro de contenção do poder Estatal fica ainda mais latente na atribuição que possui o Delegado de Polícia na lavratura das prisões em flagrante, através do auto de prisão em flagrante. A regra no Estado Democrático de Direito é a liberdade, sendo a prisão à exceção, o direito fundamental de liberdade de locomoção encontra-se veiculado no inciso LXI, do artigo 5º, da Constituição da República, nos seguintes termos: *"ninguém será preso senão em flagrante delito ou por ordem escrita e fundamentada de autoridade judiciária competente, salvo nos casos de transgressão militar ou crime propriamente militar, definido em lei*", [322] vale dizer, a regra é a liberdade e as exceções são as prisões por ordem judicial e a prisão em flagrante. Deve-se entender que a liberdade:

> [...] é incessante, contínua, tanto que só pode ser restringida nas remotas permissões legais, por autoridade judiciária, que seja competente para expedir o mandado e que a ordem seja fundamentada. O Estado Democrático de Direito exige do magistrado a interpretação e o obriga a apontar fatos, indícios e preceitos legais em que se baseou para prolatar sua decisão", descabendo 'decretar a prisão temporária sem estar presentes de forma conjunta os requisitos do art. 1º, incisos I e III ou II e III da Lei nº 7.960/89'. [323]

O sistema constitucional brasileiro atribuiu a função de polícia ostensiva às Polícias Militares nos Estados. Segundo o art. 144, § 5º, da Constituição Federal de 1988, a Polícia Militar tem como missão constitucional o policiamento ostensivo e a preservação da ordem pública.[324] Realça ainda mais a importância da função

---

322 BRASIL. **Constituição Federal de 1988**. Brasil, 1988. Disponível em: http://www.planalto.gov.br/ccivil_03/constituicao/constituicao.htm. Acesso em 16/11/2018.

323 STJ, HC n. 134977/RS, Rel: Ministro Jorge Mussi, DJ 15/03/2010.

324 BRASIL. **Constituição Federal de 1988**. Brasil, 1988. Disponível em: http://www.planalto.gov.br/ccivil_03/constituicao/constituicao.htm. Acesso em 16/11/2017. [327] GRECO FILHO, Vicente. **Manual de Processo Penal**. São Paulo: Saraiva, 2010.

do Delegado de Polícia como dispositivo democrático, o fato de que a polícia ostensiva possui estrutura militarizada. Embora não seja possível neste trabalho fazer reflexões mais longas sobre o tema, é oportuno lembrar que não há como se dissociar um ponto imprescindível da atual estrutura policial, qual seja, a militarização da instituição encarregada pelas ações da primeira parte do ciclo policial, a qual pode ter sido "benéfica" em determinado momento da história (não existem dados científicos a esse respeito), mas hoje não é, em nossa análise, o modelo de estrutura mais adequado, não querendo dizer que esse sistema seja totalmente inoperante, mas sim que ajustes são necessários para acompanhamento da dinâmica social. Aqui reside um paradoxo, pois a Polícia Militar, com estrutura militarizada, desempenha função de natureza civil. [327]

Quando se fala em Estado de Direito, deve haver uma clara diferenciação entre Segurança Pública e Segurança Nacional. A Segurança Pública é promovida precipuamente pelas Polícias como função civil, e a Segurança Nacional como função militar das forças armadas. Uma Polícia militarizada desempenhando funções civis, mas sujeita às normativas e a Tribunais militares próprios, é um legado autoritário previsto na Constituição de 1988.[325] A militarização do controle social é típica de Estados autoritários. O policiamento cidadão não deve ser confundido com táticas de guerra, nem

---

325 ZAVERUCHA, Jorge. Relações Civil-Militares: o Legado Autoritário da Constituição Brasileira de 1988. *In:* TELES, Edson; SAFATLE, Vladimir. **O Que Resta da Ditadura:** a Exceção Brasileira. São Paulo: Boitempo, 2010.

com o doutrinamento militar que possui conceitos próprios e particularizados.

O pensador filósofo prussiano Carl Phillip Gottlieb von Clausewitz, que ocupou o cargo de General, em sua obra "da Guerra", em alemão *Von Kriege*, citado por Silva, define estratégia militar como o emprego de batalhas para obter o fim da Guerra. Estratégias militares se baseiam em um tripé: a preparação das táticas militares, a aplicação dos planos no campo de batalha e a logística envolvida na manutenção do exército.[326] Nesse contexto, militarização representa o emprego de modelos, conceitos e, acima de tudo, práticas militares de guerra em atividades de natureza policial, conferindo assim natureza bélica às questões de segurança pública.

Vemos, portanto, mesmo nesta leitura preliminar, que militarização não se restringe ao uso de farda, de armas ou a existência de hierarquia e disciplina. A doutrina militar tem conceitos de extermínio e total neutralização no que tange ao combate ao inimigo (que em termos de policiamento são os infratores penais). A política de segurança, nessa lógica militarizada, transforma-se em tática de guerra, e os órgãos policiais passam a atuar segundo paradigma bélico.

Conceitos de difícil compatibilização do que venha a ser um modelo de Polícia preconizado pelo Estado Democrático de Direito trazido pela Constituição de

---

326 SILVA, Júlio Cesar Dolce, Os Conceitos de *Clausewitz* Aplicados aos Estudos Estratégicos do Mundo Contemporâneo. **R. Esc. Sup. Guer.**, Rio de Janeiro, Ano XIII, no 36, 1998.

1988. Logo, sendo a polícia ostensiva com estrutura militarizada, suas ações e prisões devem ser controladas com rigor à luz da Constituição Federal, à observância das normativas penais, processuais penais e Constitucionais, notadamente o respeito aos direitos humanos e direitos individuais previstos nos diversos incisos do artigo 5º da Constituição de 1988.[327] Excelente conceito de poder de polícia está no Código Tributário Nacional, mais precisamente no art. 78:

> Considera-se poder de polícia atividade da administração pública que, limitando ou disciplinando direito, interesse ou liberdade, regula a prática de ato ou a abstenção de fato, em razão de interesse público concernente à segurança, à higiene, à ordem, aos costumes, à disciplina da produção e do mercado, ao exercício de atividades econômicas dependentes de concessão ou autorização do Poder Público, à tranquilidade pública ou ao respeito à propriedade e aos direitos individuais ou coletivos. [328]

Em definição simplista, nada mais é, que o poder do Estado de invadir e limitar certas garantias e direitos individuais quando o interesse público (razões de Esta-

---

327 BRASIL. **Constituição Federal de 1988**. Brasil, 1988. Disponível em: http://www.planalto.gov.br/ccivil_03/constituicao/constituicao.htm. Acesso em 16/11/2018.

328 BRASIL. Lei nº 5.172, de 25 de Outubro de 1966. **Código Tributário Nacional**. Brasil, 1966. Disponível em: http://www.planalto.gov.br/ccivil_03/leis/L5172.htm. Acesso em 16/11/2018.

Constitucionalização da Investigação Policial

do) prevalecer sobre o interesse particular. O princípio da Legalidade é princípio basilar da Administração Pública fincado constitucionalmente no art. 37 da CRFB.[329] Tal princípio se aplica de forma diferente em relação ao particular. Enquanto, o particular pode fazer tudo que a lei não veda, a administração pública somente pode fazer o que a Lei expressamente permite. Daí o motivo da importância da sequência de controles e filtros de legalidade, uma vez que todos os atos sofrerão controles preliminares e sucessivos, evitando-se arbítrios. Há uma estreita ligação, nos regimes democráticos, entre o poder de polícia e o princípio da legalidade, uma vez que o exercício do poder de polícia somente poderá ser exercido quando pautado pela legalidade; quando for extrapolado, haverá abuso de poder. O sistema legal é que define a competência, finalidade, forma, motivo e objeto do ato de polícia que é um ato administrativo. De tal modo, se o ato for praticado, por exemplo, por órgão incompetente ou com desvio de finalidade, será um ato ilegal, uma arbitrariedade.

Assim sendo, a existência de sucessivos filtros de legalidade é uma garantia constitucional das pessoas em relação aos atos praticados pela Administração. Isto é, a verificação técnica de que determinado ato foi praticado nos ditames legais e, sendo assim, a pessoa teve seus direitos fundamentais restringidos, de forma legal, em detrimento do interesse público, chegando-se a conclusão de que não houve arbítrio. Em um Estado

---

329 BRASIL. **Constituição Federal de 1988**. Brasil, 1988. Disponível em: http://www.planalto.gov.br/ccivil_03/constituicao/constituicao.htm. Acesso em 16/11/2018.

Democrático de Direito, com histórico de ditaduras recentes como o Brasil, em que as forças policiais serviram ao regime autoritário e a polícia ostensiva permanece militarizada, é de suma importância o Delegado como carreira jurídica, uma vez que fará um juízo preliminar imediato de legalidade de toda a ação policial que comanda, bem como dos fatos que lhe forem apresentados pela Polícia Militar. Juízo este que será controlado e revisado posteriormente pelo Ministério Público e pelo Judiciário.

Há relação estreita também entre princípio da legalidade, poder de polícia e controle de legalidade. Vale dizer, o Estado, através das Polícias, fiscaliza exercícios de direitos individuais e sempre que estes estiverem afetando o interesse coletivo , no caso das polícias de segurança, fazendo o que a lei não permite e caracteriza como crime ou contravenção, o Estado de imediato ou após investigação restringe o exercício de tal direito em prol da coletividade (razões de Estado). Todavia, em tal atitude fiscalizatória, devem as Polícias se pautarem na forma da Lei e, acima de tudo, observando os direitos constitucionais daqueles que são alvos de suas ações. Daí a necessidade de "controles externos".

Ademais, é necessário o controle de legalidade também sobre o ato praticado pelo indivíduo no sentido de se confirmar se ele realmente contrariou uma norma penal incriminadora. Tal juízo é feito inicialmente pelo Delegado de Polícia: é o denominado "juízo de tipicidade", que nada mais é que o enquadramento do fato apresentado às normas incriminadoras, mas que hoje se encontra mais expandido do que já fora no passado, não se limitando apenas à tipicidade formal, como também à tipicidade material e a todo o ordenamento jurídico no sentido de se verificar se há compatibilidade da prisão com o sistema jurídico e se foram respeitados os direitos do conduzido/preso.

José Afonso da Silva, ao correlacionar a importância da legalidade e observância das normas pelo próprio Estado no Estado Democrático de Direito, afirma que:

> É precisamente no Estado Democrático de Direito que se ressalta a relevância da lei, pois ele não pode ficar limitado a um conceito de lei, como o que imperou no Estado de Direito Clássico. Pois ele tem que estar em condições de realizar, mediante a lei, intervenções que impliquem diretamente uma alteração na situação da comunidade. Significa dizer: a lei não deve ficar numa esfera puramente normativa, não pode ser apenas lei de arbitragem, pois precisa influir na realidade social. [330]

Assim sendo, fica fácil enxergar o controle externo imediato sobre os atos da Polícia Militar. Repare que, na prisão em flagrante, o fato é apresentado ao Delegado de Polícia que deve fazer análise jurídica se o fato é típico, se é legalmente uma situação flagrancial, previs-

---

330 SILVA, José Afonso. **Curso de Direito Constitucional Positivo**. São Paulo, Malheiros, 2003. p. 23.

ta no art. 302 do CPP[331], o que por sua vez exige conhecimento doutrinário e jurisprudencial e, acima de tudo, se a atuação dos policiais militares ocorreu na forma da lei em respeito ao princípio da legalidade e da Constituição, inclusive com a observância dos direitos do indivíduo que foi alvo das razões de Estado. Vale dizer, verificar as circunstâncias de sua prisão, ocorrência de possível tortura, violação a integridade física e garantir todos os direitos constitucionais assegurados já na fase policial.

Não é concebível que pessoas sem formação jurídica, não aprovadas em um concurso público específico ou que integram instituição pública com missão constitucional diversa, analisem fatos juridicamente, ainda mais quando tal análise é uma garantia do cidadão de que somente vai ter seu direito fundamental de liberdade restringido por uma prisão legal. Sendo certo que essa análise de legalidade não engloba meramente uma interpretação de subsunção do fato a norma (tipicidade formal) e sim toda uma gama de conceitos e princípios constitucionais, penais e processuais penais. Nesse sentido, são válidas as reflexões de Juan Luis Gómez Colomer no sentido de que deveríamos avançar ainda mais no que tange à Polícia Judiciária:

> [...] Acima de tudo, deveria ser criada legislativamente, uma efetiva polícia judiciária, com este ou qualquer outro

---

331 BRASIL. Decreto-lei nº 3.689, de 3 de Outubro de 1941. **Código de Processo Penal**. Brasil, 1941. Disponível em: http://www.planalto.gov.br/ccivil_03/decreto-lei/Del3689.htm. Acesso em 16/11/2018.

Constitucionalização da Investigação Policial 321

nome equivalente. Por Polícia Judiciária, entendo uma Polícia verdadeiramente autônoma com relação a Polícia administrativa e aos outros tipos de Polícia, portanto não subordinada ao Poder Executivo e a serviço exclusivo da Justiça Penal. O organismo de *Investigación* Judicial da Costa Rica, devido ao que foi exposto pelo relatório nacional, poderia ser um bom exemplo de começo. [332]

Com o objetivo de maior controle e respeito dos atos policias às leis, a Constituição e em consonância com os direitos humanos, Colomer possui entendimento no sentido de que:

[...] O modelo policial deve incidir especialmente neste aspecto, que se traduz em propiciar uma excelente formação jurídica aos membros da Polícia Judiciária, incluindo cursos de reciclagem periódicos, principalmente de explicação da jurisprudência que os respectivos Supremos Tribunais estejam formando sob aquele aspecto. [333]

---

332 COLOMER, Juan-Luis Gómez. Polícia e Estado de Direito na América Latina. *In:* CHOUKR, Fauzi Hassan, AMBOS Kai (coord.). **Polícia e Estado de Direito na América Latina**. Rio de Janeiro: Lumen Iuris, 2004, p. 97.

333 COLOMER, Juan-Luis Gómez. Polícia e Estado de Direito na América Latina. *In:* CHOUKR, Fauzi Hassan, AMBOS Kai (coord.). **Polícia e Estado de Direito na América Latina**. Rio de Janeiro: Lumen Iuris, 2004, p.

Nessa esteira, o Ministro do Supremo Tribunal Federal Celso de Mello afirmou que o Delegado de Polícia, carreira à qual a Constituição da República Federativa do Brasil atribuiu a função de dirigir à Polícia Judiciária, é o "primeiro garantidor da legalidade e da Justiça".[334] Avena, sobre o tema do Delegado de Polícia enquanto carreira jurídica, bem observa que:

> O art. 2º da L. 12.830/2013 estabelece que "as funções de polícia judiciária e a apuração de infrações penais exercidas pelo delegado de polícia são de natureza jurídica, essenciais e exclusivas de Estado". Tal previsão fulminou o entendimento que decorria da interpretação literal do art. 144 da CF, que sustentava não serem jurídicas tais funções, mas tão somente atividades de segurança pública. E está correto isto, pois os atos que compreendem a investigação criminal, direta ou indiretamente, são disciplinados por leis que inserem regras jurídicas, como é o caso do CPP. Além disso, em determinadas hipóteses, a atuação do delegado condiciona-se a prévio pronunciamento judicial, a exemplo da busca e apreensão domiciliar, da quebra do sigilo telefônico, bancário e fiscal, da apuração da insanidade mental do investigado etc. Por fim, acrescente-se o fato de que o art. 3º da L. 12.830/2013 refere que o cargo de

---

334 STF, HC 84.548, Rel. Min. Marco Aurélio, DJ 21/06/2012.

delegado é privativo de bacharel em Direito, devendo-se a ele dispensar o mesmo tratamento protocolar conferido aos magistrados, membros do Ministério Público, Defensoria Pública e advogados. *E qual a consequência dessa natureza jurídica das funções de polícia judiciária e apuração de infrações penais?* A consequência é que restou afastada aquela ideia de que a autoridade policial verifica apenas a tipicidade formal (adequação do fato à norma incriminadora), podendo, então, adentrar em aspectos relacionados à tipicidade material, afastando, por exemplo, a partir do princípio da insignificância e do princípio da adequação social. Hoje, entende-se, enfim, que, sendo a atividade do delegado jurídica, pode, inclusive, deixar de indiciar se constatar excludentes de ilicitude, de tipicidade ou culpabilidade (salvo a inimputabilidade). O delegado, então, pode verificar se há ou não crime sob todos os seus elementos. [335]

Em um artigo intitulado "Delegado pode e deve aferir Convencionalidade das Leis", Castro e Barbosa sustentam, inclusive, que cabe ao Delegado de Polícia, como carreira jurídica e função essencial à justiça:

---

335 AVENA, Norberto. **Natureza Jurídica da Atividade do Delegado de Polícia**. Brasil, 2017. Disponível em www.norbertoavena. com.br. Acesso em 06/10/2018.

Dominar o ordenamento jurídico não apenas nacional, mas também internacional. Isso engloba, portanto, tanto as normas constitucionais (incluindo tratados internacionais de direitos humanos aprovados com quórum de emenda constitucional — artigo 5º, § 3º da CF) quanto as normas infraconstitucionais, sejam supralegais (tratados internacionais de direitos humanos aprovados sem quórum de emenda constitucional) ou legais (leis e tratados internacionais em geral). [336]

Temos que a Lei 12.830/2013 ao explicitar o cargo de Delegado de Polícia como carreira jurídica, portanto, devidamente empoderado para fazer juízos de valoração, pode aplicar o princípio da insignificância e, como garantidor dos direitos fundamentais e da legalidade pode evitar encarceramentos desnecessários, podendo contribuir nesse sentido para redução do "superencarceramento", que já é demonstrado como ineficiente na função principal da pena que é a de ressocialização. Cabe destacar o posicionamento de Soares e Souza [337] sobre os prejuízos trazidos pelo atual sistema

---

336 BARBOSA, Ruchester Marreiros; CASTRO, Henrique Monteiro de. **Delegado de Polícia Pode e Deve Aferir Controle de Constitucionalidade das Leis**. Brasil, 2017. Disponível em: https://www.conjur.com.br/2017-nov-07/academia-policia-delegado--aferir-convencionalidade-leis. Acesso em 13/11/2017.

337 SOARES E SOUZA, Taiguara Líbano. **A Era do Grande Encarceramento:** Tortura e Superlotação Prisional no Rio de Janeiro. 2015. Tese de Doutorado. PUC-Rio, p. 105.

Constitucionalização da Investigação Policial

carcerário, em que a ressocialização é utópica, ensejando, na verdade, um etiquetamento neutralizante dos alvos preferenciais do poder punitivo.

Frise-se que o Brasil, ao tornar-se signatário de um tratado internacional, deve se submeter às normas constantes no tratado, elemento essencial para caracterização de um Estado de Direito, promovendo assim um redimensionamento no princípio da legalidade, no sentido de que este passa a abranger também normas internacionais que devem ser observadas pelo Estado brasileiro. Promovendo, de certa forma, uma configuração do Ordenamento Jurídico onde estão incluídas e devem ser observadas as normas internacionais. Mazzuoli,[338](na mesma linha de raciocínio de Castro e Barbosa) menciona que cabe ao Delegado de Polícia inclusive fazer controle de convencionalidade em suas interpretações jurídicas, tendo em vista sua função de garantidor dos direitos fundamentais. Em suas palavras:

> Certo, portanto, é que tanto a Polícia Federal quanto a Polícia Civil têm o dever de aplicar as garantias previstas nos tratados internacionais de direitos humanos ratificados pelo Brasil no exercício de suas funções, da mesma forma que também devem destinar aos cidadãos (investigados, detidos etc.) todas as garantias estabelecidas pela Constituição Federal. Assim, não há dúvida

---

338 MAZZUOLI, Valerio de Oliveira. **Curso de Direitos Humanos.** 4.ed. São Paulo: GEN/Método, 2017, p. 463.

> ter a Polícia Judiciária papel importante a desempenhar na defesa dos direitos humanos, à luz tanto da Constituição Federal quanto dos tratados internacionais de direitos humanos ratificados e em vigor no Brasil. [...] A Polícia Judiciária não só pode como deve aferir a convencionalidade das leis no caso concreto, sugerindo que sejam invalidados os dispositivos legais que violem tratados de direitos humanos em vigor no Estado ou o bloco de convencionalidade (costumes internacionais relativos a direitos humanos, sentenças e opiniões consultivas da Corte Interamericana de Direitos Humanos etc.). Poderá o Delegado de Polícia, assim, detectar a inconvencionalidade de norma interna que inviabilize, v. g., a efetivação de uma garantia amparada pelo sistema internacional de proteção de direitos humanos. [339]

Assim, entende-se que, com o Constitucionalismo, em sua vertente como força limitadora de poder, e, com a constitucionalização releitura por ele proposta, é perfeitamente possível reavaliar conceitos a fim de amoldá-los à realidade de um Estado Democrático de Direito efetivo. Notadamente, o conceito do inquérito

---

[339] MAZZUOLI, Valerio de Oliveira. **Curso de Direitos Humanos**. 4.ed. São Paulo: GEN/Método, 2017, p. 464-469.

Constitucionalização da Investigação Policial

policial, afinado com um novo paradigma garantista de coibir abusos do Estado contra acusações infundadas, invasões indevidas na vida dos particulares, e espetacularizações, bem como na releitura das funções do Delegado de Polícia, que não pode ser visto apenas como uma autoridade policial que ratifica e realiza as razões de Estado em desfavor do indivíduo no exercício do poder de polícia, e sim como uma carreira híbrida, jurídico-policial, mas, sobretudo jurídica. Pois, embora exerça as razões de Estado através do seu mister, jamais pode se distanciar como carreira jurídica que é, do princípio da legalidade, da aferição de constitucionalidade, do respeito aos direitos e garantias fundamentais, dos direitos humanos, da dignidade da pessoa humana como valor axiológico central e até mesmo das normas internacionais de direitos humanos, de todos os envolvidos, inclusive e principalmente do conduzido preso/indiciado, que é aquele sobre o qual recai com força as razões de Estado. Souza Neto cita nesse âmbito o que chama de Polícia Democrática, entendendo que:

> A polícia democrática não discrimina, não faz distinções arbitrárias: trata os barracos nas favelas como "domicílios invioláveis"; respeita os direitos individuais, independentemente de classe, etnia e orientação sexual; não só se atém aos limites inerentes ao Estado democrático de direito, como entende que seu principal papel é promovê-lo. A concepção democrática estimula a participação popular na gestão da seguran-

ça pública; valoriza arranjos participativos e incrementa a transparência das instituições policiais. Para ela, a função da atividade policial é gerar "coesão social", não pronunciar antagonismos; é propiciar um contexto adequado à cooperação entre cidadãos livres e iguais. O combate militar é substituído pela prevenção, pela integração com políticas sociais, por medidas administrativas de redução dos riscos e pela ênfase na investigação criminal. A decisão de usar a força passa a considerar não apenas os objetivos específicos a serem alcançados pelas ações policiais, mas também, e fundamentalmente, a segurança e o bem-estar da população envolvida. [340]

Dessa forma, com o inquérito policial impregnado por características inquisitórias, a releitura constitucional se faz fundamental. Sem uma adequada hermenêutica processual penal constitucional a Constituição tem sido uma "constituição simbólica", um fetiche jurídico, no que tange a primeira fase da persecução policial.

Perazzoni, sobre a natureza da função do Delegado de Polícia no Estado democrático brasileiro, assevera:

---

340 SOUZA NETO, Cláudio Pereira de. **A segurança pública na Constituição Federal de 1988**: conceituação constitucionalmente adequada, competências federativas e órgãos de execução das políticas 2009, p. 5-6. Disponível em: http://www.oab.org.br/editora/revista/users/revista/120550597417421818 1901.pdf. Acesso em: 30/04/2018.

Constitucionalização da Investigação Policial

> [...] Não se trata por assim dizer de um policial-jurista (ou seja, um servidor policial cuja exigência mínima de ingresso na carreira seja a posse do diploma de Direito) e sim de um jurista-policial, uma autoridade pública, cuja atribuição legal é eminentemente jurídica, mas que, por acertada opção legislativa e constitucional, deixou de integrar a carreira da magistratura para tomar assento no âmbito no âmbito da própria instituição policial, como um sujeito autônomo e distante da futura relação processual, imparcial, em plena consonância com um sistema jurídico verdadeiramente acusatório. [341]

Apesar de todo o exposto, realidade fática de uma estrutura vertical hierarquizada de sociedade, em que o poder punitivo é constantemente invocado de forma seletiva e utilizado como controle social da pobreza e instrumentalizado em função das razões de Estado, torna-se uma tarefa difícil para Delegado de Polícia enxergar o papel que deve exercer em um Estado Democrático de Direito. E o que é pior, muitas vezes ele enxerga, mas não atua de tal forma, uma vez que praticamente todo suporte doutrinário e jurisprudencial ainda não efetuaram a devida constitucionalização releitura de suas funções, o que vem ocorrendo aos pou-

---

341 PERAZZONI, Franco; BEZERRA, Clayton da Silva, AGNOLETTO, Giovani Celso. **Inquérito Policial Doutrina e Prática (A Visão do Delegado de Polícia).** São Paulo: Letras Jurídicas, 2015. p. 32.

cos, sendo para ele um risco profissional agir de forma contramajoritária. Todavia, mesmo assim, pensamos ser indeclinável que o mesmo se posicione e aplique, na sua prática, posições em consonância com o Estado democrático de Direito, caso contrário, não fará jus ao recente reconhecimento legislativo como "carreira jurídica" dado pela Lei nº 12.830/13.

4. 5 QUESTÕES PRÁTICAS REFERENTES A ATUAÇÃO DO DELEGADO DE POLÍCIA

Nessa parte, após exposto o trabalho, iremos nos posicionar sobre algumas questões comumente feitas no meio jurídico sobre a atividade do Delegado de Polícia:

4.5.1 Pode o Delegado de Polícia aplicar o princípio da insignificância?

Conforme vimos ao longo da exposição da presente obra, pensamos que sim. Inicialmente, verificamos que não há resistência doutrinária no sentido de que o mesmo aplique tal princípio em hipóteses fora da prisão em flagrante, vale dizer, em situações em que não houve prisão em flagrante e ao final da investigação o Delegado faz um relatório final opinando pelo arquivamento por atipicidade da conduta, em razão do princípio da insignificância. A resistência, por parte de alguns, parece ocorrer apenas nos casos de prisão em flagrante, o que por si só já é um contrassenso que dispensa maiores comentários. Em que pese posicionamentos em sentido contrário, difícil sustentar que, em um Estado democrático de Direito, uma carreira com exigência constitucional de ser ocupada por bacharel em direito, reconhecida pela Lei como "jurídica de Estado", seja autorizada somente a fazer um burocrático juízo sob o ponto de vista da tipicidade formal e encarcerar um indivíduo dando baixíssima densidade ao seu direito fundamental de liberdade e a própria função do Direito Penal.

O conceito de Estado democrático de Direito é mais amplo que o Estado de Direito puro e simples. A observância irrefletida de um tipo penal, no sentido do contentamento com o mero aspecto formal como suficiente para justificar o encarceramento de um indivíduo, mal atende a um Estado de Direito, que tem como marca maior a obediência ao princípio da legalidade estrita por parte do poder público em que o Estado somente pode agir quando autorizado por Lei a qual também deve obediência. Quem dirá a um Estado democrático de Direito, cuja alcunha de "democrático" nem de longe é preenchida apenas com a forma de acesso ao poder através do sufrágio universal (eleições), é muito mais do que isso. É realizar a vontade da maioria desde que contemplados o direito de todos, inclusive das minorias e por isso tem, como marca indelével e característica, um núcleo intangível de direitos fundamentais inerentes a todos de forma indistinta, cujo Estado não apenas deve contemplá-los de forma passiva, como também deve atuar no sentido de tutela-los e efetiva-los. O Estado democrático de direito é um conceito que designa qualquer Estado que se aplica a garantir o respeito às liberdades civis, ou seja, o respeito pelos direitos humanos e pelos direitos e garantias fundamentais, através do estabelecimento de uma proteção jurídica adequada.

As próprias teorias da tipicidade foram evoluindo ao longo dos anos, notadamente após o funcionalismo e a teoria da imputação objetiva em que o tipo penal objetivo, antes muito desidratado, foi ganhando relevância sendo-lhe acoplado cada vez mais juízos valorativos a fim de adequá-lo à própria função do Direito Penal. Proibir o Delegado de Polícia de fazer tal juízo jurídico valorativo, seria ferir de morte o seu reconhecimento como "carreira jurídica de Estado" e mais do que isso, seria impor em pleno Estado Democrático de Direito que o Delegado seja obrigado a ratificar prisões absolutamente desnecessárias, sem relevância e sem lesividade ao bem jurídico penalmente tutelado. É um cenário em que a prisão deixaria de ser exceção para ser uma espécie de castigo momentâneo a todo aquele que realiza um conduta apenas formalmente típica, apesar de desinteressante para o próprio Direito Penal, que por sua vez é a *ultima ratio*. Não nos parece convincente, por várias razões, a afirmação de que a instituição da audiência de custódia teria minimizado a importância da aplicação do princípio da insignificância pelo Delegado de Polícia sob alegação de que o Magistrado provavelmente irá fazê-lo: A uma, que tal posição ignora a necessária sequência de filtros e controles de legalidade sobre o ato prisional, pois é afirmar que por ter um segundo filtro, o primeiro nem precisaria existir, transformando o segundo filtro em filtro único, o que por sua vez é prejudicial ao cidadão que recebe um co-

Constitucionalização da Investigação Policial

mando estatal de restrição de sua liberdade no ato da voz de prisão captura. A duas que, antes de ser levado a presença de um juiz, o preso por fato insignificante, portanto o preso por um fato que o direito considera atípico (o que em si já é algo absurdo) fica detido no cárcere e é levado em uma viatura policial, com escolta, até a presença do magistrado na audiência de custódia, o que de per si já é altamente lesivo. E a três, que desconsidera a vantagem de desonerar a castigada máquina estatal de gastar tempo e escassos recursos, preocupando-se com um fato irrelevante para o Direito Penal.

Ademais, por exigência legal, o Delegado de Polícia é responsável pelo indiciamento disciplinado na Lei federal 12.830/13, que deve ser fundamentado de forma técnico jurídica, o que por si só impõe juízos valorativos. Tal posição nos parece antiquada, inconstitucional, permeada pela indesejável mentalidade autoritária e inquisitória, trazendo no seu âmago uma desconfiança prática e jurídica das interpretações feitas pelo Delegado de Polícia, além de refletir um ranço autoritário no sentido de que as Delegacias Policiais são em verdade lugares de castigo e não de acolhimento e garantia do Direito. É negar amplitude constitucional ao artigo 2º da Lei Federal 12830/13: "As funções de polícia judiciária e a apuração de infrações penais exercidas pelo delegado de polícia são de natureza jurídica, essenciais e exclusivas de Estado" bem como ao seu § 6º "*O indiciamento, privativo do delegado de polícia, dar-se-á por ato fundamentado, mediante análise técnico-jurídica do fato, que deverá indicar a autoria, materialidade e suas circunstâncias*".

Em que pese sustentarmos a aplicação do princípio da insignificância pelo Delegado de Polícia, já nos posicionamos que é desejável que o mesmo no seu despacho fundamente sua decisão de forma consistente, também perpassando pelos requisitos firmados pelo Supremo Tribunal Federal e, no caso do crime de furto, deve atentar para, na prática, não desconsiderar sua forma privilegiada pois, em hipótese alguma se admite que tal princípio tenha promovido qualquer espécie de revogação tácita ou atribuído ineficácia à norma penal incriminadora. Devendo documentar todo o fato e remeter ao controle Ministerial e Judicial, os quais, por óbvio não estarão circunscritos a tal interpretação.

4.5.2 Pode o Delegado de Polícia fazer juízo valorativo sobre causas excludentes da ilicitude?

A resposta no que tange aos casos que não envolvam prisão em flagrante é óbvia no sentido de que pode. Durante o inquérito policial, caso reste demonstrado que a prática da conduta foi amparada por uma causa excludente da ilicitude, o Delegado de Polícia, valorando-a, irá fundamentar seu relatório final sugerindo o arquivamento pela inexistência de crime. Questão é controversa somente nos casos em que ocorrer a prisão em flagrante. Pode o Delegado de Polícia deixar de ratificar uma prisão em flagrante de um indivíduo por valorar que o fato está amparado por causa excludente da ilicitude? Para uma primeira posição [342], ao Delegado

---

342 LIMA, Renato Brasileiro de. Curso de processo penal. Niterói/RJ.Impetus.2013.p.1014

Constitucionalização da Investigação Policial

de Polícia não caberia esse tipo de análise e valoração inclusive pelo disposto no art. 310, § 1º do CPP que disciplina que tal análise caberia ao Juiz ao receber o auto de prisão em flagrante: "§ *1º Se o juiz verificar, pelo auto de prisão em flagrante, que o agente praticou o fato em qualquer das condições constantes dos incisos I, II ou III do* **caput** *do art. 23 do Decreto-Lei nº 2.848, de 7 de dezembro de 1940 (Código Penal), poderá, fundamentadamente, conceder ao acusado liberdade provisória, mediante termo de comparecimento obrigatório a todos os atos processuais, sob pena de revogação."* Vale dizer, sempre que tomar conhecimento do fato, deve a autoridade policial fazer apenas o juízo de tipicidade, não podendo valorar os demais substratos do crime, qual sejam, as causas excludentes da ilicitude e da culpabilidade. Tal posição parece reforçada pelo entendimento de autores penalistas no sentido de que, no Brasil, na relação entre o fato típico e a ilicitude, teria sido adotada a teoria da indiciariedade ou da *"ratio cognoscendi"*, através da qual o tipo indicia a ilicitude, ou seja, se um fato é típico, ele se presume ilícito.

Vale dizer, se o Delegado de Polícia fez o juízo de tipicidade e confirmou que o fato é típico, há uma presunção de que é ilícito e, não lhe cabendo valoração alguma sobre essa presunção, cabe-lhe autuar e comunicar o Magistrado, que por sua vez possui a competência para análise, na forma do art. 310, § 1º do CPP. Nos filiamos em posição diversa, no sentido de que pode o Delegado de Polícia fazer juízo valorativo sobre causas excludentes da ilicitude deixando de autuar um conduzido preso em flagrante. Entretanto, devido a situação flagrancial não lhe permitir uma melhor investigação imediata dos fatos, a excludente deve estar muito bem delineada já no ato de avaliação da prisão captura: Por exemplo: um criminoso armado adentrou em uma residência para roubar objetos, já tinha anunciado o roubo quando um dos moradores lhe surpreende e desfere tiros matando-o em legítima defesa. Uma viatura policial passava próximo ao local e, por conta do barulho dos tiros, os policiais adentraram na residência e se depararam com o corpo do assaltante já sem vida. Comunicada a Delegacia de Polícia, é providenciada a perícia de local e a remoção do cadáver, sendo o autor dos disparos e demais familiares que presenciaram o fato conduzidos à presença do Delegado de Polícia. Após as oitivas de todos e cotejando com demais indícios colhidos restou evidente que tratou-se de uma legítima defesa, não sendo constatado excesso em seu emprego. Repare que sequer pode ser invocado o instituto da apresentação espontânea para evitar a necessidade da prisão em flagrante, uma vez que ela não ocorreu. Foram os policiais que adentraram a residência após os disparos e fizeram a captura do autor. Aqui não estamos diante de uma aparente excludente da ilicitude, algo que pode ou não ter ocorrido, estamos diante de uma excludente de ilicitude evidente. Aqui há de se tecer algumas considerações: a) Ainda que adotada a teoria da indiciariedade ou da *ratio cognoscendi* no sentido de que sendo o fato típico a ilicitude restaria presumida, tal presunção não é e nem tem como ser absoluta. O efeito prático dessa presunção é uma inversão do ônus da prova no que tange a demonstração da ocorrência causa excludente

Constitucionalização da Investigação Policial

da ilicitude. Leia-se, cabe a defesa produzir provas que afastem a ilicitude uma vez que ela já resta presumida pela tipicidade. Nesse caso, estamos diante de uma causa excludente da ilicitude evidente, capaz de ser analisada pelo Delegado de Polícia que pode concluir que não restou demonstrada a prática de crime para fins de recolhimento ao cárcere. Isto é, embora diante de um fato típico, previsto no art. 121 do CP e de uma suposta situação flagrancial nos moldes do art. 302, II do CPP, o Delegado deixa de proceder o recolhimento do conduzido à prisão fundamentando que após as oitivas e demais elementos coligidos na sua apuração, não restaram *"fundadas suspeitas contra o conduzido"* da prática de infração penal, na forma do art. 304 § 1º do CPP: " ***Resultando das respostas fundada a suspeita contra o conduzido,*** *a autoridade mandará recolhê-lo à prisão, exceto no caso de livrar-se solto ou de prestar fiança, e prosseguirá nos atos do inquérito ou processo, se para isso for competente; se não o for, enviará os autos à autoridade que o seja".*

Diante de uma Constituição Federal que tem como valor axiológico maior a dignidade da pessoa humana e como direito fundamental o da presunção de inocência, que tem na prisão uma hipótese excepcional, não há como obrigar o Delegado de Polícia, bacharel em Direito e carreira jurídica de Estado, portanto autorizado a fazer juízos jurídicos valorativos, que autue em flagrante delito um indivíduo que agiu claramente licitamente, de forma autorizada pelo ordenamento jurídico, em legítima defesa.

Caso não seja uma hipótese evidente de causa excludente da ilicitude e que sua ocorrência seja apenas uma possibilidade a ser provada pela defesa, entendemos que o Delegado de Polícia deve proceder a autuação em flagrante e o recolhimento do autor do fato ao cárcere remetendo os autos ao Judiciário, cabendo ao magistrado, na forma do art. 310 § 1º do CPP, fazer análise e conceder a liberdade caso entenda cabível. Aqui cabe um esclarecimento, a necessidade de autuação pelo Delegado de Polícia não se dá em razão de um suposto princípio de *"in dubio pro societate"* na fase investigatória e sim pelo fato de que no momento da autuação em flagrante, a defesa não tinha a consistência necessária para que restasse configurada, naquele momento, a causa excludente da ilicitude apta a excluir o crime já na ocasião da análise e valoração em sede policial feita pelo Delegado de Polícia que funciona como primeiro filtro de legalidade da prisão em flagrante. Vale dizer, não é correto afirmar que "na dúvida autuou" e sim que não havia elementos aptos para derrubar os requisitos da prisão em flagrante, seja ela entendida como prisão provisória ou pré cautelar. Estando presentes os requisitos da prisão em flagrante não há que se falar, portanto, em violação à presunção de inocência, uma vez que prisões provisórias são permitidas pelo ordenamento, desde que presentes os requisitos, mesmo antes de formada a culpa penal definitiva. Posteriormente em juízo, o contraditório se expande, há mais espaço para demonstração probatória das alegações de defesa, que podem vir a convencer o magistrado a conceder a liberdade. Ao Magistrado, por ser segundo filtro de controle de legalidade, é conferido

Constitucionalização da Investigação Policial 339

pelo ordenamento jurídico, maior poder para concessão de liberdades e maior amplitude em juízos valorativos. Logo, pode e deve o Delegado de Polícia deixar de autuar alguém que foi capturado em situação flagrancial, desde que esteja configurada de forma evidente (manifesta) a situação excludente, deixando claro que não restaram fundadas as suspeitas de cometimento de crime contra o conduzido. Tal decisão deve ser motivada e remetida ao controle judicial e ministerial.

4.5.3 O advogado tem acesso irrestrito ao inquérito policial na Delegacia de Polícia?

Imaginemos uma seguinte situação: O Delegado está em seu gabinete e o inspetor lhe informa que um advogado está no balcão e pediu para ver um inquérito policial, todavia está sem procuração. Deve o Delegado de Polícia conceder o acesso? Inicialmente vamos transcrever os dispositivos legais envolvidos para depois prosseguirmos na elaboração da resposta:

> Art. 7, XIV da Lei 8.906/94 - *examinar, em qualquer instituição responsável por conduzir investigação, mesmo sem procuração, autos de flagrante e de investigações de qualquer natureza, findos ou em andamento, ainda que conclusos à autoridade, podendo copiar peças e tomar apontamentos, em meio físico ou digital.*

Art. 7º § 10 da Lei 8.906/94 - Nos autos sujeitos a sigilo, deve o advogado apresentar procuração para o exercício dos direitos de que trata o inciso XIV. (Incluído pela Lei nº 13.245, de 2016)

Súmula vinculante 14 do STF - É direito do defensor, no interesse do representado, ter acesso amplo aos elementos de prova que, já documentados em procedimento investigatório *realizado por órgão com competência de polícia judiciária, digam respeito ao exercício do direito de defesa.*

Art. 20 do CPP - *A autoridade assegurará no inquérito o sigilo necessário à elucidação do fato ou exigido pelo interesse da sociedade.*

Art. 3º-B. do CPP (inserido pela Lei 13.964/19) *O juiz das garantias é responsável pelo controle da legalidade da investigação criminal e pela salvaguarda dos direitos individuais cuja franquia tenha sido reservada à autorização prévia do Poder Judiciário, competindo-lhe especialmente:*

XV - *assegurar prontamente, quando se fizer necessário, o direito outorgado ao investigado e ao seu defensor de acesso a todos os elementos informativos e provas* produzidos no âmbito da investigação criminal, salvo no que concerne, estritamente, às diligências em andamento;

Constitucionalização da Investigação Policial

Tal pergunta parece simples de ser respondida, podendo gerar uma superficial resposta de que o advogado deve ter acesso, mesmo sem procuração, por disposição expressa do estatuto da OAB e da súmula vinculante 14 do STF, com exceção aos elementos de provas ainda não documentados referentes a diligências em andamento.

Inicialmente frise-se que para concessão ou não, deve o Delegado de Polícia verificar se realmente trata-se de um advogado habilitado, isto é, verificar em consulta no site da OAB se a pessoa que se diz advogado realmente o é. Superada essa rápida análise inicial, confirmando tratar-se de advogado, deve o Delegado verificar se no inquérito solicitado há matérias atinentes a quebras de sigilos bancários e fiscais, bem como outras cautelares que digam respeito a matérias com reserva de jurisdição e portanto submetidas aos juiz de garantias em autos apartados, submetidos ao sigilo. Posteriormente, deve o Delegado aferir se o advogado está munido de procuração e, caso não esteja, se está efetivamente atuando "no interesse do representado" na forma que está disposto na Súmula Vinculante 14 do STF. Explica-se: O Delegado deve zelar pelo sigilo necessário a elucidação do fato ou exigido pelo interesse da sociedade nos termos do art. 20 do CPP. Uma compreensão constitucional do que seja "sigilo necessário para elucidação do fato" compreende não apenas preservar o efeito surpresa das investigações para êxito na elucidação do crime, mas também zelar pelo sigilo da informação, imagem e dados de pessoas investigadas, isto é, zelar pelos direitos fundamentais das pessoas investigadas, preservando que dados e informações documentadas na busca da elucidação do fato não sejam revelados de forma desnecessária e temerária de modo a cair nas mãos de curiosos ou mal intencionados. Imaginemos um grande veículo de comunicação que queira publicar dados e fatos constantes da sigilosa investigação e que tal advogado está no balcão não no "no interesse do representado" e sim de um jornal ou uma cadeia de televisão. Ou até mesmo, não está no interesse do representado, eis que desafeto dele, quer ter acesso aos dados para prejudicar o investigado na sua vida pessoal. Ou ainda, em seu interesse profissional, pois sequer conhece nenhum dos investigados e quer justamente pegar os dados para contactá-los e oferecer seus serviços profissionais.

Vale dizer, cabe ao Delegado de Polícia, fazer uma averiguação, ainda que sumaríssima, que lhe permita concluir que o advogado que está no balcão solicitando o inquérito, está efetivamente "no interesse do representado" caso não apresente procuração. A demonstração efetiva desse interesse pode se dar de várias formas, seja expressada oralmente de forma convincente, seja por meio de escrito (ainda que não caracterize formalmente uma procuração) e até por meio tácito, como por exemplo, o advogado estar acompanhado por um familiar do suspeito. O Delegado de Polícia zelará, se necessário, para que seja feito contato com o investigado e confirmado se o profissional que ali se apresenta o faz no interesse dele.

Após verificar que trata-se realmente de advogado no interesse do representado, o Delegado deve analisar a quais elementos de informação tem direito de acesso

Constitucionalização da Investigação Policial

o advogado, verificando inclusive se há pluralidade de investigados. É evidente que tal direito de acesso concedido pelo estatuto da OAB e consagrado na súmula vinculante 14 do STF está ligado ao direito de contraditório e defesa que tem o investigado, qual seja, o direito a ciência do que fora produzido na investigação, bem como para permitir o direito a reação possível já em sede policial, seja através dos meios de defesa endógenos, dentro do próprio inquérito policial, ou exógenos, através de impetração de habeas corpus ou mandado de segurança dirigido ao Juiz de Garantias. Ou seja, como a função do advogado é essencial para administração da justiça, nos termos art. 133 da Constituição Federal, devem ser-lhe asseguradas prerrogativas que lhe permitam desempenhar a função de modo adequado, tendo intima ligação com o direito constitucional de contraditório e defesa daqueles que representa. Portanto o acesso deve ser concedido, aos elementos de prova já documentados, que não indiquem a realização de diligências futuras e que digam respeito ao investigado representado, compreendidos como documentos úteis para sua possível defesa. Quanto aos autos apartados com matérias revestidas de sigilo, como por exemplo dados bancários e fiscais, deve o advogado estar municiado de procuração, nos termos do art. 7 § 10 da Lei 8.906/94. Conforme adverte Renato Brasileiro de Lima:[343] *"... Havendo informações sigilosas nos autos do inquérito policial (v.g. quebra de sigilo bancário e/ou telefônico), todavia não é qualquer advogado que pode ter acesso aos autos, mas somente aquele que detém procuração – Lei nº 8.906/94, art. 7, § 10*

---

343 LIMA. Renato Brasileiro de. Código de Processo Penal comentado. 3ed. Salvador, Juspodivm, 2018. P.1663

–. Vale dizer, autos contendo elementos de informação com matérias revestidas de sigilo judicial, somente tem direito de acesso o advogado com procuração. Mesmo nesse caso, não devem ser concedidos dados sigilosos, acessados judicialmente, sobre outros investigados. Daí a relevância do cuidado que o Delegado de Polícia deve ter na autuação de informações sigilosas, notadamente nos autos apartados que envolvam quebras de sigilo de matérias submetidas ao juiz de garantias, pois são tão mais sensíveis, que a Constituição lhes reservou o acesso apenas através de uma ordem judicial em situações excepcionais com requisitos específicos. Recomenda-se que quebras de sigilos bancários e fiscais, por exemplo, sejam autuadas em apartado, separando as informações de cada investigado. O acesso às informações constantes sobre determinado investigado, nos autos cobertos com o sigilo, somente é dado ao Delegado que preside a investigação, ao Promotor Natural, ao Juiz de garantias e ao advogado municiado de procuração para representar seus interesses tão somente. Não deve tal acesso ser estendido para advogados que, em que pesem representar outro investigado na mesma investigação, nada tem haver com o exercício de sua defesa. Vale dizer, se houve quebra de sigilo judicial, por exemplo, de 3 (três) investigados, o advogado de defesa, que detém procuração, deve ter acesso aos dados sigilosos sobre o seu cliente e não de todos eles de modo indistinto. Cabe ao Delegado zelar pelos direitos fundamentais dos demais investigados preservando-os de acessos indevidos. Ademais a ordem de concessão para acessar os dados sigilosos foi concedida pelo Juiz e para acesso restrito, não devendo

Constitucionalização da Investigação Policial

o Delegado levantar o sigilo concedendo acesso a advogado que represente outro investigado. Caso deseje tal acesso, cabe ao advogado manejar defesa exógena junto ao Juiz de Garantias na forma do art.3º-B, XV do CPP, onde buscará demonstrar que o acesso aos dados sigilosos dos demais investigados são fundamentais para o exercício da defesa daquele que representa. Somente com autorização expressa do Juiz de Garantias, responsável pelo acesso às informações, pode o Delegado dar acesso a informações sigilosas de outro investigado. Vale dizer, o responsável pela quebra de sigilo é o Magistrado, cabendo ao Delegado o zelo e a guarda das informações sigilosas tanto para proteger a investigação como para proteger o direito constitucional de sigilo de suas informações que os investigados possuem.

Há ainda os casos em que é decretado o sigilo judicial dos autos pela autoridade judiciária para preservação e proteção da vítima, por exemplo, nos casos de crimes contra dignidade sexual, na forma § 6º do art. 201 do CPP:

> *"O juiz tomará as providências necessárias à preservação da intimidade, vida privada, honra e imagem do ofendido, podendo, inclusive, determinar o segredo de justiça em relação aos dados, depoimentos e outras informações constantes dos autos a seu respeito para evitar sua exposição aos meios de comunicação."*

Também nessas investigações em que for decretado o sigilo, deve o defensor apresentar procuração para ter acesso aos autos, conforme art. 7º, § 10, da Lei nº 8.906/94).

Fica evidente portanto que o acesso aos autos do inquérito policial pelo advogado restringe-se aos elementos de provas já documentados, que não indiquem diligências futuras e somente para o advogado que estiver efetivamente no interesse do representado. Deve-se ainda atentar para os autos que estejam revestidos de sigilo, atinentes a matérias sigilosas, gravadas com cláusula de reserva de jurisdição que contenham dados pessoais pessoas investigadas. Somente advogados munidos de procuração podem acessar tais autos. E deve-se ainda atentar que tal acesso seja limitado às informações pessoais do investigado o qual expressamente o advogado representa, zelando-se pelo sigilo dos demais investigados. Há ainda os casos em que ocorre a decretação de sigilo judicial dos autos para preservação da vítima, como por exemplo, nos crimes sexuais, caso em que o Delegado de Polícia também deve exigir procuração do advogado para que acesse os autos. Verifica-se, portanto, que não é o fato de ser advogado que confere a tal profissional o direito de acessar irrestritamente inquéritos policiais nas delegacias, há uma série de requisitos específicos que deve observar o Delegado de Polícia antes de conceder o acesso. Como já fora dito, tal zelo pelo sigilo se faz no interesse da elucidação do fato, pelo interesse da sociedade e na proteção dos direitos e garantias fundamentais dos indivíduos investigados.

REFERÊNCIAS

AGAMBEN, Giorgio. **Estado de Exceção.** São Paulo: Boitempo, 2004.

AGAMBEN, Giorgio. **O que é um contemporâneo e outros ensaios.** Chapecó- SC: Argos, 2009.

AGAMBEN, Giorgio. **Homo sacer:** o poder soberano e a vida nua. 2. ed. Belo Horizonte: Ed. UFMG, 2010.

AGAMBEN, Giorgio. What is a destituent power?. **Environment and Planning D: Society and Space**, v. 32, n. 1, p. 65-74, 2014.

ALBRETCH, Peter Alexis. **Criminologia:** uma fundamentação para o direito penal. Rio de Janeiro: Lumen Juris, 2010.

ALMEIDA, Joaquim Canuto Mendes de. **Princípios fundamentais do processo penal.** São Paulo: Revista dos Tribunais, 1973.

AVENA, Norberto. **Natureza Jurídica da Atividade do Delegado de Polícia.** Brasil, 2017. Disponível em www.norbertoavena.com.br. Acesso em 06/10/2018.

BACHELARD, Gaston. **Ensaio sobre o conhecimento aproximado.** Rio de Janeiro: Contraponto, 2004.

BADARÓ, Gustavo Henrique Righi Ivahy. **Processo Penal.** Rio de Janeiro: Campus Elsevier, 2012.

BALDAN, Édson Luís. Devida investigação legal como derivação do devido processo legal e como garantia fundamental do imputado. ***In:* KHALED JR. Salah (coord.). Sistema penal e poder punitivo:** estudos em homenagem ao prof. Aury Lopes Jr. Florianópolis: Empório do Direito, 2015.

BALLESTEROS, Paula Rodriguez. Gestão de políticas de segurança pública no Brasil:

problemas, impasses e desafios. ***In:* Rev. bras. segur. pública.** São Paulo v. 8, n. 1, fev/mar 2014, p. 6-22.

BANDEIRA DE MELLO, Celso Antônio. A democracia e suas dificuldades contemporâneas. ***In:* Revista de direito administrativo,** v. 212. 1998, p. 57-70.

BARBOSA, Ruchester Marreiros. Delegado natural é princípio basilar da devida investigação criminal. 2015. ***In:* Revista Consultor Jurídico.** Disponível em:

https://www.conjur.com.br/2015-out-06/academia--policia-delegado-natural-principio-basilarinvestigacao-criminal. Acesso em: 28 jan. 2019.

BARBOSA, Ruchester Marreiros; CASTRO, Henrique Monteiro de. **Delegado de Polícia Pode e Deve Aferir Controle de Constitucionalidade das Leis.** Brasil, 2017. Disponível em: https://www.conjur.com.br/2017-nov-07/academia-policia-delegado-aferirconvencionalidade-leis. Acesso em 13/11/2017.

BARBOSA, Ruchester Marreiros; *et al.* **Investigação Criminal Pela Polícia Judiciária.** Rio de Janeiro: Ed. Lumen Iuris, 2016.

BARROS, Caio Sérgio Paz de. **A incidência do contraditório no inquérito policial:** a natureza jurídica- do processo penal, processo e procedimento, as investigações preliminares realizadas pelo Ministério Público. São Paulo: Ed. Edimor, 2005.

BARROSO, Luís Roberto. **Curso de Direito Constitucional Contemporâneo:** Os Conceitos Fundamentais e a Construção do Novo Modelo. 3. ed. São Paulo: Saraiva, 2011.

BATISTA, Nilo. **Matrizes Ibéricas do Sistema Penal Brasileiro.** Rio de Janeiro: Freitas Bastos, 2000.

BATISTA, Vera Malaguti. **Introdução crítica à Criminologia Brasileira.** 2.ed. Rio de Janeiro: Revan, 2012.

BAUMAN, Zygmunt. **Globalização:** As consequências humanas. Rio de Janeiro: Zahar, 1999.

BAUMAN, Zygmunt. **Modernidade Líquida.** Ed. Zahar, Rio de Janeiro, 2001.

BELLO, Enzo. Cidadania, alienação e fetichismo constitucional. *In:* **M.M.'A.B. LIMA; E. BELLO (coords.), Direito e marxismo.** Rio de Janeiro, Lumen Juris, 2010, p. 7-33.

BENJAMIN, Walter. Sobre Arte, Técnica, Linguagem e Política. São Paulo: Antropos. 1992.

BONAVIDES, Paulo. Prefácio. *In:* **SARLET. Ingo Wolfgang. Dignidade (da Pessoa) Humana e Direitos**

fundamentais na Constituição Federal de 1988. 10.ed. Porto Alegre: Livraria do Advogado 2015

BOSCHI, José Antonio Paganella. A investigação criminal. Legitimidade e meios. **Direito & Justiça**, v. 40, n. 2, 2014, p. 133-143.

BRASIL. Ministério da Justiça. **Levantamento Nacional de informações Penitenciárias** – INFOPEN – Dezembro de 2014.

BRASIL. **Código Penal Militar.** Lei 13.491/2017. Disponível em:

http://www.planalto.gov.br/ccivil_03/decreto-lei/Del1001.htm Acesso em: jan.2019.

BRASIL. **Constituição Federal de 1988**. Brasil, 1988. Disponível em:

http://www.planalto.gov.br/ccivil_03/constituicao/constituicao.htm. Acesso em 16/11/2018.

BRASIL. Portaria Normativa n. 186/MD, de 31 de janeiro de 2014, publicada no **Diário Oficial da União** n. 23, de 03 de fevereiro de 2014. Disponível em:

http://bdex.eb.mil.br/jspui/handle/123456789/138?-mode=full Acesso em: jan./2019.

BRASIL. Decreto-lei nº 3.689, de 3 de outubro de 1941. **Código de Processo Penal**. Brasil, 1941. Disponível em: http://www.planalto.gov.br/ccivil_03/decreto-lei/Del3689.htm. Acesso em 16/11/2017.

BRASIL. **ARE 999036,** Relator(a): Min. LUIZ FUX, julgado em 19/10/2016, publicado em PROCESSO

ELETRÔNICO DJe-226 DIVULG 21/10/2016 PUBLIC 24/10/2016.

BRASIL. **Lei nº 12.830 de 20 de Junho de 2013**. Brasil, 2013. Disponível em:<https://www.planalto.gov.br/ccivil_03/_ato2015-2018/2016/lei/l13300.htm>. Acesso em 08/07/2018.

BRASIL. Superior Tribunal de Justiça. **Recurso especial nº 1.365.279 - SP (2011/02462648)**. Recorrente: Condomínio Edifício São Tomás Advogado: João Alves da Silva e outro(s). Recorrido: Jurandy Carador. Relator: Ministro Luis Felipe Salomão. Brasília, 25 de agosto de 2015. Disponível em: https://ww2.stj.jus.br/processo/revista/documento/mediado/?componente=ITA&-sequencial=1 434493& num_registro=201102462648&-data=20150929&formato=PDF. Acesso em: jan./2019.

BRENTANO, Gustavo de Mattos. A aplicação do princípio da insignificância pelo delegado de polícia. 2018. *In:* **Revista Consultor Jurídico.** Disponível em:

https://www.conjur.com.br/2018-fev-28/gustavo-brentano-uso-principio-insignificanciadelegado. Acesso em: 27 jan. 2019.

CABETTE, Eduardo Luiz Santos; SANNINI NETO, Francisco. Poder requisitório do delegado de polícia e sua abrangência no atual cenário normativo. *In:* **Revista Síntese: Direito Penal e Processual Penal**, v. 15, n. 90, fev./mar. 2015, p. 226-231. Disponível em: http://www.mpsp.mp.br/portal/page/portal/documentacao_e_divulgacao/doc_biblioteca/bibli_ servicos_produtos/bibli_boletim/bibli_bol_2006/RDP_90_miolo%5B1%5D.pdf. Acesso em: 27 jan. 2019.

CADERMATORI, Sérgio. **Estado de Direito e Legitimidade:** uma abordagem garantista. 2.ed. Campinas, 2007.

CAMPOS. Francisco. **O Estado Nacional:** sua estrutura, seu conteúdo ideológico. Brasília: Senado Federal, Conselho Editorial, 2001.

CAPEZ, Fernando. **Curso de processo penal.** 23. ed. São Paulo: Saraiva, 2016.

CARNEIRO, Maria Luiza Tucci. O Estado Novo, o Dops e a ideologia da segurança nacional. **Repensando o Estado Novo.** Rio de Janeiro: FGV, 1999.

CARNELUTTI, Francesco. **Lições sobre o Processo Penal.** Campinas: Bookseller, 2004.

CARVALHO, Salo de. **Pena e Garantias.** 3 ed. Rio de Janeiro: Lumen Juris, 2008.

CARVALHO, Salo de. **A Política Criminal de Drogas no Brasil.** 8.ed. São Paulo: Saraiva: 2016.

CASARA, Rubens R.R. **Processo Penal do Espetáculo** – Ensaios Sobre o Poder Penal, a Dogmática e o Autoritarismo na Sociedade Brasileira. Empório do Direito, 2015.

CASARA, Rubens R.R. MELCHIOR, Antônio Pedro. **Teoria do Processo Penal Brasileiro:** dogmática e crítica. Rio de Janeiro: Lumen Juris, 2013.

CASTRO, Henrique. Inquérito policial tem sido conceituado de forma equivocada. *In:*

Revista Consultor Jurídico. 2017. Disponível em: https://www.conjur.com.br/2017-fev21/academia-policia-inquerito-policial-sido-conceituado-forma-equivocada Acesso em: 20 jan. 2019.

CESARINI, Paola; HITE, Katherine. Introducing the Concept of Authoritarian Legacies. *In:* **CESARINI, Paola; HITE, Katherine (Ed.). Authoritarian Legacies and Democracy in Latin America and Southern Cone.** Notre Dame: Notre Dame University Press, 2004.

CHOUKR, Fauzi Hassan. **Processo Penal de Emergência.** Rio de Janeiro: Lumen Juris, 2002.

CIRINO DOS SANTOS, Juarez. **A Criminologia Radical.** 3.ed. Curitiba: ICPC: Lumen Iuris, 2008.

COELHO, Emerson Ghirardelli. **Investigação Criminal Constitucional.** Del Rey, 2017.

COLOMER, Juan-Luis Gómez. Polícia e Estado de Direito na América Latina. *In:* CHOUKR, Fauzi Hassan, AMBOS Kai (coord.). **Polícia e Estado de Direito na América Latina**. Rio de Janeiro: Lumen Iuris, 2004.

CORDEIRO, Isaías. O Direito Penal e a Polícia Judiciária no Estado Democrático de Direito. *In:* **GUSSO, Rodrigo Bueno; QUEIROZ, David. (Orgs). Estudos sobre o papel da Polícia Civil em um estado democrático de direito.** Florianópolis: Empório do Direito, 2016.

COSTA JÚNIOR, Paulo José da; PAGLIARO, Antonio. **Dos crimes contra a Administração Pública.** São Paulo, ed. Malheiros, 1997.

COSTA, Pietro. **Democracia Política e Estado Constitucional: Soberania, Representação, Democracia:

ensaios de história do pensamento jurídico. Napoli: Scientifica, 2006.

COUTINHO, Jacinto Nelson de Miranda. Introdução aos princípios gerais do processo penal. *In:* **Revista de Estudos Criminais.** Porto Alegre. n. 30. P. 163 – 198. 2001.

CUNHA MARTINS, Rui. **A hora dos cadáveres adiados:** corrupção, expectativa e processo penal. São Paulo: Atlas, 2013.

CUNHA, Rogério Sanches. Pacote Anticrime – Lei 13.964/2019: Comentários às alterações no CP, CPP e LEP – Salvador: Ed. Juspodium, 2020. P.100/101)

DALIA, Andrea Antonio; FERRAJOLI, Marzia. **Manuale di Diritto Processuale Penale.** Padova: CEDAM, 2000.

DANTAS JÚNIOR, Enéas de Oliveira. A investigação criminal à luz da lei 12.830/2013. *In:* **Revista da Ejuse**, n. 21, 2010, P. 335 - 352.

DEBORD, Guy. **A sociedade do espetáculo.** Rio de Janeiro: Contraponto editora, 1997.

DIDIER JÚNIOR. Fredie. **Curso de Direito Processual Civil.** Salvador: Juspodivm. 2012.

DIMOULIS, Dimitri; MARTINS, Leonardo. **Teoria dos Direitos fundamentais.** 4.ed. São Paulo: Atlas, 2012.

DI PIETRO, Maria Sylvia Zanella. **Direito Administrativo.** 23 ed. São Paulo: Editora Atlas, 2010.

DIETER, Maurício Stegmann. O Sistema de Investigação Criminal Brasileiro e o Novo

Código de Processo Penal que se anuncia. *In:* **COUTINHO, Jacinto Nelson de Miranda; CARVALHO, Luís Gustavo Grandinetti Castanho de (Org.). O Novo Processo Penal à Luz da Constituição.** Rio de Janeiro: Lumen Juris, 2010.

DIMOULIS, Dimitri. **Direito Penal constitucional:** garantismo na perspectiva do pragmatismo jurídico político. Belo Horizonte, Arraes editores, 2016.

DWORKIN, Ronald. A visão econômica do direito. *In:* **DWORKIN, Ronald. Uma questão de princípio.** São Paulo: Martins fontes, 2003.

DYZENHAUS, David. Legality and Legimacy: Carl Schmitt, Hans Kelsen and Hermann Heller in Weimar. Oxford University Press, 1999.

FAORO, Raymund. **Os donos do poder.** Rio de Janeiro: Globo, 1975.

FERRAJOLI, Luigi (Clb.). **Direito e razão:** teoria do Garantismo penal. São Paulo: Revista dos Tribunais, 2002.

FERRAJOLI, Luigi. **Garantismo**: uma discusión sobre derecho y democracia. Madrid: Editorial Trotta, 2006.

FERRAJOLI, Luigi. **Poderes Selvagens:** a crise da democracia italiana. Tradução Alexander de Araújo. São Paulo. Saraiva. 2014.

FOUCAULT, M. Two lectures. *In:* **Power/Knowledge:** selected writings, interviews & other writings – 1972-1977. New York: Pantheon Books, 1980.

GABRIEL, Anderson de Paiva. **A duração razoável dos procedimentos investigativos: reflexões sobre a jurisdição contemporânea.** 2018. Disponível em:

https://www.jota.info/opiniao-e-analise/colunas/juiz-hermes/a-duracao-razoavel-dosprocedimentos-investigativos-01102018. Acesso em: 27 jan. 2019.

GAUER, Ruth M. Chittó. Alguns Aspectos da Fenomenologia da Violência. **In: GAUER, Gabriel J. GAUER, Ruth M. Chittó. A Fenomenologia da violência.** Curitiba: Juruá, 2008.

GIACOMOLLI, Nereu José. **O devido processo penal.** 3 ed. São Paulo: Atlas, 2016.

GIACOMOLLI, Nereu José. Algumas marcas inquisitoriais do Código de Processo Penal brasileiro e a resistência às reformas. **In: Revista Brasileira de Direito Processual Penal**, v. 1, n. 1, 2015.

GLOECKNER, Ricardo Jacobsen; LOPES JÚNIOR, Aury. **Investigação Preliminar no Processo Penal.** 6 ed. São Paulo. Saraiva. 2014.

GRECO FILHO, Vicente. **Manual de processo penal.** 8. ed. São Paulo: Saraiva, 2010.

GUSTIN, Miracy B. S.; DIAS, Maria Tereza Fonseca. **(Re)Pensando a pesquisa jurídica:** teoria e prática. 2. ed. Belo Horizonte: Del Rey, 2006.

HASSEMER, Winfried; MUÑOZ, Francisco. **Introdução à Criminologia.** Rio de Janeiro: Lúmen Juris, 2008.

HESSE, Konrad. **A Força Normativa da Constituição**. Porto Alegre: Sergio Antonio Fabris Editor, 1991.

HESSE, Konrad. **Elementos de Direito Constitucional da República Federal da Alemanha.** Porto Alegre: Sergio Antonio Fabris, 1998.

HOFFMANN, Henrique. **O Inquérito Policial tem sido Conceituado de Forma**

Equivocada. Brasil, 2007. Disponível em: http://www.conjur.com.br/2017-fev-21/academia- policia-inquerito-policial-sido-conceituado-forma-equivocada. Acesso em: jan/2019.

HOFFMANN, Henrique. Delegado pode presidir inquérito policial também de forma remota.

2017. **In: Revista Consultor Jurídico.** Disponível em: https://www.conjur.com.br/2017-ago08/academia-policia-delegado-presidir-inquerito-policial-tambem-forma-remota. Acesso em: 28 jan. 2019.

HOFFMANN, Henrique. Há sim contraditório e ampla defesa no inquérito policial. *In:*

Revista Consultor Jurídico, 1 de novembro de 2016. Disponível em: https://www.conjur.com.br/2016-nov-01/academia-policia-sim-contraditorio-ampla-defesainquerito-policial. Acesso em: 20 jan. 2019.

HOFFMANN, Henrique. Inamovibilidade é prerrogativa do delegado e garantia do cidadão. 2015. **In: Revista Consultor Jurídico.** Disponível em: https://www.conjur.com.br/2015-out27/academia-policia-inamovibilidade-prerrogativa-delegado-garantia-cidadao#_ftnref12. Acesso em: 28 jan. 2019.

HOFFMANN, Henrique; NICOLITT, André. Investigação criminal pelo Ministério Público possui limites. 2018. *In:* **Revista Consultor Jurídico.** Disponível em: https://www.conjur.com.br/2018-jul-30/opiniao-investigacao-criminal-mp-possui-limites. Acesso em: 28 jan. 2019.

HOLLOWAY, Thomas. **Polícia no Rio de Janeiro:** repressão e resistência numa cidade do século XIX. Rio de Janeiro: Editora da FGV, 1997.

JAKOBS, Gunther; MELIÁ, Manuel Câncio. **Derecho Penal del Enemigo.** Madrid: Civitas. 2003.

JARDIM, Afrânio Silva. **Direito Processual Penal.** 11. ed. Rio de Janeiro: Forense, 2007.

JÚNIOR, Salah H. Khaled. **A busca da verdade no Processo Penal:** para além da ambição inquisitorial. São Paulo: Atlas 2013.

KHALED JÚNIOR, Salah H. **A busca da verdade no Processo Penal:** para além da ambição inquisitorial. São Paulo: Atlas, 2013.

KUHN, Thomas. S. **A estrutura das relações científicas.** São Paulo. Perspectiva, 1991.

LASSALE, Ferdinand. **O que é uma Constituição.** Belo Horizonte: Ed. Líder, 2002.

LIMA, Renato Brasileiro de. **Código de Processo Penal Comentado.** 3.ed. Salvador: Juspodivm, 2018.

LOPES JÚNIOR, Aury. **Introdução Crítica ao Processo Penal.** Rio de Janeiro: Lumen Juris. 2006.

LOPES JÚNIOR, Aury. **Direito Processual Penal.** 9.ed. São Paulo: Saraiva, 2012.

LOPES JÚNIOR, Aury; GLOECKNER, Ricardo Jacobsen. **Investigação Preliminar no Processo Penal.** São Paulo: Saraiva, 2013

LOPES JÚNIOR, Aury. **Direito Processual Penal e sua conformidade constitucional.** Rio de Janeiro. Lumen Juris, 2008.

MACHADO, Leonardo Marcondes. **Introdução crítica à investigação preliminar.** Belo Horizonte: D'Plácido, 2018.

LOPES JÚNIOR, Aury. O inquérito policial goza de contraditório (mitigado) e defesa (limitada). *In:* **Revista Consultor Jurídico**, 4 de setembro de 2018. Disponível em: https://www.conjur.com.br/2018-set-04/academia-policia-inquerito-policial-gozacontraditorio-mitigado-defesa-limitada. Acesso em: jan./2019.

MAZZUOLI, Valerio de Oliveira. **Curso de Direitos Humanos**. 4.ed. São Paulo: GEN/Método, 2017.

MENDES DE ALMEIDA, João Canuto. **Princípios Fundamentais do Processo Penal.** São Paulo. Revista dos Tribunais, 1973.

MURARO, Mariel. **O inimigo em Carl Schmitt, o direito penal do inimigo em Jakobs e o estado de exceção,** 2012.

MURPHY, Cullen. **God's Jury:** The Inquisition and the Making of the Modern World. Boton: Mariner Books, 2013.

NEDER, Gizlene. **Iluminismo Jurídico-Penal Luso--Brasileiro:** Obediência e submissão.

2.ed. Rio de Janeiro: Revan, 2017.

NONET, Philippe; Selznick, PHILIP. **Direito e sociedade:** a transição ao sistema jurídico responsivo. Rio de Janeiro: Revan, 2010.

NICOLITT, André Luiz. **As Subversões da Presunção de Inocência:** Violência, Cidade e Processo Penal. Rio de Janeiro: Lumen Júris, 2006.

NICOLITT, André Luiz. **Manual de processo penal.** 5.ed. São Paulo: editora Revista dos Tribunais, 2014.

NUCCI, Guilherme de Souza. Pacote Anticrime comentado: Lei 13.964. 1 Ed. Rio de Janeiro: Forense, 2020 – p.39/40

NUNES, Marcelo Alves. **Duração razoável da investigação criminal: uma garantia fundamental do investigado.** 2013. 120 p. Dissertação (Mestrado), Uninove, 2013. Disponível em: http://bibliotecatede.uninove. br/handle/tede/1237. Acesso em: 27 jan. 2019.

PACELLI, Eugênio. **Curso de processo penal.** 21. ed. São Paulo: Atlas, 2017.

PANDOLFI, Dulce Chaves (org.). **Repensando o Estado Novo**. Rio de Janeiro: Ed. Fundação Getúlio Vargas, 1999.

PARAGUASSU, Mônica Correia da Silva. **Presunção de inocência:** Uma questão de princípio da vingança e da justiça. Niterói: Ed. da UFF, 2011.

PERAZZONI, Franco; BEZERRA, Clayton da Silva, AGNOLETTO, Giovani Celso. **Inquérito Policial Doutrina e Prática (A Visão do Delegado de Polícia).** São Paulo: Letras Jurídicas, 2015.

PERAZZONI, Franco; SILVA, Wellington Clay Porcino. Inquérito Policial: um instrumento eficiente e indispensável à investigação. *In:* **Revista Brasileira de Ciências Policiais**, v. 6, n. 2, p. 77-115, 2015.

PEREIRA, André Luiz Bermudez. **A investigação criminal orientada pela teoria dos jogos.** Florianópolis: Emais, 2018.

PIMENTEL JÚNIOR, Jaime; MORAES, Rafael Francisco Marcondes de. **Polícia Judiciária e Atuação da Defesa na Investigação Criminal**. São Paulo: Editora Verbatim, 2017.

PIOVESAN, Flávia. **Direitos Humanos e o Trabalho**. São Paulo: Revista da AMATRA II, 2003.

PRADO, Geraldo. O Processo Penal Brasileiro Vinte e Cinco Anos Depois da Constituição: Transformações, Permanências. *In:* **Revista da EMERJ** - v. 18 - n. 67 (Edição Especial) – 2015.

PRADO, Geraldo. **Charla proferida em el** ámbito **de II Congresso de Derecho Penal y Criminologia, realizado em Buenos Aires, por la ALPEC**. 07/11/2013. Disponível em: psigma.academia.edu/GeraldoPrado/ Papers. Acesso em: 26/10/2018.

PRADO, Geraldo. Crônica da Reforma do Código de Processo Penal Brasileiro que se inscreve na Disputa

Política pelo Sentido e Função da Justiça Criminal. *In:* **COUTINHO, Jacinto Nelson de Miranda; CARVALHO, Luís Gustavo Grandinetti Castanho de (Org). O Novo Processo Penal à Luz da Constituição.** v.2. Rio de Janeiro: Lumen Juris, 2011.

PRADO, Geraldo. Prefácio In: AMARAL, Augusto Jobim do. **Política da Prova e cultura punitiva:** a governabilidade inquisitiva do processo penal brasileiro contemporâneo. São Paulo. Almeidina 2014.

QUEIROZ, David. **A impermeabilidade do processo penal.** Florianópolis: Empório do Direito, 2017.

QUEIROZ, David. **A impermeabilidade do processo penal.** Florianópolis: Ed. Empório do Direito, 2017.

RANIERI, Nina Beatriz Stocco. **Teoria do Estado:** do Estado de Direito ao Estado Democrático de Direito. Barueri: Manole, 2013.

RODRIGUES BOECHAT, Leda. **A Corte de Warren (1953-1969):** revolução constitucional. Rio de Janeiro: Civilização Brasileira, 1986.

RODRIGUES, José Honório. **História da História do Brasil.** São Paulo: Companhia Editora Nacional, 1979.

ROSA, Alexandre Morais da; AMARAL, Augusto Jobim da. **Cultura da punição:** a ostentação do horror. 3. ed. Florianópolis: Empório do Direito, 2017.

SANGUINÉ, Odone. A Inconstitucionalidade do Clamor Público como Fundamento da Prisão Preventiva. *In:* **Revista de Estudos Criminais**. Porto Alegre, Nota Dez, n. 10, 2015.

SANTOS, Juarez Cirino dos. **A Criminologia Radical.** 3. ed. Curitiba: ICPC; Lumen Juris, 2008.

SÃO PAULO. Ministro Celso de Melo, STF, **HC 84548/ SP**. Rel. Ministro Marco Aurélio. Julgado em 21/6/2012.

SAPORI, Luiz Flávio. A segurança pública no Brasil. **Em Debate,** Belo Horizonte, v.3, n.1, p. 11-15, jan. 2011.

SARLET. Ingo Wolfgang. **Dignidade (da Pessoa) Humana e Direitos fundamentais na Constituição Federal de 1988.** 10. ed. Porto Alegre: Livraria Do Advogado, 2015

SCHMITT, Carl. **O Conceito de Político.** Petrópolis: Vozes, 1992.

SCHUNEMAN, Bernd. **Estudos de Direito Penal, Processual Penal e Filosofia do Direito.** São Paulo: Marcial Pons, 2013.

SILVA, Jorge da. Militarização da Segurança Pública e a Reforma da Polícia: um depoimento. *In:* **BUSTAMANTE, Ricardo. SODRÉ, Paulo César. Ensaios jurídicos:** o Direito em revista. Rio de janeiro: IBAJ, 1996.

SILVA, José Afonso da. **Curso de Direito Constitucional Positivo**. São Paulo: Malheiros Editores, 2003.

SILVA, José Afonso da. **Curso de Direito Constitucional Positivo.** 16 ed. São Paulo: Malheiros, 1999.

SILVA, José Afonso da. **Curso de Direito Constitucional Positivo.** São Paulo: Malheiros, 2006.

SILVA, José Afonso da. **Curso de Direito Constitucional Positivo.** São Paulo, Malheiros, 2003.

SILVA, Júlio Cesar Dolce, Os Conceitos de *Clausewitz* Aplicados aos Estudos Estratégicos do Mundo Contemporâneo. **R. Esc. Sup. Guer.**, Rio de Janeiro, Ano XIII, no 36, 1998.

SILVA, Luiz antônio Machado. **Violência e Ordem Social** – Livro Crime, Justiça e Polícia. São Paulo: Ed. Contexto, 2014.

SOARES E SOUZA, Taiguara Líbano. **A Era do Grande Encarceramento:** Tortura e Superlotação Prisional no Rio de Janeiro. 2015. Tese de Doutorado. PUC-Rio.

SOUZA, Jesse. **A Ralé Brasileira:** Quem é e como vive. Belo Horizonte: Editora da UFMG, 2009.

SOUSA, Pedro Ivo de. Investigação Criminal no Estado Constitucional: reflexões sobre um novo paradigma investigatório. ***In:*** **ZANOTTI, Bruno Taufner; SANTOS, Cleópas Isaías. Temas Avançados de Polícia Judiciária.** Salvador- Bahia: Ed. Juspodivm, 2015.

SOUZA NETO, Cláudio Pereira de. **A segurança pública na Constituição Federal de 1988**: conceituação constitucionalmente adequada, competências federativas e órgãos de execução das políticas 2009, p. 5-6. Disponível em: http://www.oab.org.br/editora/revista/users/revista/1205505974174218181901.pdf Acesso em: 30/04/2018.

SOUZA, Renne do Ó, Lei Anticrime :comentários à Lei 13.964/2019 – 1 ed. São Paulo: Ed. D`Plácido, 2020.

SOUZA NETO, Cláudio Pereira de. SARMENTO, Daniel. **Direito Constitucional:** Teoria, História e Métodos de Trabalho. Belo Horizonte: Fórum, 2017.

STJ - CC: **113020 RS 2010/0111378-0**, Relator: Ministro OG FERNANDES, Data de Julgamento: 23/03/2011, S3 - TERCEIRA SEÇÃO, Data de Publicação: DJe 01/04/2011.

STJ - **HC: 209406 RJ 2011/0133329-8**, Relator: Ministra LAURITA VAZ, Data de Julgamento: 17/12/2013, T5 - QUINTA TURMA, Data de Publicação: DJe 03/02/2014.

STJ - **HC: 96666 MA 2007/0297494-5**, Relator: Ministro NAPOLEÃO NUNES MAIA FILHO, Data de Julgamento: 04/09/2008, T5 - QUINTA TURMA, Data de Publicação: --> DJe 22/09/2008.

STJ – Sexta Turma – **RHC 40.821/RS** . Rel. Min. Maria Thereza de Assis Moura – j.em 13.05.2014 – Dje de 27.05.2014.

STRECK, Lênio Luiz. O pan-principiologismo e o sorriso do lagarto. *In:* **Revista Consultor Jurídico.** 2012. Disponível em www.conjur.com.br/2012-mar-22/senso-incomum-panprincipiologismo-sorriso-lagarto>. Acesso em 28.10.2018.

STRECK, Lênio Luiz. **Hermenêutica jurídica e(m) Crise:** uma exploração hermenêutica da construção do direito. 11 ed. Porto Alegre: Livraria do Advogado, 2014.

SULOCKI, Victória-Amália de Barros Carvalho G.de. **Segurança Pública e Democracia:** Aspectos Constitucionais das Políticas Públicas de Segurança. Rio de Janeiro: Lumen Juris, 2007.

SUPREMA CORTE DOS ESTADOS UNIDOS. Miranda v. Arizona, 384 US 436 (1966). Justia Us Supreme Court. 1966. Disponível em:

https://supreme.justia.com/cases/federal/us/384/436/ Acesso em: 20 jan. 2019.

TÁVORA, Nestor; ALENCAR, Rosmar Rodrigues. **Curso de Direito Processual Penal**. 10. ed. Salvador: JusPodivum, 2015.

TJ-RS - **ACR: 70078754660 RS**, Relator: José Conrado Kurtz de Souza, Data de Julgamento: 08/11/2018, Sétima Câmara Criminal, Data de Publicação: Diário da Justiça do dia 22/11/2018. Disponível em: https://tj-rs.jusbrasil.com.br/jurisprudencia/650311060/apelacao-crime-acr-70078754660-rs Acesso em: 20 jan. 2019.

TOURINHO FILHO, Fernando da Costa. **Processo Penal.** São Paulo: Saraiva, 2003.

TOURINHO FILHO, Fernando da Costa. **Manual de Processo Penal.** 16.ed. São Paulo: Saraiva, 2013.

TOVO, Paulo Cláudio. **O Inquérito Policial em sua verdadeira dimensão.** Porto Alegre: Livraria do Advogado, 1995.

TRF-5 - **HC: 80871220134050000,** Relator: Desembargador Federal Marcelo Navarro, Data de Julgamento: 05/09/2013, Terceira Turma, Data de Publicação: 11/09/2013.

STF – Tribunal Pleno – **RE n. 593.727 RG/MG** – Rel. Min. Cezar Peluzo – Rel. Min. p/ Acórdão Gilmar Mendes – j. 14/05/2015 – **Dje** 175 de 04/09/2015.

VENTURA, Deisy de Freitas Lima; SEITENFUS, Ricardo Antônio Silva. **Um diálogo entre Einstein e Freud: por que a guerra?** Santa Maria: FADISMA, 2005.

WACQUANTI, Loic. **Punir os pobres:** a nova gestão da miséria nos Estados Unidos. Rio de Janeiro: Revan, 2003.

WACQUANT, Loic. **As duas faces do Gueto. Trad.** Paulo Cesar Castanheira. São Paulo, Boitempo, 2008.

WARAT, Luis Alberto. Saber Crítico e senso comum teórico dos juristas. *In:* **Revista Sequência.** Florianópolis: UFSC,n.5, 1982.

XAVIER, Laécio Noronha. Responsabilidade Constitucional e comunitária em segurança pública. *In:* **Revista Unicuritiba,** 2013, p. 138-171.

ZAFFARONI, Eugenio Raúl. **Derecho Penal:** parte general. 2.ed. Buenos Aires-Argentina: Ediar, 2002.

ZAFFARONI, Eugenio Raúl. **O inimigo do Direito Penal.** 3ed. Rio de Janeiro: Revan, 2017.

ZAFFARONI, Eugenio Raúl. BATISTA, Nilo; ALAGIA, Alejandro; SLOKAR, Alejandro. **Direito Penal Brasileiro:** Teoria Geral do Direito Penal. 3ed. Rio de Janeiro: Revan, 2006.

ZAFFARONI, Eugenio Raúl. **FHC, Forças Armadas e Polícia**: entre o autoritarismo e a democracia. Rio de Janeiro: Record, 2005.

ZAFFARONI, Eugenio Raúl. Relações Civil-Militares: o Legado Autoritário da Constituição Brasileira de 1988. *In:* **TELES, Edson; SAFATLE, Vladimir. O Que Resta da Ditadura:** a Exceção Brasileira. São Paulo: Boitempo, 2010.

ZOLO, Danilo. Teoria e crítica do Estado de direito. In: COSTA, Pietro; ZOLO, Danilo. **O Estado de Direito:** história, teoria, crítica. São Paulo: Martins Fontes, 2006.